浙江经贸职业技术学院

省级示范性高职院校建设项目——市场营销专业建设成果

推销与谈判

主　编　郭伟刚

副主编　姚水琼　赵丽娟

张西华　孙卫根

图书在版编目(CIP)数据

推销与谈判 / 郭伟刚主编. —杭州：浙江工商大学出版社,2011.1(2018.7 重印)

ISBN 978-7-81140-219-3

Ⅰ. ①推… Ⅱ. ①郭… Ⅲ. ①推销②贸易谈判 Ⅳ. ①F713.3②F715.4

中国版本图书馆 CIP 数据核字(2010)第 238239 号

推销与谈判

郭伟刚 主编

责任编辑 任晓燕
责任校对 张振华
封面设计 刘 韵
责任印制 包建辉
出版发行 浙江工商大学出版社
(杭州市教工路 198 号 邮政编码 310012)
(E-mail：zjgsupress@163.com)
(网址：http://www.zjgsupress.com)
电话：0571-88904980,88831806(传真)
排 版 杭州兴邦电子印务有限公司
印 刷 虎彩印艺股份有限公司
开 本 787mm×960mm 1/16
印 张 17
字 数 275 千
版 印 次 2011 年 1 月第 1 版 2018 年 7 月第 7 次印刷
书 号 ISBN 978-7-81140-219-3
定 价 33.00 元

前 言

推销活动源远流长，它与商业、市场有着密切的联系。从历史的角度考察，推销活动先于商业、市场而产生，商业、市场的发展又促进了推销活动的发展，商业、市场的变化决定了推销活动方式方法的变化。在我国古代传说中，就有神农氏的“日中为市”之说；“殷人重贾”则反映了我国商代重视商业的程度；春秋战国时代，由于范蠡、子贡的富有和名望很高，后世的商人对他们极为推崇，把经营买卖的事业叫做“陶朱事业，端木生涯”。

当前，随着我国市场经济的进一步发展，特别是近些年以互联网为载体的网络营销的迅猛发展，对传统营销方式带来了极大的挑战。但不论营销方式如何变化，推销工作依旧是当今许多企业必不可少的重要职能。学会推销、善于谈判是高职院校市场营销专业毕业生胜任本职工作的基本要求。

本教材基于高职院校市场营销专业工作任务与岗位职业能力的分析，以推销活动的实际工作过程确定学习领域，彻底打破学科课程的设计思路，紧紧围绕实际推销工作任务完成的需要来选择和组织学习领域，具体包括认识推销、寻找客户、拜访客户、推销洽谈、处理异议、促成交易和跟进工作。以我校的校内生产性实训基地的项目训练为载体，聘请企业营销专家参与教材编写，基于推销的工作过程和真实、典型案例精心设计学习情境，灵活运用案例分析、小组研讨、角色扮演、情景模拟等教学方法，在“做中学、学中练、练中熟”中做到教、学、做合一，每个学习情境包括学习目标、入门导读、项目、任务、情景训练、知识链接、阅读思考、综合项目训练，创新教材编写模式。

《推销与谈判》是我们各位作者集体合作和智慧的结晶，在编写过程中校内外专家对总体思路和大纲进行了多次讨论和修改。本教材由浙江经贸职业技术学院郭伟刚担任主编，浙江经贸职业技术学院姚水琼、赵丽娟、张西华和杭州市萧山区供销合作社联合社孙卫根担任副主编，共同负责教材编写思路、框架体系的设计及参与编写工作。参与本教材编写的人员还有浙江经贸职业技术学院的陈蓉泉、许益亮、杨刚。编写者具体分工如下：张西华、孙卫根负责编写情境一，赵丽娟负责编写情境二，郭伟刚负责编写情境三，姚水琼负责编写情境四，陈蓉泉负责编写情境五，许益亮负责编写情境六，杨刚负责编写情境七，最后由郭伟刚总纂定稿。在此对所有作者付诸本教材的努力和贡献致以衷心的感谢！

由于时间仓促，编者水平有限，书中难免存有疏漏和不足之处，恳请广大读者批评指正。

编　者

2010 年 10 月

目　录

情境一 认识推销

学习目标

- 了解推销工作的岗位任务、工作内容和技能要求；
- 明确自我推销的重要性及基本要求；
- 掌握自我管理的原则和方法；
- 能够依据自身情况进行自我定位；
- 能够灵活运用人际交往艺术进行成功的自我推销；
- 能够有意识地进行自我管理。

推销人员是企业与顾客联系的第一界面，因为顾客最先接触的就是企业的推销人员，推销人员的素质决定了顾客对企业的看法。推销工作是一项崇高而伟大的事业，从大的方面来说，正是推销人员的努力缩短了商品从生产到消费的过程，加快了商品流通的进程。具体到某一个企业，推销工作的重要性更是明显。企业产品的销售状况，在很大程度上影响甚至决定着企业的生产、经营和效益，而推销则是销售的先头兵，他们作用的发挥程度，直接制约着销售，尤其是对那些还不为公众所了解和接受的新产品，或销售不畅的积压品，其销路的打开，更是离不开推销员的努力。“没有推销就没有企业”这种说法也许有点夸张，但在一定程度上也正说明推销对现代企业的重要意义。

入门导读

乔·吉拉德相信，成功的起点是热爱自己的职业。无论从事什么职业，世界上一定有人讨厌你的职业，但那是别人的问题，“就算你是挖地沟的，如果你喜欢，关别人什么事?”

乔·吉拉德曾问一个神情沮丧的人是做什么的，那人说是推销员。乔·吉拉德告诉对方：“推销员怎么能是这种态度？如果你是医生，那你的病人会杀了你，因为你的状态很可怕。”

乔·吉拉德也被人问起过职业，听到答案后对方不屑一顾：“你是卖汽车的？”乔·吉拉德并不理会，“我就是一个推销员，我热爱我的工作。”

美国前第一夫人埃莉诺·罗斯福曾经说过：“没有得到你的同意，任何人也无法让你感到自惭形秽。”乔·吉拉德认为干推销这一行尤其如此，如果你把自己看得低人一等，那么你在别人眼里也就真的低人一等。

工作是通向健康和财富之路。乔·吉拉德认为，它可以使你一步步向上走。全世界汽车销售的平均记录是每周卖 7 辆车，而乔·吉拉德每天就可以卖出 6 辆。有一次他不到 20 分钟就卖了一辆车。对方告诉他：“其实我也做汽车销售，来买车只是为了学习你销售的秘密。”乔·吉拉德把订金退还给对方。他说他没有秘密，非要说秘密的话，那就是“如果我这样的状态能够深入到你的生活，你会受益无穷”。

乔·吉拉德认为，最好坚持从事一份工作。因为所有的工作都会有问题，明天不会比今天好多少。但是，如果频频跳槽，情况会变得更糟。他特别强调一次只做一件事：以树为例，从种下去、精心呵护，到它慢慢长大，就会给你回报，你待得越久，树就会越大，回报也就越多。

项目一　认知岗位

在某种意义上，现代社会中的任何人都没有完全远离过推销，相反，他们都多多少少从事过推销活动，是推销队伍中的一分子。在许多国家，推销员已变得越来越重要，他们的地位不断提高，队伍也不断扩大。据报道，推销在美国是一个十分令人羡慕的职业。民意调查反映，在 54 种职业中，推销员的政治地位排在第 11 位，经济地位更是进入了前 6 名。他们的平均年收入能超过 25 万美元，成绩卓著者则更会超过这一平均数的 1 倍，比美国总统的收入都要高。在日本，推销员更是得到重视和尊崇。日本每年都要举行推销员业绩比赛，荣获大奖的冠军推销员，则会名扬四海。享誉日本、被尊称为“推销之神”的一代推销大师原一平，就曾因推销业绩超群而获得过“四等旭日小缓勋章”，而日本当时的首相福田赳夫也只得到过“五等旭日小缓勋章”。

任务1　职业岗位认知

《推销员国家职业标准》将推销员定义为：从事商品、服务推销的人员，并分为初级（国家职业资格五级）、中级（国家职业资格四级）、高级（国家职业资格三级）三个等级。职业能力特征是语言表达和人际交往能力强，具有一定的观察、理解、计算、判断、应变能力。以下的训练可以对学生目前的推销能力进行初步测评。

情景训练

推销能力测评

测评对象：________________　**测评时间：**__________________

测评说明：请根据自己的实际情况如实作答。

测评题：

1. 你是真心喜欢你身边的人吗？

A. 是的　B. 有时这样　C. 没感觉

2. 必要时你会主动与他人微笑地打招呼吗？

A. 是的　B. 有时这样　C. 从没有过

3. 与人谈话时你会认真倾听，并投以亲切的眼神吗？

A. 是的　B. 有时这样　C. 从没有过

4. 你给别人的第一印象是乐观、富有激情、充满活力吗？

A. 是的　B. 有时这样　C. 不是

5. 遇到困难时，你很容易沮丧，甚至放弃吗？

A. 不会　B. 有时这样　C. 是的

6. 在别人问你的工作时，你是否会很自豪地告诉他你是销售员呢？

A. 是的　B. 有时这样　C. 不是

7. 表达意见时，你会采用简单清晰的方式吗？

A. 是的　B. 有时这样　C. 不是

8. 与人有约，你能准时赴约吗？

A. 是的　B. 有时这样　C. 不是

9. 如果有人请你服务，你相信这也是推销的一部分吗？

A. 是的　　B. 有时这样　　C. 不是

10. 你会适时地表现幽默感吗？

A. 是的　　B. 有时这样　　C. 从没有过

诊断结果：

选 A 的得 3 分，选 B 的得 2 分，选 C 的得 1 分。

30—25 分之间：这种人具有超强的销售潜质，性格活泼开朗，喜欢与人接近，也知道如何与人相处，销售产品时非常诚恳、踏实。

24—18 分之间：这种人性格比较中庸，具有一定的销售潜质，经过努力和培训可以成为出色的销售员。

17—10 分之间：这种人销售潜质比较差，销售产品对他来讲是一件头疼的事，他开始会做得不开心。当然，如果经过后天的努力和训练，他也可能会成为一名合格的销售员。

（[日] 三宅寿雄，王宝玲：《为什么没有业绩——提升销售业绩的 48 个技巧》，中国纺织出版社 2009 年版）

知识链接

一、推销的内涵和特征

推销是人们所熟悉的一种社会现象，它伴随着商品交换的产生而产生，伴随着商品交换的发展而发展，是现代企业经营活动的一个重要环节，渗透在人们的日常生活之中。推销就其本质而言，是人人都在进行的活动。无论你干什么都是一种自我显示，也就是一种自我推销。但由于历史和现实的原因，有些人对推销有着种种误会和曲解，甚至形成了习惯性的思维，总是把推销与沿街叫卖、上门兜售联系在一起；对于推销人员，则认为他们唯利是图，不择手段。

（一）推销的含义

推销是一种古老而又普遍的经济现象，推销也有广义、狭义之分。就广义而言，推销是一种说服、暗示，也是一种沟通、要求。在日常生活和工作中，每个人都在自觉或不自觉地进行推销活动。从这个意义上讲，“人人都是推销员”、“人的一生都在推销”。

狭义的推销仅仅是指推销人员通过帮助和说服手段，促使顾客采取购买行为的过程。这一概念强调了以下三个方面。

1. 商品推销是一个复杂的行为过程。传统的观念认为，推销就是一种说服顾客购买的行为。这种观念导致了在推销过程中过分强调推销行为本身，推销者一味地将自己的推销意志强加给顾客，而不研究顾客对推销行为的反应，只顾及己方利益的实现，而忽略了顾客需求的满足。这种把推销理解为单纯说服行为的观点，是导致目前社会上人们普遍对推销人员抱有成见的主要原因。从现代推销活动来看，推销应该包含寻找客户、拜访客户、推销洽谈、处理异议、促成交易以及跟进工作等阶段。

2. 推销行为的核心在于满足顾客的欲望和需求。从现代市场营销学的观点看，顾客的潜在需求更值得经营者关注。潜在需求是需要启发和激励的，这便是推销的关键所在。推销人员作为推销行为的主动方，必须学会寻找双方利益的共同点，并在利益共同点上说服与帮助顾客，使顾客的购买行为得以实施，从而实现双方的最终目标。

3. 在推销过程中，推销者要运用一定的方法和技巧。由于推销者和推销对象属于不同的利益主体，这就使得推销行为具有相当的难度。深入地分析、了解市场和顾客，灵活、机动地采用相应的方法和技巧，才能有效促成交易，收到成效。

（二）推销四要素

推销要素是指商品推销活动得以实现的必要因素，包括推销人员、推销对象、推销品、推销信息四大要素，即推销主体（推销人员、推销对象）、推销客体（推销品）、推销媒体（推销信息）。

1. 推销人员。推销人员是商品推销活动中的主要角色，是主动向别人推销商品的主体，是企业与顾客间的桥梁和纽带，是推销活动的核心，肩负着为企业推销产品，为顾客提供服务的重任，并说服顾客购买企业产品。为此，推销人员必须做到：注重推销礼仪，树立顾客导向，注重长期利益，掌握推销技巧。

2. 推销对象。推销对象是推销人员推销商品的目标对象，包括各类准顾客、老主顾和购买决策者。推销对象是一个有意识的、能动的因素，有买与不买的自由、有买多与买少的自由，不是被动地接受推销，而是根据需求变化及时反馈信息，要求企业调整产品结构，提供适销对路的产品。因此，重视推销对象的主体作用应做到：研究分析推销对象的购买特征，掌握推销对象的潜在需求。只有重视推销对象在商品推销活动中的主体作用，企业才有可能进行成功的推销。

3. 推销品。推销品是指推销的有形商品和无形商品，它包括实物、服务和观念。在推销过程中，对实物的推销与对服务观念的推销是不可分割的。推销人员在推销实物的过程中，必须详尽地介绍产品的特征、用途及维修保养知识，帮助顾客掌握产品的使用、维修方法，向推销对象推销信息、技术、销售等方面的服务。同时，还必须向顾客宣传产品的使用价值，引起顾客的兴趣，引导顾客购买，在推销实物的同时向顾客推销现代消费观念。因此，推销过程既是实物的推销过程，也是服务、观念的推销过程。

4. 推销信息。推销信息是指商品推销过程中有关商品、顾客、市场等方面的信息。商品的推销过程也是一个信息的传递和反馈的过程。推销人员只有不断地将顾客、市场等信息反馈给企业，才能及时地掌握市场需求的变化趋势，才能提供顾客所需要的产品；只有及时地将产品及企业的信息传递给顾客，才能引导顾客购买，促进产品销售。没有推销信息，企业的商品推销将寸步难行。

推销过程是推销要素之间的运动过程：推销人员通过向推销对象传递信息，向企业反馈信息，向推销对象提供所需要的推销信息和推销品；推销对象通过洽谈和购买，从推销人员那里获得推销信息和推销品；推销品通过推销信息的作用，实现由推销人员向推销对象的转移；推销信息通过推销人员的传递和反馈，不断循环上升。因此，推销过程就是四大要素相互作用和协调运动的过程。

（三）推销的特征

从推销活动的过程来看，它具有以下四个特征。

1. 特定性。推销是推销人员为特定的推销品寻找潜在顾客的过程。只有先确定推销对象才能够有效地开展推销活动，有针对地向推销对象传递信息并进行说服。

2. 说服性。说服是推销的重要手段，也是推销的核心。为了争取顾客的信任，让他们接受企业产品，并采取购买行动且重复购买，推销人员必须运用自己所掌握的知识和商品的特点、优点，耐心地进行说服或劝说。说服并非强加，只有顾客体会到推销人员的真诚，认可产品特性的真实性，才是真正的说服。

3. 双向性。推销不仅是一个商品的转移过程，还是一个信息双向沟通的过程。推销人员与推销对象双方对信息的理解和接受程度越高，推销的成效也就越大。

4. 互利性。推销是一种互利互惠的活动，同时满足推销主体双方的不同要求，推销过程中，推销人员不仅要考虑自己有利可图，还要考虑对推销对象是否有利。应从双方的共同利益出发，尤其把握好顾客的购买目的和购买动机，帮助顾客解决困难，让顾客感到购买的东西有利于满足自己的需求，能给自己带来更多利益。

二、推销人员的素质与能力

（一）推销人员应具备的素质

人的素质是在社会实践中逐渐培育和成熟起来的。某些素质的先天不足，可通过学习和实践得到不同程度的补偿。推销人员不是先天就具备优秀的推销素质，而是要依靠自身的不断努力去提高、去完善。

1. 道德素质。推销事业要求推销人员具有较高的道德素质。道德素质包括以下三个方面。

（1）具有强烈的事业心和责任感。推销人员的事业心主要表现为：应充分认识到自己工作的价值，热爱推销工作，要有献身于推销事业的精神，对自己的工作充满信心，积极主动、任劳任怨、全心全意地为顾客服务。推销人员的责任感主要表现为：忠实于企业，忠实于顾客。本着对所在企业负责的精神，为树立企业的良好形象和信誉作贡献，不允许发生有损企业利益的行为；本着对顾客利益负责的精神，帮助顾客解决实际困难和问题，满足顾客的需求。

（2）具有良好的职业道德。推销人员单独的业务活动比较多，在工作中，应有较强的自制力，不利用职务之便坑蒙拐骗，不侵吞企业的利益。推销人员必须自觉遵守国家的政策、法律，依照有关法律规范推销产品。

（3）应有正确的推销理念。推销理念是推销人员进行推销活动的指南。正确的推销理念要求推销人员在推销工作中竭尽全力为社会、为企业着想，全心全意为顾客服务，把顾客需要的满足程度视为检验推销活动好坏的标准。

2. 业务素质。推销人员是否具有良好的业务素质，直接影响其工作业绩。推销人员应具备的业务素质是指其业务知识。一般来说，业务知识主要包括以下五个方面。

（1）企业知识。推销人员要熟悉企业的发展历史、规模、经营方针、规章制度，企业在同行业中的地位，企业的产品种类和服务项目、定价策略、交货方式、付款条件及付款方式等情况。

（2）产品知识。推销人员要了解产品的性能、用途、价格、使用方法、维修、保养及管理程序等方面的知识，了解市场上竞争产品的优劣情况。

（3）顾客知识。推销人员应善于分析和了解顾客的特点，要知晓有关心理学、社会学、行为科学的知识，了解顾客的购买动机、购买习惯、购买条件、购买决策等情况，能针对不同顾客的不同心理状况采取不同的推销对策。

（4）市场知识。推销人员要懂得市场营销学的基本理论，掌握市场调查和预测的基本方法，善于发现现实和潜在的顾客需求，了解产品的市场趋势规律和市场行情的动向。

（5）法律知识。推销人员要了解国家规范经济活动的各种法律，特别是与推销活动有关的经济法规，如《经济合同法》、《反不正当竞争法》、《产品质量法》、《商标法》及《专利法》等。

3. 心理素质。从推销的角度讲，心理素质是指推销人员在推销过程中应具备的心理品质。良好的心理素质是对推销人员的第一要求。推销人员成天与人打交道，要经受无数次的挫折与打击，要应付形形色色的推销对象，必须加强心理训练，培养正确的推销态度和心理品质。良好的心理素质是指有很强的抵抗挫折的能力，遇到困难与失败时，能保持情绪稳定，以高昂的精神状态去面对环境的压力。推销是最容易遭遇挫折的职业，推销人员经常会受到冷落、拒绝、嘲讽、挖苦、打击，每一次挫折都可能导致情绪的低落、自我形象的萎缩或意志的消沉，最终影响业务的拓展，或者干脆退出竞争。在市场竞争激烈的环境中，推销人员若没有良好的心理素质，无论其他各方面的条件多么好，也难以完成销售任务。

4. 身体素质。推销人员应始终保持充沛的精力和清醒的头脑。由于推销工作比较辛苦，“千山万水跑”成为推销人员的工作特征之一，需要经常出差，食、住常常没有规律，有时还要就推销业务活动进行交涉。因此，推销人员应当拥有健康的体魄，保持旺盛的精力。

（二）推销人员的职业能力

推销人员除了具有良好的素质，还需要具备良好的职业能力。

1. 观察能力。推销人员的观察能力，主要是指其通过顾客的外部表现去了解顾客购买心理的能力。人的任何行为表现都与内心活动有关，是内心活动的一个侧面。推销员可以从顾客的行为中，发现许多反映着顾客内心购买活动的信息，观察能力成为揭示顾客购买动机的重要一环。提高观察能力必须从提高观察的质量入手。知识、方式和目的是影响观察质量的三个基本因素。知识是观察顾客、理解顾客的基础，推销人员所具有的知识越精深，那么对顾客的观察也就会越深入、越周全。科学的观察方式，要求观察路线力求正确，注意力的分布要合理，视觉和听觉要密切配合，观察与判断也要有机地结合起来。

2. 创造能力。 保罗·盖帝说过：“墨守成规是致富的绊脚石。真正成功的商人，本质上流着叛逆的血。”同样一件事，运用常规的眼光可能毫无希望，但运用创新的思维可能大有可为。创造过程首先是自我斗争过程，要无所畏惧，相信自己的创造能力，不因循守旧，看待问题客观公正，养成独立思考的习惯，不亦步亦趋。在推销活动中，推销人员只有创造性地运用各种推销方法，才能发展新顾客，开拓新市场。

3. 社交能力。推销人员应是开放型的，必须具有较强的社交能力。从某种意义上说，推销人员是企业的外交家，需要同各种顾客打交道。这就要求推销人员具备与各种各样顾客交往的能力，即善于与他人建立联系，相互沟通，取得信任，化解和处理各种矛盾，能在各种场合应付自如，圆满周到。

4. 语言表达能力。优秀的推销人员应讲究语言艺术，善于启发顾客、说服顾客。良好的语言表达能力指说话清晰、用语准确、条理井然、重点突出、富于情感，使顾客听了感到温暖、亲切，起到感染顾客的作用；诚恳、逻辑性强，起到说服顾客、增强信任感的作用；生动形象、风趣幽默，能起到吸引顾客的作用；文明礼貌、热情友善，能引起顾客由衷的好感，起到增进友谊的作用。

5. 应变能力。在各种复杂的特别是突如其来的情况下，推销人员仅用一种姿态或模式对待顾客是很难奏效的，这就要求推销人员具有灵活的应变能力，做到在不失原则的前提下，灵活实施应变行为，达到自己的目的。推销人员应思维敏捷、清晰，能够快速地分析和综合问题，能够及时察觉顾客需求的变化对推销效果的影响，并针对变化的情况及时采取必要的推销对策。

阅读思考

大多数销售管理人员都是以基层的销售代表为起点，而大多数公司要求推销人员从基层做起，因而推销人员的职业生涯发展道路是沿着从见习销售代表到总裁的路线。同时每一级晋升都需要一定的条件，具体见表1—1。

表 1—1　销售人员晋升定量指标

现任岗位	目标岗位	目标岗位对任职人员的素质要求	晋升考核定量指标
销售专员	销售主管	市场开拓能力	新增客户数量
			渠道拓展计划完成率
		销售执行力	销售目标完成率
			销售增长率
			销售回款及时率
			销售费用率
		督导能力	下属人员销售任务按时完成率
			下属人员回款目标达成率
		客户关系维护能力	重点客户流失数量

续 表

现任岗位	目标岗位	目标岗位对任职人员的素质要求	晋升考核定量指标
销售主管	销售部经理	市场开拓能力	市场推广计划完成率
			渠道拓展计划完成率
		销售执行力	销售目标完成率
			销售增长率
			新产品市场占有率
			销售回款完成率
			销售费用节省率
		客户关系维护能力	客户满意度
			重点客户流失率
		团队建设能力	培训计划完成率
			新员工离职率
销售部经理	销售总监	销售管理能力	销售目标完成率
			销售毛利率
			销售增长率
			产品/新产品市场占有率
			重点客户开发计划完成率
			销售回款率
			销售预算费用达成率
		客户管理能力	客户满意度
			大客户流失率
		团队建设能力	核心员工保有率
	大区销售经理	渠道管理能力	渠道拓展计划完成率
		销售执行力	区域销售目标完成率
			区域销售毛利率
			区域销售增长率
			区域市场占有率
			重点客户开发计划完成率
			区域销售回款及时率
			区域销售预算费用达成率
		客户管理能力	客户满意度
			大客户流失率
		团队建设能力	核心员工保有率

思考题：

结合销售人员晋升定量指标表，分析目前自己具备了哪些销售岗位所要求的能力，并为自己制订一个毕业后3年的工作岗位计划。

任务2　岗位任务认知

推销人员是推销活动的主体，是联系企业与顾客的桥梁和纽带。对顾客而言，推销人员是企业形象的象征；反过来，推销人员又从顾客那里给企业带来许多有用的信息。虽然每一次推销活动的具体任务是不同的，不同类型的推销工作也有不同的工作内容，但任何企业的推销人员都承担着一些相同的基本职责，包括搜集信息、沟通关系、销售产品、提供服务和建立形象等，国外许多大企业往往通过相应的制度确保推销员履行这些职责。

情景训练

通过二手资料搜集推销人员的工作职责和具体的工作任务，并比较服装、家电、农产品、汽车等行业的推销人员的岗位职责，归纳分析其共性与差异。

知识链接

推销员最基本的职责就是销售企业的产品，但事实上，销售的成功不过是一系列有效活动的必然结果。推销员在推销过程中真正要做的工作，是如何在企业利益和顾客利益之间找到共同点，既让顾客得到应得的利益，也使企业的利益得以维护。把成交建立在真正满足顾客需求的基础上，这是营销观念的基本含义之一，也是营销观念对推销人员的基本要求。推销员应把为顾客服务、发现和解决顾客的问题作为自己的首要任务。当然，如果推销过程没有给企业带来利益，推销员也是不称职的。正如一位推销专家所说，亏本的销售对企业和顾客同样有害。因此，在有利润的前提下达成销售是推销员的首要任务。

一、搜集信息

这不仅可以为企业制定正确的营销策略提供可靠的依据，也有助于推销员提高自己的业务能力。通常企业要求推销员搜集的信息主要包括：顾客对产品的具体意见和要求，消费者特征、结构方面的情况，市场供求关系的现状及变化趋势，顾客需求的现状及变化趋势，同顾客之间的人际关系和业务关系，以便获得更多的销售机会，扩大企业产品的市场份额。推销人员应改变那种“买卖做完即分手”的做法，与顾客建立长期、稳固的联系。不论是对老顾客还是对尚未购买产品的潜在顾客，都应保持这种联系。这种联系不仅包括业务方面的内容，还应包括人际关系。国外一些企业总结出了一套沟通关系的有效步骤：确定主要客户的名单，确定每一位推销员的联络对象，规定沟通关系的具体目标及任务，推销管理人员定期检查评估，每个推销员根据计划目标实施沟通工作。

二、销售产品

它是通过直接推销过程的一系列活动来完成的。这类活动包括寻找潜在顾客、准备进行访问、介绍和示范产品、处理异议、确定价格及交货时间等成交条件、签订合同等。此外还包括销售产品所必需的辅助性活动，如商务旅行、调研、案头工作、必要的交际等。

三、提供服务

做好推销前、推销过程中以及推销后的服务，也是推销人员应承担的职责。因为在竞争激烈的市场上，服务往往成为能否达成销售的关键因素。

推销前的服务通常包括：帮助顾客确认需求或要解决的问题，为顾客提供尽可能多的选择，为顾客的购买决策提供必要的咨询。这些工作为成交奠定了基础。推销过程中的服务主要包括为顾客提供运输、保管、装卸以及融资、保险、办理各种手续方面的帮助。这些能为顾客带来额外利益的服务项目常常成为决定成交的主要因素，尤其是在商品本身的特征和价格差别不大的情况下，顾客总是选择那些能提供额外服务的厂家。推销后的服务一般包括：产品的安装、调试、维修、保养，人员培训，技术咨询，零配件的供应，以及各种保证或许诺的兑现等。这些服务不仅能够消除顾客的抱怨、增强顾客的满足感，而且有助于建立良好的企业形象、巩固与客户的关系。

四、建立形象

建立形象是指推销员应该通过推销过程中的个人行为，使顾客对企业产生信赖或好感，并促使这种信赖和好感向市场扩散，从而为企业赢得广泛的声誉，建立良好的形象。

在顾客面前，推销人员就是企业。顾客是通过推销员了解、认识企业的。因此，能否为企业树立一个良好的市场形象，也就成为衡量推销人员称职与否的重要标准之一。建立良好的形象，需要推销人员做好以下的工作：首先要使顾客对推销人员个人产生依赖和好感，其次是使顾客对整个交易过程满意，再次要使顾客对企业所提供的各种售后服务满意。此外，推销人员还应尽量帮助顾客解决生产经营方面的问题，向顾客宣传企业，让顾客了解企业。

阅读思考

不同的推销对象对销售工作和推销人员的要求不同，使推销人员的具体活动也不尽一致，但一些基本的销售工作是绝大多数销售人员都应该完成的，属于推销人员的职责。以下是某酒店销售员岗位职责的描述。

直接上级：销售部经理

本职工作：完成销售工作

工作责任：

1. 了解并掌握酒店的销售策略；
2. 了解并掌握客户的需求；
3. 与客户进行谈判，并草拟销售协议，上报销售部经理审批；
4. 根据授权，与客户签订审批的销售文件；
5. 每两周制订一份销售员计划，报批后执行；
6. 根据授权，与外单位签订代销协议；

7. 根据授权，向客户进行催款工作；
8. 每月提出一份工作总结，上报销售部经理；
9. 熟悉本岗位工作，努力学习相关知识，掌握谈判技巧。

（根据调研资料整理）

思考题：

结合酒店销售员的岗位职责，提炼出销售人员的核心工作任务。

任务3　推销人员考核认知

推销人员的工作业绩是决定企业推销工作效果的关键，而推销业绩在相当大的程度上又取决于推销员的绩效。企业在考核推销人员时会制定一个对企业最有利的考核制度，而作为一名推销人员，必须了解企业对推销工作的考核内容和导向。企业对推销人员的综合考核应包括行为考核和业绩考核。行为考核主要修正员工行为、语言规范、形象规范，其目的是给公众留下公司的良好形象，增加公司的信赖度。行为考核是业绩考核的基础，只有良好的、规范的行为，才可以提高可信度，提高公司业绩。而业绩考核则是最终追求的目标，业绩关系到企业的生死存亡，只有公司的产品推销出去，才可以保证公司的健康发展。业绩考核是常用的方式，而行为考核需要视具体情况而定，例如通过规模、知名度等来衡量。对推销人员进行考核，一方面是决定他们的报酬、奖惩、淘汰与升迁；另一方面可以对他们的业绩进行分析和总结，帮助他们提高业绩。

情景训练

你认为考核一个推销员应考核哪些指标，请设计一份推销员绩效考核指标调查表，并根据调查表设计一份综合考核表，其中应包括行为考核和业绩考核两个方面。

知识链接

企业对销售人员的考核应该分为定量和定性两部分，并且要定期考核。

定量考核包括考核销售人员的销售结果，如销售额、回款额、利润额、市场占有率和客户数；还要考核销售人员的销售行动，如推销员每天平均拜访客户的次数，每次访问所用时间，访问的成功率，每天销售访问的平均收入，每百次访问平均得到的订单数，一定时间内开发的新客户数，一定时间内失去的老客户数，客户满意度等。

定性考核主要考核一些软性指标，它可以全面衡量一名销售人员的工作业绩。如考核业务员的团队合作精神、工作态度、创新能力、学习精神、对企业的忠诚度等，还要考核销售人员工作是否规范。要做好定性考核，公司一定要在物流、资金流和信息流上都有明确的流程和规定，要有相应的检查系统和反馈流程。

阅读思考

小张大学毕业后，被一家中日合资企业聘为销售员。工作的头两年，他的销售业绩确实不敢让人恭维。但是，随着对企业业务的逐渐熟练，加上和那些零售客户日益熟悉，他的销售额就开始逐渐上升。到了第三年年底，他根据与同事们的接触，估计自己当属全公司销售员的冠军。不过，公司的政策是不公布每人的销售额，也不鼓励互相比较，所以小张还不能肯定。

去年，小张干得特别出色，到9月底就完成了全年的销售额，但是经理对此却没有任何反应，尽管工作上非常顺利，但是小张总是觉得自己的心情不舒畅。最令他烦恼的是，公司从来不告诉员工干得是好还是坏，也从来没有人关注销售员的销售额。

他听说本市另外两家中美合资的化妆品制造企业都在搞销售竞赛和奖励活动，公司内部还有通讯之类的小报，对销售员的业绩做出评价，让人人都知道每个销售员的销售情况，并且表扬每季度和年度的最佳销售员，想到自己所在公司的做法，小张就十分恼火。

上星期，小张主动找到日方的经理，谈了自己的想法。不料，日方上司说这是既定政策，而且也正是本公司的文化特色，拒绝了他的建议。让领导吃惊的是，小张辞职而去，听说是被挖到另外一家竞争对手那边去了。而他辞职的理由也很简单，自己的贡献没有被给予充分的重视，也没有得到相应的回报。

（根据调研资料整理）

思考题：

试分析销售员小张为什么辞职？你认为日方公司的做法如何？

项目二 推销自己

推销工作是以人为基础的业务，或者说是与人接触的业务，推销活动的每一步，都要与客户发生联系。推销员业绩的好坏，与其处理人际关系的做法有着密切的联系。国外有位推销专家对此有过精辟的论述，他指出，“好的推销，就是好的人与人之间的关系”，“无法达成人与人之间良好的关系，不重视人与人之间关系的推销员，犹如用三只脚走路的四脚动物，尽管想跑得快，结果还是跑不过用四只脚奔跑的竞争者”。因此，“推销员应做的第一件事，就是先推销你自己，做到了推销的第一步——先推销你自己——等于巩固了最终销售的基础”。这的确是一针见血。“推销商品之前先推销你自己”已成为推销工作的一个重要原则。

所谓先推销你自己，就是指推销员要与客户建立起良好的人际关系。推销自己是一门艺术，也是一种才能。依据现代的推销观念，结合推销的实际过程，一些成功的推销人员提出了推销的“三步曲”。他们认为，推销人员在推销过程中，首先推销的是自己，其次是推销产品的功能，最后才是推销产品本身。乔·吉拉德认为，推销的要点并非推销产品，而是推销自己。

任务1 评价自我

认识自己，客观评价自我，是推销自己前首先要做的工作。当推销人员向客户介绍或推销产品时，如何让对方信任你和相信你的产品，这就要对自己的个性和风格有一个正确客观的认识。要通过科学认知的方法和手段，对自己的职业兴趣、气质、性格、能力等进行全面认识，清楚自己的优势与特长、劣势与不足。

情景训练

当你要推销手套时，那就要对你推销的东西相当熟悉。应该了解什么样的人戴什么样的手套，什么场合适合戴什么手套，什么季节应该戴什么手套，每一种形式的手套有哪些利弊等。同样，当我们推销自己时，应该充分认识自己是什么样的人，能给别人带来什么，别人对我印象如何，对我有什么反应，以及我的优缺点。因此，当你考虑推销自己的时候，应诚实地对自己评价一番。请每一个人找出自己的特点，包括个性与风格，在课堂上陈述，并请同学对此评价。

知识链接

“以人为镜”是人们获得自我评价的主要途径，人们总是以周围人对自己的评价为依据，参照父母、教师、同伴对自己的评价来估价自己。美国心理学家库利认为，周围人的评价就像一面镜子，我们从这面镜子里看到自己是什么、怎么样。当然，并不是每个人的评价都会对我们产生影响，也不是每个人对我们的评价都同等重要。我们总是将别人对自己的评价进行整合，从而形成自我评价，那些经常出现的评价、那些我们比较重视的评价就成为自我评价的主要内容。

然而，绝对平面的“镜面”是不存在的，任何人对我们的评价都难免受他们自己的个性、生活阅历、认识水平和与我们的关系亲疏的影响。别人对我们的评价有时犹如“哈哈镜”，有的正确，有的歪曲，究竟哪部分是客观的，哪部分是失真的，关键还得靠自己去辨别。

同时，我们也并不是一面“平面镜”，我们在整合别人对自己评价的同时，已经用了“折射”技术，对别人的评价进行了加工。而加工的结果，是歪曲得更厉害了，还是比较客观了，也受我们自己的主观因素的影响。苏东坡感慨说“不识庐山真面目，只缘身在此山中”，我们在进行自我评价时免不了渗入感情成分，那些比较顺耳的表扬往往更容易为我们所接受，而那些逆耳的批评则往往为我们所排斥。

“人贵自知”，生活的面貌是由我们自己塑造的。我们要学会接受自己，看清自己的长处和短处，既不否定自己的优势，也不讳言自己的缺陷。正确地评价自己，才能为自己找准人生的坐标，为自己准确地定位，从而获得成功和幸福。

阅读思考

在弗兰克·贝特格从事推销的头一年里，他的收入相当微薄，只得兼职担任史瓦莫尔大学棒球队的教练。有一天，弗兰克·贝特格突然收到宾州切斯特镇基督教男子青年会寄来的一封邀请函，邀请他作有关“生活、人格、运动员精神”的演讲，当弗兰克·贝特格读到这封信时，诧异万分，心想自己恐怕无法接受这一邀请。事实上，弗兰克·贝特格连面对一个人说话时都无法清楚表达，更别说有勇气面对一百位听众说话了。

但弗兰克·贝特格突然认识到，如果自己想要在任何方面有所成就，首先必须得克服和陌生人说话时的胆怯与恐惧。第二天，弗兰克·贝特格拜访了费城的基督教男子青年会，见到了该中心的指导员后，把自己惧怕面对陌生人说话的弱点告诉他，并请教他是否有什么课程可以帮助改正，那位指导员微笑着说：“我们有最适合你的课程，请跟我来。”

于是弗兰克·贝特格跟着他走过长廊，来到一间教室里，里面坐满了人，此时刚好有一位学员演讲完毕，立刻有另一个人站起来，对刚才的演讲提出种种批评、指导。弗兰克·贝特格坐在教室后面，指导员低声地告诉弗兰克·贝特格：“现在上的是大众演讲课程。”

在此之前，弗兰克·贝特格从未听说过“大众演讲课程”。接着，轮到另一位学员演讲，他看起来非常害怕，他的样子令弗兰克·贝特格想到了自己。他就像弗兰克·贝特格一样，紧张、害怕又胆小，弗兰克·贝特格可能比他还糟！

但是，这位学员却非常卖力地演讲，演讲完全吸引了听众的注意，弗兰克·贝特格因此感到莫大的震撼，也产生了无比的信心：“既然他能，弗兰克·贝特格为何不能？”

不久，刚才那位站起来指导演讲的人回到席位，弗兰克·贝特格被介绍与他认识，他就是戴尔·卡耐基。指导员见弗兰克·贝特格对他的演讲极有兴趣，便问卡耐基先生：“弗兰克·贝特格是否能加入呢？”

“他们的课程已上了大半，你最好等一段时间，再过一个月，下一期的课程就会开始了。”卡耐基先生回答。

“不！”弗兰克·贝特格说，“我希望现在就加入。”

"好吧。"卡耐基先生微笑着握着弗兰克·贝特格的手说,"下一个轮到你上台说说看。"

弗兰克·贝特格顿时又紧张得不知所措，事实上，弗兰克·贝特格很害怕上台，简直要被吓倒。但是为了"改造自己"，弗兰克·贝特格只得硬着头皮选了一个演讲题目，与大家闲扯一番。

虽然紧张，弗兰克·贝特格终于还是完成了演讲。站在讲台上，弗兰克·贝特格拼命地把自己想到的事全说出来。渐渐地，听众的脸仿佛在弗兰克·贝特格眼前消失淡去，最后，大家竟对弗兰克·贝特格抱以热烈的掌声。

（根据调研资料整理）

思考题：

弗兰克·贝特格是如何克服恐惧、培养自信和勇气的，同时，请分析你的不足，并思考如何弥补自己的不足。

任务2　塑造形象

塑造形象的意识是整个现代推销意识的核心。良好的形象和信誉，是企业的一笔无形资产。具有强烈的塑造形象意识的推销人员，清醒地懂得用户的评价和反馈对于自身工作的重要性，他们会时时刻刻像保护眼睛一样维护企业的声誉和形象。

情景训练

据有关资料显示，超级推销员比普通推销员的业绩高出300倍。一般来说，推销员的业绩分布呈正态分布，大体是2:6:2，即在所有推销人员中，业绩很好的占20%，业绩一般的占60%，业绩很差的占20%。那么，是什么原因导致在环境、产品等外部条件差不多的情况下，推销人员的业绩有差异呢？请根据自己了解的杰出的推销员，找出他们成为优秀推销员的共同的形象条件。

知识链接

成为具备完美形象的推销员需具备一定的素质，这当中既有先天性的、与生俱来的，也有后天通过努力而获得的。在现代商品社会，一个成功的推销员形象应该至少具备以下素质。

一、现代推销观念

现代推销环境要求推销人员主动寻找顾客，了解顾客的需要，善于发现、挖掘买卖双方的共同利益，事先做好充分准备，想方设法吸引顾客注意，引起其购买欲望，直至成交。在实际推销环境中，买卖双方的信息都很灵通。同业之间竞争激烈，竞争各方都在彼此摸底。这意味着无信息就无对策。推销人员必须通过各种渠道更快更好地了解各种信息，竭尽全力去为顾客服务，满足其需要。现代推销观念要求推销人员抓住一切销售机会，及时向顾客提出建设性意见，正如P. 杜拉克所说，“公司的目的在创造顾客”，以“整体行销”活动为手段来创造“顾客满意”。此外，还要善于把企业利益与顾客利益协调一致，让自己不仅是企业的推销员，而且也是顾客的服务员或顾问，习惯为顾客着想，以赢得信任和生意。

二、高度责任感

推销人员的责任感主要表现在：忠于所在企业，忠于自己的顾客，忠于自己的销售目的。现代推销人员一般都拥有较大的自主权。每个推销人员都是企业的“代表”，他们的形象对企业的信誉影响较大。因此，他们的一言一行都必须对所在的企业负责，而忠于顾客即要对顾客的利益负责。

三、良好的心理素质

良好的心理素质主要表现为自信、自强和情绪稳定。只有具备这种良好的心理素质，才能抱定坚定的信念，不怕困难挫折，一往无前地去从事推销工作。在推销过程中，买卖双方的愿望与目的不尽相同，也势必包含种种矛盾和冲突，更何况还有众多竞争者，因此推销人员常常被顾客拒之门外。实际上，真正的推销工作大多是在遭到顾客第一次拒绝后才开始的。如果没有良好的心理素质就无法胜任如此艰巨的工作。

四、良好的业务素质

1. 高度的市场洞察力。主要表现为对当前市场需求有敏锐的观察力和对未来市场需求的发展趋势有科学的预测。能“见微知著”，对市场行情有高度职业敏感。

2. 丰富的产品知识。推销人员应熟知自己所推销产品的品种、规格型号、性能、用途、特点、价格及维修保养知识，能亲自动手操作示范、修理产品、排除故障。

3. 充分了解企业的情况。包括企业的历史沿革、规模、经营方针策略、特点、服务项目、交货方式、付款条件以及本企业在同行业中的地位等。

4. 熟知消费者知识。对各类客户的市场标的以及顾客的个性特征、购买心理、购买秩序、购买方式与习惯、购买时间与购买条件等要有所了解，尤其应掌握顾客购买时的主要心理障碍和谁是购买的真正决策人。

5. 娴熟的推销技巧。现代推销是一个寻找顾客、顾客资格审查、接近准备、接近、面谈、处理异议、成交，直至售后服务的完整过程。因此要求推销人员娴熟地掌握发掘顾客的各种方法和推销技巧。

6. 通晓法律知识。每当推销人员做成一笔买卖，从法律上讲，买卖双方同时承担相应的权利和义务，亦即双方当事人产生了法律关系。因此推销人员应了解经济行为是否具有法律效力的原则界限、签订合同的基本原则、签订合同的程序、合同的主要内容、合同的变更和解除程序、违约的责任及其认定、合同的鉴定和公证、代理与担保，以及发生纠纷时的仲裁和诉讼程序等。此外，还有税法、有关银行结算和票据管理的法律规定，甚至对外贸易法律等。

五、良好的个性和得体的外表

良好的个性要求推销人员性格外向、活泼，为人热忱、坦诚。注重自己的仪表，尽量让自己容光焕发、精神抖擞，尤其要给客户留下良好的第一印象，千万不要为了追求时尚而穿着奇装异服，那样只能使你的推销走向失败。只有穿戴整洁或者与你职业相称的服饰，才能给客户留下良好的、深刻的印象。

六、强健的体魄和良好的生活习惯

推销工作既是一项复杂的脑力劳动，也是一项艰苦的体力劳动。推销工作的性质决定了推销员必须经常外出推销，并携带样品、产品说明书等资料；有时还要日夜兼程，工作时间长，劳动强度大；一些工业品的推销，还需要推销员进行安装、操作、维修等体力劳动；与形形色色的顾客打交道，更是一个费神费力的过程，需要充沛的精力作保证。因此，没有健康的体魄和旺盛的精力，也是难以胜任推销工作的，知识再渊博，还是要身体力行。强健的身体是推销事业成功的基础和重要保证。推销是一项十分辛苦的工作，特别是在工作中遇到困难和挫折时，心理压力和工作艰辛所带来的身心疲惫是常人难以体会的。还有，推销人员每一次交易的完成都是拜访很多顾客的结果，要付出心理上、体能上的大量消耗。因此，推销人员必须具有健康的身体、充沛的精力，这样才能胜任推销工作。

阅读思考

良好的形象是你的一张重要的名片，失去它，你就有可能失去即将抓住的机遇。原一平曾访问美国大都会保险公司，该公司副总经理问他：“您认为访问客户之前，最重要的工作是什么?”

原一平：“在访问准客户之前，最重要的工作是照镜子。”

副总经理：“照镜子?”

原一平：“是的，你面对镜子与面对准客户的道理是相同的。在镜子的反映中，你会发现自己的表情与姿势；而从准客户的反应中，你也会发现自己的表情与姿势。弗兰克·贝特格把它称为‘镜子原理’。当你站在镜子前面，镜子会把映现的形象全部还原给你；当你站在准客户面前，准客户也会把映现的形象全部还给你。当你的内心希望准客户有某种反应时，你把这种希望反映在如同镜子的准客户身上，然后促使这一希望回到你本身。为了达到这一目标，必须把自己磨炼得无懈可击。”

（根据调研资料整理）

思考题：

分析自己目前具有的好的形象，并指出一些会严重影响你形象的不良习惯，提出一些提升自己个人形象的措施。

任务 3　学会沟通

沟通能力是推销员必备的职业技能，要与客户建立良好的关系，推销员的沟通能力非常重要。推销员必须善于与他人交往，有较强的社交能力和沟通技巧，才能维持和发展与顾客之间长期稳定的关系。推销员在与顾客交往的过程中，要热情诚恳、对人友善，能设身处地为顾客着想，替顾客分忧，这样才能取得顾客信任、理解、支持与合作。

情景训练

一名推销员正在向一大群顾客推销一种钢化玻璃杯，他首先是向顾客介绍产品，宣称其钢化玻璃杯掉到地上也不会坏，接着进行示范表演，可是碰巧拿到一只质量不合格的杯子，只见他猛地往地下一扔，杯子“砰”地一下碎了，真是出乎意料，他自己也十分吃惊，顾客更是目瞪口呆。面对这样尴尬的局面，假如你是这名推销员，你将如何处理？

知识链接

如果你是经过训练的销售员，一定知道销售自己的重要性，只有把自己推销出去的销售员，才能推销出其他任何产品。当你自己都不愿接受你自己的观念，当你自己都不相信你自己讲的话，当你自己都不愿意用你所推荐给别人的产品的时候，你是不可能将东西推销给任何人，将观念让任何人接受的。换句话说，你需要先把产品推销给你自己，你要先问问自己，我愿不愿意相信我所说的每一句话，我愿不愿意购买我所推荐别人购买的每一项产品。

一、足够自信

信心和勇气是推销成功的关键，也是推销自己的动力和基础。要推销自己，首先，应该对自己有足够的自信，要表现出很有自信的样子，这样别人就会被你的自信感染，相信你的能力，那么你离成功就近了一步。众多的人在沟通中缺乏信心的一个重要原因就是不知道他在与什么人打交道。在现在这个社会，你要不要保持自己的本色呢？如果你保持自己的本色的话，可能令人不好受，所以你应该懂得在不同的场合、不同的人面前扮演不同的角色。

所有伟大的领袖都懂得以自信的方式行动的重要性。拿破仑虽然在其他许多方面不能算是和谐沟通关系的楷模，但他确实知道自信行为方式的魔力，并且因此受益无穷。当拿破仑第一次被流放，法国军队受命捉拿他时，他不但没有跑掉或躲藏起来，相反，他勇敢地出去迎接他们，一个人对付一支军队。而且，他把握局势的极大信心奇迹般地生效了，因为他的行为似乎表明他期望军队服从他的指挥。所以，士兵们在他身后以整齐的步伐前进了。人们往往非常在意自己的缺点，甚至有很多人认为自己一无是处，是个无用之人，这也是有些人在沟通中缺乏自信的根源。事实上，任何人都不可能是“一无是处”的，在每个人的身上，都同时存在着缺点和长处，关键在于自己是否善于从自己身上找出这些优点和长处。人们要培养自信心，就要明察自己的长处和短处。善于发现自己的短处，并以顽强的毅力加以克服，同样也可以增强自己的自信心。

二、推销自己的可爱

推销自己的可爱是推销自己的第二步。在沟通中，人与人之间相互吸引的程度不同，往往造就了沟通关系的不同层次。如果我认为你能干，那么你就像我想象的那样能干；如果我认为你可爱，你就像我想象的那样可爱。事实就是这样简单。

1996 年的美国总统大选，比尔·克林顿在可信度方面的得分并不高，但是鲍伯·多尔却没有表现出一丁点儿的可爱，他需要在自己的血液中注入一种叫做“魅力”的东西。结果，克林顿当选，成为了总统。实际上他并没有赢——只不过是多尔输了。的确，多尔也赢得了选票，不过这些选票都是正统的共和党人以及那些瞧不起克林顿的人投的选票。在此前的两次大选中，也存在同样的原因。比尔·克林顿并没有赢——只不过是老布什输了，乔治·

布什在1988年也没有赢——只不过马歇尔·杜卡凯斯输了，罗纳德·里根赢得了两次大选，这是为什么呢？绝大多数中立者因为喜欢他而投票给他。这既真实又简单：我们选择那些我们更喜欢的人，或者不太讨厌的人。

没有一样东西是受每个人喜欢的。要以大多数人都觉得你可爱的方式与人交流。比如一个人的内在涵养和素质，外在的仪表、服饰，行为动作，地位和角色的为人羡慕、尊敬等。这些因素的差异以及交往个体能否巧妙灵活地运用这些因素，会直接影响一个人的魅力，影响沟通的程度和效果。第一次与人接触时，别人通过你的外表简单地来判断你。随着了解的加深，再通过言行、谈吐，最后是内心的想法来判断。你想想，一个打扮随意的人向你推销上千元的产品，你敢买吗？再想想，一个头皮屑乱飞的业务员向你推销去头皮屑的洗发水，你会买吗？当你外表不过关时，推销就很难继续下去。那么应该如何推销自己呢？这个就要对自己进行包装了，一个是物质层面的包装，一个是精神层面的包装。物质层面的包装需要从头到脚，检查我们的发型、脸面、服装、皮带、袜子、皮鞋是不是整洁而又整齐。精神层面的包装，就是让你穿上西服看起来就像成功人士，包括走路、肢体动作、说话等。推销自己时，永远不要忽视外表。声音也不可忽视，声音常常会透露你心中的意思和感觉。要注意你说话的韵律，高频率的声音，听起来有一种紧张和担心的感觉，但声音太低沉也会有一种压力沉沉的感觉。人们喜欢跟一个他觉得是同类，而且觉得自在的人做生意或是交往。推销自己时，应该表现出自在的样子。

三、多卖点力

多卖点力是不会错的，即使对方对你不放心。推销自己时，要让对方相信你说的是实话。说话流利，这些还不够，要懂得用不同的方式跟不同的人打交道。

初次见面时，说大话、假话可能会赢得对方一时的尊敬和欢心，但是从长远来看，迟早是会“露馅”的，那时所失去的将会更多。一件小事胜过千言万语，要成功地“推销”自己，让对方真心地接纳你，所依靠的并不是夸夸其谈，而是实事求是的行动。宋朝一位仅在任76天的宰相杜衍曾对他的同僚说：“若想走上仕途，势必要保持清廉与慎重，要效忠朝廷，忘掉自我。如果能够出头定会招来同辈之嫉妒以及中伤，所以身为上司不但要有选才的能力，还要为将来可能的结果做好预防工作，而你们所要遵循的只有四个字——‘只做不说’。”

其实，这也正是我们在自我推销时可以采用的一项技巧：少说多做。中国有句成语，叫“桃李不言，下自成蹊”。每个人的一言一行都在别人的观察之中，你做得如何，别人自然会给你一个恰当的评价，何须你自己多费唇舌？

有一则故事，说一位先生登报招聘一名办公室勤杂工，约有五十多人前来应聘，但这位先生只挑中了一个男孩。“我想知道，”他的一位朋友说，“你为何喜欢那个男孩？他既没带一封介绍信，也没有任何人推荐。”

“你错了，”这位先生说，“他带来许多介绍信。他在门口蹭掉了脚下带来的土，进门后随手关上了门，说明他做事小心仔细；当他看到那位残疾老人时，就立即起身让座，表明他心地善良，体贴别人；进了办公室他先脱去帽子，回答我的提问时干脆果断，证明他既懂礼貌又有教养；其他所有人都从我故意放在地板上的那本书上迈过去，而这个男孩却俯身拾起它并放回桌子上；他衣着整洁，头发梳得整整齐齐，指甲修得干干净净。难道你不认为这些就是最好的介绍吗？”

当然，这则故事中那位先生观察人的艺术是很值得称道的。但是，那个男孩的一言一行，确实很成功地“推销”了他自己。他在这些细节上的所作所为，要比长篇大论要好得多。

阅读思考

很多年前，乔·吉拉德就养成一个习惯：只要碰到人，左手马上就会到口袋里去拿名片。“给你一个选择：你可以留着这张名片，也可以扔掉它。如果留下，你知道我是干什么的、卖什么的，细节全部掌握。”

吉拉德说：“如果你给别人名片时想，这是很愚蠢很尴尬的事，那怎么能给出去呢？”

他到处用名片，到处留下他的味道、他的痕迹。每次付账时，他都不会忘记在账单里放上两张名片。去餐厅吃饭，他给的小费每次都比别人多一点点，同时主动放上两张名片。因为小费比别人的多，所以人家肯定要看看这个人是做什么的，分享他成功的喜悦。人们在谈论他、想认识他，根据名片来买他的东西，经年累月，他的成就正是来源于此。

他甚至利用看体育比赛的机会来推销自己。他订了最好的座位，带去一万张名片。当人们为明星的出场而欢呼的时候，他把名片扔了出去。于是大家欢呼：那是乔·吉拉德——已经没有人注意那个明星了。

思考题：

吉拉德送名片并不只送一张，送一张名片是普通的做法。想一想，你接到的名片有多少，你还记得多少？你应该如何更好地推销自己？

项目三　自我管理

世界级的管理大师汤姆·彼得士说过这样一句话：领导等于销售。任何成功，都是销售的成功，无论是政治、文化、教育、科技、著作、财富、艺术、发明，这个世界上各行各业所有最有成就的人，他们的成就都来自销售的基本功。换句话说，销售是各行各业成功人士的基本功。销售最重要的目的是成交，除了成交，其他一切都不算是真正产生收入的关键。大多数售货员或者是销售人员都花很多时间在拜访客户、整理名单打电话上，他们花很多时间去跟客户交流的目的只有一个：成交。但很多人忘记了这个动作或者是不擅长这个动作，他们做的很多事情都白做，白做之后造成了很大的浪费。因此，推销人员要不断提高业务素质，工作与学习并重，增强充分利用时间的观念，树立自我管理意识，才能胜任本职工作，适应社会发展的需要。卓有成效的自我管理应由设立工作目标、制订行动战略以及评估工作绩效三个步骤组成。

任务 1　设立工作目标

推销是一门极富挑战的行业，只有集中全力才能做好。推销能够锻炼一个人的意志与生存能力，因为推销人员要面对不同的环境、不同的客户。推销人员只有将私生活简单化，尽量减少一切对营销工作没有帮助的事务，制订营销的目标，按计划完成工作目标，才可能成为顶尖的推销人员。

情景训练

在市场经济条件下，一名现代推销人员如果想求得事业的辉煌，必须使自己成为一名卓越的管理者。如今，市场竞争日益激烈，一方面产品成本在持续上涨，另一方面消费者也日益成熟，这种种现实要求新一代推销人员必须具备自我管理的技能。为确保推销成功，推销人员必须学会如何进行自我管理，管理好你的时间，管理好你的推销分区以及处理好同你的顾客间的关系。请分组讨论推销人员所要进行的自我管理的具体内容。

知识链接

自我管理又叫自律，也就是个人行为上的一种自我习惯的约束与管理。只有很好地管理自己，才能够有条不紊地工作，全身心地为了自己的明天而工作。为实现有效的自我管理，第一步要设立工作目标。

所谓目标，就是你想要实现的事情，就是你要为之奋力争取的事情。设立工作目标会使你的工作具有方向性和目的性。那种没有明确目标的推销，必将导致推销的盲目性。这些目标包括以下四类。

第一类是推销分担区目标。这个目标就是整体工作目标，一般包括应侧重哪些产品的推销，对哪些顾客要格外重视，理想的客户数量应是多少等。无论这些目标是由管理层制定的，还是由推销员自己制定，都展示出一个广阔的发展方向，它们反映了你对推销分担区所希望获得的全部利益所在。当设立完分担区整体目标以后，你还要继续为每位客户或是代表着不同消费层次的客户群，设立专门的目标。

第二类是客户目标。设立客户工作目标应当以分担区里的每位现实和潜在顾客为对象。实现客户目标，就等于为实现推销分担区的整体工作目标奠定了重要的基础。当两者之间出现不一致时，推销员应努力找出解决问题的办法，或者修改推销分担区目标等。设立客户目标的另一个好处是，它可以帮助你对已往的推销工作做出分析，从中你可以预知，如果继续按过去的那种方式推销，你可能会取得多大成果。

第三类是推销拜访目标。每次推销拜访也要设立工作目标，而且应当使之与客户目标自然地紧密相连。这类目标需要由推销员独立制订完成。因为这类目标设立的很具体，在实施拜访前要落实在纸面上。对此，一位权威的推销学专家曾指出："如果推销员无法为每次独立的推销拜访设立专门目标的话，这是他在推销工作中的最大缺憾。"

第四类是个人成长目标。个人成长目标的设立包括四方面的技能：人际关系技能、专业技能、推销技能以及其他为个人的进步提高需具备的技能。

第一，人际关系技能。人际关系的技能就是要求你掌握并提高在倾听谈话、表达陈述，以及能够理解对方的非语言表达方式等方面的技能；同时又能善于改正自身的缺点，学会更客观有效地评估潜在顾客。

第二，专业技能。推销员的专业技能，包括诸如文字能力，对产品知识的了解，能熟练填制定单等方面的技能。

第三，推销技能。这方面的目标在于从克服自身缺陷、提高成交技能以及预测未来趋向方面制定，可以有效地提高自己的推销技能，完善人格。

第四，个人进步所需的其他条件。推销员应具备一定的领导组织才能，出席管理研讨会的有关技巧，或是有关如何增加你的产品销售的更广博的知识，为个人可能的晋升或是进入高级推销员行列做必要的准备。

阅读思考

不少推销人员栉风沐雨，兢兢业业，任劳任怨，可是，每到月末、季末、年末业绩总结的时候，就像霜打的茄子，一脸无辜、无奈和痛苦的样子，他们自己着急，企业和主管也为他们着急。淘汰他们于心不忍，不淘汰他们心又不甘。

为什么会出现"碌碌无为"的状况？恐怕还要从推销员的自我管理能力上找原因。作家杰克森·布朗曾经有过一个有趣的比喻："缺少了自我管理的才华，就好像穿上溜冰鞋的八爪鱼。眼看动作不断可是却搞不清楚到底是往前、往后，还是原地打转。"

推销工作的特殊性，决定了每一个推销员必须具备超强的自我管理能力，养成良好的自我管理的职业习惯。只有管理好了自己，才能管理好客户，管理好目标，管理好业绩。

（根据调研资料整理）

思考题：

如果你是一名推销员，你会如何进行自我管理？

任务2 制订行动战略

制订行动战略是推销员自我管理的第二步。在设立工作目标的基础上，根据工作目标应制订的行动战略是：首先对相关决策人做正式的拜访，呈交一份正式的建议书，内含若干细则要点；同时应恪守时间，谈话应避免闲侃。行动战略一经制定，推销员就应当尽力去贯彻执行，这同样也是很重要的一步。因为即便是最好的计划，如果得不到准确实施，也不能算是成功。

情景训练

近年，博客用户量正呈现快速扩大之势，容量和增量足够支持某个细分市场的需要。据艾瑞市场咨询数据显示，中国的博客用户由2003年的20万增长到2004年的100万，增长率为400%，2006年将达1520万，2007年达2860万，预计2005—2007年年复合增长率均在200%以上。博客等同于网络上的分众传媒，而且是更细分、更聚焦的传播通路。同时博客用户群也恰好是"黑狮新动8度"啤酒的目标消费群，重合度极高。最近华润雪花（大连）有限公司的新品"黑狮新动8度"啤酒率先尝试博客营销模式，借此实现了个性化精确制导传播，开中国啤酒博客之先河，取得了良好的宣传和销售效果，为博客营销在酒水行业做了一次非常到位的路演，想必会触发更多酒水企业争博的热潮。如果你是一名推销员，请拟定一份详细的行动方案。

知识链接

推销不只是一种职业，一种工作，一种活动，也是一种艺术行为，一种生活方式，一种精神信仰。做好推销工作不只需要了解和掌握产品的质量、性能，更需要培养和提高自身的品质、素养的技能。作为一名推销员，要想做好推销工作，必须加强学习，加强历练，加强自我修养，力争使自己在推销行业中全面掌握和熟练运用各种赢得客户的制胜法宝。

现代推销是一项复杂的系统工程，整个过程受到多种社会现象和销售环节的影响。推销员从寻找顾客开始，直到达成交易获取订单，不仅要周密计划，细致安排，而且还要与顾客进行重重的心理交锋。从这一意义上说，推销打的不仅仅是产品战，也是心理战。由此，成功的推销要求推销员必须顺应顾客的心理活动轨迹，审时度势，不断强化其购买动机，采取积极有效的推销技术去坚定顾客的购买信心，敦促顾客进行实质性思考，加快其决策进程。而这一系统过程的完成必须依靠推销员过硬的素质和娴熟的技能。

阅读思考

美国保险业顶尖销售高手弗兰克·贝格平均每星期都要花上半天的时间做计划，每天亦花一个小时来准备。在没有做好计划、完成准备之前，绝对不会出门去做保险业务。不要以为这是浪费时间，正是因为有了完善的计划与准备，才能使他保持长久的成功。

思考题：

弗兰克·贝格的做法对你有何启示？

任务 3　评估工作成效

评估工作成效是推销员实行自我管理的最后一个步骤。在这一步骤中，推销员要将所取得的实际工作成果与所设立的工作目标相比较，以确定在哪些方面还有待提高，以及之所以能够或是未能实现那些目标的原因。未实现所设立的目标，其中因素很多。有可能是目标定得不切实际；有可能目标设立没有问题，但工作战略有失误；也有可能是因为你并未真正正确地贯彻你的行动战略；另外，某些外界的客观因素，也会阻碍你实现目标。针对这些原因，推销员或者重新设立目标，或者与同事们的工作成效相比较，来判断得出结论。

情景训练

回答下列七个问题，并进行自评与小组互评。

第一个问题：“你是不是相信自己目前从事的是正当的工作？”

第二个问题：“当你从事某种工作时，是不是事先做周全的调查与计划？”

第三个问题："你以前是不是有过'那件事的确是搞砸了'之类的经验？如果有，是不是一直为它而闷闷不乐？"

第四个问题："你是不是想过怎样使自己的市场水准提得更高？"

第五个问题："你是不是想过完成自己的工作等于回报了别人？"

第六个问题："你是不是曾经激励自己'拿出勇气来'？"

第七个问题："你是不是想过'勇气需要经常激励、鼓舞，否则势必减弱'？"

（根据调研资料整理）

知识链接

在朝向所确立的工作目标努力的整个过程里，推销员都需要对自己的实际工作表现做随时的监控，注意防止与预期目标的实现发生任何不利的偏差。同时，评估工作也是一件在进行中的工作，而不应是一锤定音。自我评估还可以看做是你制订新一轮计划的第一步。因为在自我评估过程中，你可以了解成功的经验和失败的原因，从而也为你奔向下一个目标确定了起点。

推销人员要想成功地进行自我管理，就必须贯彻自我管理的时间观念。"时间就是金钱"，这句话用在推销员身上最合适不过了。推销员应树立的管理时间的观念包括：

第一，时间效用观念。实践这一观念，推销员就必须将计划形成文字，及时将在工作中发生的情况做纪录，避免依靠回忆完成。

第二，"二八"规则。所谓"二八"规则，是指有时你所做努力的一小部分比例，如20%，却可以为你赢得全部成果的大部分比例，比如80%。应用到推销行业中，这就意味着你的20%的客户可能会为你带来总销售收入的80%。因此，将你的主要精力集中在这一小部分但却又是十分重要的顾客群及其需求的相关产品上，是非常重要的。

第三，同类合并。对于某些彼此类似或正待处理的事务，可以将其合并起来，在某个专门时间集中加以完成。如你可以一口气打完所有今天计划要打的电话，或是一口气做完所有文字工作。这样做的好处是，可以大大提高你的工作效率。

第四，利用八小时之外的时间。充分利用上班前和下班后的时间，会使你的工作产生令人惊奇的效率。

第五，备忘录。备忘录的好处是，它可以使你提前预知自己每天有哪些活动和安排，可以帮你及时记录信息，它还可以提示你哪些工作没有完成。另外，将记事条目按轻重缓急进行排档分列也是同样重要的。

第六，制订计划。对计划重要性的认识也是自我时间管理的一个重要观念。制定计划的工作必须被视为你的一种投入。它就像你对资金的投入一样，制定计划所投入的每个小时也应得到必要的回报。

只有树立正确的时间观念，推销人员才能有效地进行自我管理，提高工作效率，取得预期的工作成果。

阅读思考

在推销界广为流传着这么一种观点，即一名成功的推销员必须具备2H1F (head、heart、Foot)。也许你会发问，这几个条件任何一个正常的人都具备。但显然，它绝不是简单地指人人都有的人体上的几个部件，而是别具深意的。

首先，这里的头不是泛指一般的头，而是指超越常人的学者的头脑。它要求推销人员要具有丰富的知识，不仅要具备本专业的，还要广泛涉猎其他领域。他必须精通推销中的各种战略、战术和技巧，同时对心理学、社会学、调查统计学和商品学也要有较深的了解，否则，他是难以成为一名成功老练的推销员的。诚然，正如一般人所言，推销是凭口和脚来赚钱的，但是如果缺少一个判断准确的头脑，又怎么能让脚走上正确的方向，让口说出恰当的言词呢?

其次，此处的心也不是指普通人的心，而是艺术家的心。艺术家有着敏锐的洞察力和丰富的想象力，在他们的眼中，草木万物永远都有着一种新奇的吸引力，纵然是亘古难变的景观，他们也会时时都有新鲜的感觉和新的发现。只有具备了这样的心，推销人员才能敏锐地把握住消费者不断变化的追求，才能循序渐进，对症下药，取得推销的成功。

最后，这里的脚可称为劳动者的脚，亦即健康、勤劳的意思。一个人若没有充沛的体力，会时时有力不从心的感觉，难免要不时停下来休息以积聚精力，这样，各方面的动作自然会慢半拍。在现代竞争十分激烈的市场当中，慢半拍则意味着别人捷足先登，意味着你的客户会被别人挖走。因此，要在推销行业中立住脚，健康的体魄乃必备的条件。

当然，要取得成功，健康的体魄还必须伴之以勤劳。待在家中坐等客户上门，无疑是死路一条；吝惜自己的体力，每天只跑几家，各家只去一趟，这也难以为自己带来成功的荣耀。相反，要不畏劳苦，不惧疲乏，只要发现顾客有需要和购买力，就应像勤劳的主妇一样，不停地去忙碌，时时出现在顾客的面前，甚至在顾客已购买之后，这才是真正优秀的推销员所应具有的品行。

（根据调研资料整理）

思考题：

你是如何看待一个推销员必须具备 2H1F 条件的？

综合项目训练

请结合校内生产性实习基地——学生销售公司运营实际情况，制订一份销售人员的工作岗位职责、任职要求和考核方案。

情境二

寻找客户

学习目标

- 明确寻找客户前要做的基础工作；
- 了解锁定客户、鉴定客户、管理客户的要点；
- 能够及时地捕捉到客户的信息；
- 能够根据实际情况对客户的购买能力、购买决策权、购买需求进行鉴定；
- 能够根据客户情况建立客户档案和对客户进行分级管理。

如何在成千上万的企业和消费者中，捕捉到最理想的销售机会，寻找到最有成交希望和购买可能的客户，是产品推销活动的一大难题，直接影响推销活动的成败。推销活动的第一个步骤是寻找客户。实际上，有些产品，尤其是属于生产与经营资料的产品，由于需求的专业性与不可替代性，使产品的购买对象有明显的特征。推销员的工作是把属于这些特征范围的具体客户找出来，并加以确定，以便开展销售工作，使客户成为现实的购买者。

入门导读

1959 年，安利的创始人杰·温安洛和理查·狄维士在家中的地下室迈出了安利事业的第一步。时至今日，安利已发展成为世界知名的大型日用消费品生产及销售商，总部位于美国密歇根州的亚达城，业务遍布 80 多个国家和地区。安利生产的产品有 450 余种，包括营养保健食品、美容化妆品、个人护理用品、家居护理用品和家居耐用品等。1998 年 7 月，安利（中国）经国家批准采用“店销销售加雇佣推销员”方式转型经营，经过 10 余年发展，中国已成为安利全球最大的市场，目前，安利（中国）投资总额达2.2亿美元，总部位于广州，并在北京及上海设有区域办公室，办公总面积为2.8万平方米，拥有6940名员工。2009年，安利（中国）销售额为201亿元人民币，缴纳税款42亿元人民币。截至2009年底，安利（中国）累计缴纳税款260亿元人民币，在优质产品及消费者保护方面共获嘉奖705项，五度荣膺“中国最具影响跨国企业”，位列“2007—2008年度中国外商投资企业500强”排行榜第92位，并获得“最具责任感企业”等荣誉称号。

安利的直销模式在中国一直受到一部分人的质疑，但安利的销售业绩不得不让我们思考一个问题，那就是安利产品的价位相对于同类产品来说是偏高的，为什么它的推销员能在广大人群中发现和识别购买产品的客户呢？这便是所有推销员在推销过程中所要思考的第一个问题，也是非常重要的一个问题。

（根据调研资料整理）

项目一　锁定客户

推销员必须明确产品应该推销给谁，哪些是我们的客户，所以锁定客户是推销产品前非常重要的工作。但是锁定客户并不是一件简单的工作，包括做好准备工作、确定客户范围和运用恰当的方法寻找客户三个工作任务。

任务1　做好准备工作

在寻找客户之前，推销员要做好充分的准备工作，不仅要对客户进行初步分析，更重要的是做好心理准备，只有这样，后面的工作才能顺利开展。

情景训练

王刚大学毕业后应聘成为某教学软件公司的推销员，刚来公司的他将被派去华东地区对所有高教园区进行客户摸底。但是工作之前，王刚必须做好准备工作，不仅要对客户进行初步分析，同时也要做好调研的心理准备。如果你是王刚，你要做哪些准备工作？

知识链接

一、客户类型分析

推销员事前必须了解客户的需求、购买动机等因素，应针对不同的客户采用不同的推销策略。客户大体上分为以下六类。

（一）理智型

这类客户的购买行为是在理性购买的动机支配下形成的。这种客户头脑冷静、清醒，很少受广告宣传、商标以及华丽包装等外界条件的干扰，可以按照自己事先既定的购买目标进行购买活动，购买商品以后很少后悔。为了帮助这类客户了解产品的各种特点，推销员应该利用样本、说明书等宣传媒介，向客户进行比较详细的介绍，并现场示范。应对理智型的客户，要求推销员有比较丰富的商品知识，否则难以解答客户提出的各种实质性的问题。

（二）冲动型

这类客户的购买行为是在感情购买的动机支配下形成的。这种类型的客户，事先并没有经过认真考虑来确定购买对象，他们容易受广告、外界宣传的影响，特别容易受购买气氛的控制。这类客户的购买行为多数是从个人的兴趣出发，不大讲究商品的性能和实际效用，购买后容易后悔。对于这类客户可以通过口头说服等手段来引导其购买。

（三）习惯型

这类客户的购买行为较大程度受信任动机的支配，他们往往愿意购买经常使用的一种或数种品牌商品，并愿意购买自己熟悉的推销员推销的商品，他们的购买力较小，购买目标稳定，很少受外界干扰。同时这类客户因为对购买的商品较熟悉，在购买时一般不进行认真的挑选，购买行动迅速。对于这类客户，推销员必须促使公司保持产品的良好特性、质量以及服务，还得经常了解客户使用产品的情况。

（四）不定型

这类客户在购买商品时没有固定的目标和偏爱，一般都是随意性购买或尝试性购买。购买具有不稳定性，购买后容易后悔。对于这类客户，推销员应当运用适当的推销策略，有效地吸引其购买。

（五）想象型

这类客户往往感情和想象力比较丰富。他们以丰富的联想来衡量商品的价值，购买时注意力容易转移，兴趣容易变化。这类顾客往往对商品的外表造型、颜色和品牌比较重视。

（六）经济型

这类顾客以商品的价格作为购买的依据。对于这种类型的客户，推销员在推销过程中要特别注意价格因素。

二、做好心理准备工作

日本推销之神原一平说："推销成功没有其他的秘诀，唯有走的路比别的人多，腿跑得比别人勤。"他平均每个月要用1000张名片，他将自己每天要拜访客户的标准量设计为15位，没访问完毕绝不回家休息。

连续16年获得日产公司汽车销售冠军的奥程良治,他的推销成功秘诀就在于"1/30"的坚持和不断的访问。因为奥程良治从一份报道中得知：在日本，汽车的成交比率为1/30；也就是说，在汽车推销员访问的30人当中就会有一人买车，所以即使他拜访了29位客户都没有成功，他也会认为下一个可能就是准客户。就是有了这种心理准备，方使他成为成功的汽车推销员。

福瑞德·鲍尔是英国著名的工业展推销员，以善于推销机器设备而著称。为了便于推销工作，鲍尔总是勤做笔记。在商业杂志或有关报刊上登载的与自己工作有关的任何活动，鲍尔总是用笔记下来，如客户的名称、地址、电话号码、工厂规模等。鲍尔也习惯于利用笔记本来记录，在他的资料中记载的工厂主、生产经理、采购人员，甚至门卫、秘书等人的姓名以及有关信息，都给鲍尔的推销工作带来了很大的帮助。

推销大师的成功经验为我们寻找客户提供了有益的启示，推销员要迈好推销的第一步，需做好一定的准备工作。

一是要有良好的心理状态。良好的心理状态和愉快的情绪，是保持推销员工作热情的内在动力。

二是要有广泛的兴趣。兴趣是激发创造力的源泉，也是获取信息的基础。

三是养成随时发掘潜在客户的习惯。优秀的推销员大多随身准备一本笔记本，无论走到哪里，只要他听到或看到可能的潜在客户，就立刻记录下来，然后加以整理、分析、筛选，以备日后使用。

阅读思考

李嘉诚先生是华人当中名副其实的首富，但其创业初期有过一段不寻常的推销经历。他出身于广东潮安县一个书香门第，11 岁的李嘉诚在读完两年小学后便辍学，在他舅舅的南洋钟表公司做杂工。父亲的早逝，给李嘉诚留下了一副家庭重担和债务。14 岁的李嘉诚凭着毅力、韧性和真诚在港岛西营盘的春茗茶楼找到一份工作，李嘉诚在努力干好每一件事的同时，给自己定了两门必修功课：其一是时时处处揣测茶客的籍贯、年龄、性格、职业、财富等，以便找机会验证；其二是揣摩顾客的消费心理，既待人真诚又投其所好，让顾客在高兴之余愿意掏腰包。李嘉诚对顾客的消费需求和习惯了如指掌，如谁爱吃干蒸烧卖，谁爱吃虾饺，谁爱吃肠粉加辣椒，谁爱喝红茶绿茶，什么时候上什么茶点，李嘉诚心中都有一本账，练就了一套既赢得顾客又能让顾客乖乖掏钱的本领。后来，李嘉诚到一家五金厂做推销员，他每天起得最早，第一个来到厂里，挑着铁桶沿街推销。靠着一双铁脚板，他走遍了香港的角角落落，从不放弃每一笔可做的生意。李嘉诚凭着坚忍不拔的毅力，建立了销售网络，赢得顾客的信誉，也深受老板器重。后来，因为塑胶业的蒸蒸日上，李嘉诚开始推销塑胶产品，由于其肯动脑筋，又很勤奋，在塑胶产品推销过程中大显身手，业绩突出，20 岁便被提升为业务经理，也使李嘉诚淘得了第一桶“金”，同时也练就了企业家的才能，为日后进军塑胶业和构建其庞大的企业帝国打下了坚实的基础。

（华人首富李嘉诚的推销之路，http://218.28.84.53:8087/anli/2.doc）

思考题：

李嘉诚的推销经历给了你什么启发？

任务 2　确定客户范围

在寻找客户的过程中，不能大海捞针般地盲目寻找，应该结合各方面的因素来确定客户范围，并进行更全面的分析，才能保证推销工作有的放矢地进行。

情景训练

李梅是云南某绿化公司的推销员，专门推销一种“跳舞草”种子，这种“跳舞草”很奇特，能随音乐而舞动起来。请你帮助李梅根据商品的特征，寻找各种可能的线索，确定准顾客的范围。

（根据相关调研资料整理）

知识链接

一、准客户

在现代推销活动中，通常把那些能够从推销人员所推销的产品中获益，并有能力购买该产品的组织和个人称为准客户，也叫潜在顾客。寻找准顾客是从搜寻“引子”（Lead）开始的，“引子”表示一个很有可能成为准顾客的个人或组织。

在推销活动中，一般将准顾客分为以下三种类型。

（一）新开发的准顾客

推销人员必须不断地寻找新的准顾客。一般来讲，开发的准顾客数量越多，完成推销任务的概率就越大。根据公式：准顾客数量÷销售区域内的顾客总数量×100%，就可以知道自己所掌握的潜在顾客数量在推销区域内所占的比例。

（二）现有客户

无论哪一种类型的企业，一般都有成百上千的客户，推销人员应该时常关注这些客户并请他们再度惠顾。利用这些既有的老客户，可实现企业一半以上产品的销售目标。在这些老客户中，有一些客户由于业务量小而被企业忽视了，推销人员应该多拜访这些顾客，调查过去发生的业务量、顾客对产品的使用反馈以及对售后服务的满意状况、新的成交机会等。一旦发现问题，就要设法解决，尽量捕捉到产品销售的机会。

（三）中止往来的老客户

以往的客户由于种种原因没有继续交易，但仍是推销人员重要的潜在顾客。事实上，许多老顾客都在期待推销人员的再度造访，推销人员必须鼓起勇气再次拜访他们，并从中探究他们不再购买本企业产品的真正原因，制订出满足他们需求的对策。

二、确定客户范围

（一）根据商品因素确定客户范围

在确定客户范围时，一个非常重要的方面就是要考虑商品因素，即所推销的商品应能够满足客户的需要。这种满足应从商品的性能、质量、花色、品种等方面进行全面分析。商品满足消费者需求的能力越大，商品扩散就越快，客户的范围也就越广；商品的性能越优越，相对先进性越明显，其客户范围就越广；商品所具有的实用性与消费者的消费观念和价值观念越吻合，客户的范围也就越广；质量、性能各方面相当，价格越低，操作越便利的商品，其客户的范围也就越广。反之，价格相对较高、操作较复杂、相对先进性不明显、质量较差的商品，其需求量越小，推销速度也越慢，其客户范围也越小。

（二）结合企业的特点确定客户范围

首先，企业所经营的商品的特点是在确定客户范围时要考虑的重要因素。

经营生活必需品的企业，如副食品商店、日用品商店等，企业的地理位置对于确定客户的范围非常重要。因为在经营这些用品的企业之间，所提供的产品差不多，不存在明显的差别，客户在选择产品时不存在明显的倾向性或偏好，因而一般喜欢选择邻近的商店购买。因此，在这类企业中，谁能为客户提供时间和空间上更多的便利条件，谁就更能赢得客户。

其次，商品的品种也是确定客户范围时应该考虑的因素。大型企业经营商品的品种较多，而且在商品质量、售后服务等方面比较有保障，客户容易产生信任感，相应地，企业确定的客户范围也相对较广。

再次，企业的形象和信誉也是不可忽视的重要因素。这是一个抽象的、综合性的概念，是企业的商品质量、性能、价格、服务、技术、设备等方面的集中体现。企业形象良好，在客户中具有一定的知名度和美誉度，在确定客户范围时可适当放大些。

最后，企业促销的力度和能力对确定客户的范围也有重大的影响。一般来说，企业促销力度和能力与企业的客户范围存在着成正比的关系。企业的营销活动力度越大、越广，则客户范围就越广。

始创于1837年的宝洁公司，是世界上最大的日用消费品公司之一，在2002—2003财政年度中，公司全年销售额为434亿美元。在《财富》杂志评选出的“全球500家最大工业/服务业企业”中，宝洁公司排名第86位，并获得“最受尊敬企业”第7名，宝洁公司全球雇员近10万，在全球80多个国家和地区设有工厂及分公司，所经营的300多个品牌的产品畅销160多个国家和地区，其中包括洗发用品、护发用品、护肤用品、化妆品、婴儿护理产品、妇女卫生用品、医药、食品、饮料、织物、家居护理及个人清洁用品。

宝洁公司生产的产品都是生活必需品，这意味着它的市场可以是全世界，而企业的巨大规模和良好形象为产品进入世界市场获得更多的客户打下了坚实的基础。

（三）结合消费者状况确定客户范围

推销员在开发客户的过程中，应确定所推销的产品面向的对象。向低收入者推销高档奢侈品是不可能达成交易的。推销员在确定客户范围时应从消费者的角度，设身处地地为客户着想，使客户范围更加准确。

安利公司的纽崔莱系列产品中的蛋白质粉，其实在它外包装上的功能说明上只写道：保健功能——补充蛋白质。这是一个很模糊的功能定位，一般人会觉得这样的产品很难销售。因为大多数客户会认为蛋白质这东西在体内可多可少，人体内蛋白质的多少很难用肉眼观察出来，这就意味着它的使用客户不易确定。但让人惊奇的是，安利公司的蛋白质粉却经常处于缺货状态。为什么会出现这样的情况呢？那是因为公司的培训人员为他们的推销员灌输了大量的关于保健品的推销经验与知识，并为他们清晰地分析了什么样的客户最有可能购买这种重量455g、而价格却要300多元的高价保健品。公司为它的推销员所确定的客户范围是：蛋白质粉的适合人群是需要大量补充蛋白质者，如受伤或手术后康复中的人士、孕妇、哺乳妇女、发育期青少年、素食者和老人。

阅读思考

英国Dove内衣公司调查发现，有三分之二的英国妇女在看了身形苗条的模特示范内衣后，对自己的体形甚感自卑。该公司于是弃用苗条模特，改聘胖妞模特来示范内衣，建立了平易近人的亲民形象。

（根据调研资料整理）

思考题：

请你根据内衣的特征，提出一些可能成为潜在顾客的基本条件，然后再根据这些条件，指出英国Dove内衣公司生产的内衣的准顾客范围。

任务3　运用恰当的方法寻找客户

开发客户是推销人员的基本职能。企业若不持续进行市场开拓，每年将会失去30%—40%的客户，如果没有足够的新客户进行补充，企业将会逐渐衰弱。因此，推销人员必须主动去寻找客户，即便像高科技产品、工业用品这样用户比较集中、成交率较高的产品，也并不说明这些产品的推销人员不必在寻找推销对象上下工夫。据美国《工业市场营销》杂志调查，工业用品销售存在这样一个规律：在寻找准顾客方面所做的努力越大，销售成绩越好。寻找客户并不是一件非常简单的工作，除了依靠推销员的自身努力，还必须掌握并正确运用有效的方法。

情景训练

小陈是某中美合资化妆品有限公司的一名推销员。该公司的产品质量和口碑都好，就是价格有些高。小陈负责黔东南地区的市场推广工作，但是黔东南地区城市并不发达，人均消费水平低，城市里的有钱人还是有限的，在人群中寻找顾客是一件不容易的事。请你根据情境，帮助小陈采用恰当的方法来寻找客户，并帮她设计一份寻找顾客的方案。

知识链接

一、逐户寻访法

逐户寻访法，也称地毯式访问法，是指推销人员在特定的区域或行业内，用上门探访的形式，对可能成为顾客的单位、组织、家庭乃至个人无一遗漏地进行访问并确定销售对象的方法。

逐户寻访法的理论依据是“平均法则”，即假定在被访问的人群中，总会有一定规模的潜在顾客，发现这些潜在顾客的数量与被访问的人数成正比例关系，且分布均匀，要想获得更多的顾客，就要访问更多的人。

根据这个法则，推销人员所要寻找的顾客是平均地分布在某一地区或所有的人当中的。因此，推销人员在不太熟悉或完全不熟悉推销对象的情况下，可以直接访问某一特定地区或某一特定职业所有的个人或组织，从中寻找自己的顾客。逐户寻访法是最古老的推销方法之一，它可以使推销员在寻访顾客的同时，了解社会、了解顾客、了解市场。逐户寻访法最适合于推销各种生活消费品，特别是推销消费者必备的日用工业品和必需的各种服务。

（一）逐户寻访法的优点

一是能够全面、客观地反映顾客的需求情况。推销人员原来不认识顾客，顾客可以坦诚布公地表明自己的真实看法，而且这种方式接触面比较广，推销人员可以听到各方面的意见。二是有利于扩大推销品的影响，使顾客形成共同的商品印象。三是有利于争取更多的顾客。四是可以锻炼和培养推销人员，积累产品推销的经验。

（二）逐户寻访法的缺点

一是盲目性较大。如果推销人员过于主观或判断错误就会浪费大量的时间和精力。二是由于难以进行充分的推销准备，容易遭到顾客的拒绝，给推销工作带来阻力。三是这种方式的访问对象之间有较紧密的联系，若一方面失误，就会影响整个推销计划的进行。

总之，推销人员在采取这种方法寻找顾客时，必须做好必要的准备工作，并且要在推销行动开始之后适时调整行动方案。由于这种方法固有的缺陷，推销人员最好能够配合使用其他方法，发挥立体攻势，随机应变，才能得到理想的推销效果。

二、连锁介绍法

连锁介绍法也叫无限连锁介绍法、顾客引荐法，是指推销人员请求现有顾客介绍有可能购买产品的潜在顾客的方法。

这种方法要求推销人员设法从自己的每一次推销谈话中获得其他更多的准顾客名单，为下一次推销访问做好准备。在西方，绝大多数推销人员善于利用这种方法，能够从每一次推销谈话中寻找到更多的准顾客名单，为下一次推销访问做好准备工作。

连锁介绍法的理论依据是事物普遍联系的法则，就是根据消费者消费需求和购买动机的相互联系和相互影响，根据各位顾客之间的社会联系，通过顾客之间的连锁介绍，寻找更多的新顾客。

（一）连锁介绍法的主要运用途径

1. 通过现有顾客寻找潜在顾客，这是一条寻找顾客的最佳途径。由于老顾客介绍的新顾客大多是其较为熟悉的单位、组织或个人，他们之间可能存在较为密切的联系，有时甚至具有共同的利益，所以提供的信息准确详细。顾客引荐法几乎被推销界认为是最好的寻找顾客方法，实际上也是最常用的方法。

2. 通过朋友的交情寻找潜在顾客。在诸多寻求新的潜在顾客的方法中，建立关系网方式可以称得上是最可靠、最有效的。人们往往愿意与他们了解、喜欢、信任的人做生意。建立关系网的目标是在推销人员现有熟人的心目中划出一个稳固的适当位置，这样当其中某个人或是他认识的人需要推销的那类产品或服务时，推销人员则是唯一能让他们想到的能提供帮助的人。推销人员的许多朋友都可能成为自己的商业伙伴，如果推销员和其朋友之间能找到相同的利益结合点，许多朋友都会乐意去帮助寻找顾客。

（二）连锁介绍法的方式

连锁介绍法的方式主要有两种。

1. 间接介绍。所谓间接介绍，就是推销人员在现有顾客的交际范围内寻找新的顾客。推销人员应主动地去参与介绍人的社交群，同一社交群的人可能都有某种共同的需求，可能是同一类顾客，如果推销员能成为他们的朋友，就能消除陌生拜访带来的困难。

2. 直接介绍。直接介绍就是通过现有熟人直接介绍与其有联系的新客户，即由介绍人把自己的熟人或可能的用户介绍给推销人员作为潜在顾客。

运用连锁介绍法，推销员可以请现有顾客代为推销商品，代转送资料；也可以请现有顾客以书信、名片、便笺、电话等手段进行连锁介绍。

运用连锁介绍法的关键是推销人员必须首先取得现有顾客的信任，同时和现有顾客介绍的未来顾客有一定的联系，也有一定的利害关系。推销人员只有成功地把自己和所推销的商品推销给现有顾客，让现有顾客感到满意，才有可能从现有顾客那里得到未来顾客的名单。

在西方推销学著作里，连锁介绍法常常被看做最有效的寻找顾客的方法之一。有的推销学者甚至把连锁介绍法说成是“推销王牌”。连锁介绍法适用于推销无形商品和高档消费品，因为这些商品的消费者特别需要友情和信誉。

（三）连锁介绍法的利弊

连锁介绍法的优点有：

1. 可避免推销人员主观判断的盲目性。一般情况下，介绍人了解潜在顾客的情况，所获得的信息准确、详细，使销售更有针对性。

2. 利用连锁介绍法寻找新顾客，容易取得被介绍顾客或新顾客的信任。

经过熟人介绍接触的新顾客，不易产生对推销人员的排斥心理，容易消除心理上的戒备。

3. 利用连锁介绍法寻找新顾客，成功率一般都比较高。现有顾客所推荐的新顾客，一般都是其熟悉的个人或单位，并且他们之间往往存在着某种共同的利益。根据这些顾客之间的内在联系而不是根据某些外部特征来寻找顾客，能取得较高的成功率。

连锁介绍法的缺点有：

1. 采用连锁介绍法寻找顾客，事先难以制订完整的推销访问计划。通过现有顾客寻找新顾客，由于推销人员根本就不知道现有顾客可能介绍哪些新顾客，事先就难以做出准备和安排，有时不得不在中途改变访问路线，打乱整个访问计划，使得推销人员常常处于被动地位，不利于推销准备。

2. 采用连锁介绍法寻找新顾客，现有顾客的心理因素左右其成功。推销人员不能完全寄希望于现有顾客，因为介绍新顾客不是他的义务，是否介绍要受很多其他因素的影响。有的现有顾客不太愿意增加麻烦，更不愿意因介绍不当而给朋友或熟人带去麻烦，所以是否有意介绍或尽全力介绍是此法能否取得良好作用的关键。有的现有顾客顾及情面给推销员介绍了客户，但对推销员的评价并不太理想，如果访问失败，给顾客留下不好的印象，不但会牵连现有顾客，还有可能失去许多客户。

（四）利用连锁介绍法应注意的问题

1. 建立良好的信誉和人际关系。人们一般愿意给信誉良好的推销人员介绍新客户，而信誉不好的推销人员则难以和顾客合作。

2. 让介绍人感觉轻松。在推销中要避免提出这样的问题：“你知道别人会使用我的产品吗?”或“你知道谁会买我的产品吗?”因为这样使介绍人很难对此做出答复，但可以问介绍人是否知道别人可能对你的产品感兴趣，让介绍人相信推销人员不会给他介绍的人带来麻烦。

3. 感谢或回报介绍人。推销人员应该随时向原介绍者汇报连锁推销的结果，一方面表示谢意，另一方面可引起介绍者的关心，继续进行连锁介绍，尤其是介绍人的帮助产生了销售额时，最好能给予介绍人一定的回报，这样介绍人会很乐意为推销人员介绍客户。

三、中心开花法

中心开花法又称名人介绍法，就是指推销人员在某一特定的推销范围内，取得一些具有影响力的中心人物的信任，然后在这些中心人物的影响和协助下，把该范围内的个人或者组织发展成为准顾客的方法。

一般来说，这些中心人物可能是推销人员的顾客，也可能是推销人员的朋友，前提是这些中心人物愿意合作。

实际上，中心开花法也是连锁介绍法的一种推广运用，推销人员通过所谓“中心人物”的连锁介绍，开拓其周围的潜在顾客。

心理学认为，人们对于在自己心目中享有一定威望的人是信服并愿意追随的，因此，这些中心人物的消费行为就可能在他（她）的崇拜者心目中形成示范作用与先导效应，从而引发崇拜者的购买与消费。实际上，在许多产品的销售领域，影响者或中心人物是客观存在的。只要确定中心人物，使之成为现实的顾客，就很有可能发展一批潜在顾客。

利用中心开花法寻找顾客，关键是取得“中心人物”的信任和合作。

（一）中心开花法的优点

一是利用中心开花法寻找顾客，推销人员可以集中向少数中心人物做细致的说服工作，避免推销人员重复单调地向每一个潜在顾客进行宣传与推销过程，节省时间与精力。二是利用这种方法寻找顾客，可以扩大商品的影响。不仅可能通过中心人物的联系了解大批新顾客，而且还可借助中心人物的社会地位来扩大商品的影响。三是利用这种方法寻找顾客，有利于成交。利用中心人物的名望与影响力可以提高推销员的知名度、美誉度。人们并不愿意在各方面花很多精力去研究，一般大家都愿意听从专家的意见，专家寻找到的客户，可能更利于成交。

（二）中心开花法的缺点

一是中心人物往往较难接近和说服。许多中心人物事务繁忙、难以接近，每个推销员所认识的中心人物有限，若完全依赖此法，容易限制潜在顾客数量的发展。二是有时难以确定消费者心目中的中心人物是谁。如果选错了有可能弄巧成拙，难以获得预期的销售效果。

四、委托助手法

委托助手法，也称猎犬法、推销助手法，是指推销人员委托有关人员帮助寻找顾客的方法。在发达国家的一些公司，专门雇用一些低级推销员寻找顾客，以便让那些高级推销员集中精力从事实际的销售活动。这些低级推销员往往采用市场调研或提供免费服务等措施，对某些可能性比较大的销售地区发起地毯式访问。一旦发现潜在顾客，立即通知高级推销员或销售经理安排销售访问。

如果推销助手帮助推销人员做成了一笔生意，推销人员不仅应立即向推销助手支付报酬，而且要感谢和称赞推销助手的友好合作。当推销助手提供一位准顾客名单时，推销人员应该立即告诉推销助手，这位顾客是否已经列在自己的顾客名册上，尤其要告诉是否已经被其他推销人员所掌握。

许多优秀的推销人员都经常采用委托助手法。当推销人员时间紧迫，需要在很短时间内拜访大量客户时，或推销人员觉得某些场合自己亲自出面不太合适时，就可能采用这个方法。

委托一些行业与外单位的人员充当推销助手，在特定的推销地区与行业内寻找顾客及搜集情况，再利用现代化通信设备传递有关信息，然后由推销人员去接见与洽谈，这样所花费的时间与费用肯定比推销人员亲自外出搜集情况更合算一些。推销员只需接近那些影响大的关键客户，从而获得更大的推销效果。另外，行业间与企业间都存在关联性，使用其他行业的人可以较早地发现推销产品市场先行指标的变化，可以为推销提供及时、准确的第一手信息。

选用推销助手的标准是其工作岗位或工作性质、业余爱好、交际范围与推销品的特点要求相一致。

（一）委托助手法的优点

一是可以提高工作效率。利用推销助手寻找顾客，可以使推销人员把更多的时间和精力花在有效的推销工作上，避免大量的时间浪费。二是可以节省费用。利用推销助手寻找顾客，可以节省大量的推销费用，主要是访问费和差旅费。三是信息来源广。利用此法，可能使推销人员掌握更多及时而适用的推销信息，有利于开拓新的市场。四是避免了陌生拜访的压力。利用推销助手寻找顾客，可以借用推销助手的说服力量。

（二）委托助手法的缺点

一是难以选择到理想的助手。采用这种方法寻找顾客，最大的困难在于不易确定推销助手的人选。要选好一个能胜任销售工作的人较困难，他们大多没有经验，未受过训练，因此要找到能胜任此工作的人需要花费一定的时间和精力。二是推销人员较被动。推销业绩往往取决于推销助手的能力与推销人员和推销助手的合作与沟通。三是有时不利于市场竞争。如果推销人员与推销助手配合不好，或者推销助手同时兼任几家同类产品制造厂家或经营商家的信息员，不仅可能泄露商业秘密，还可能使企业与推销人员陷于不公平的市场竞争中。

五、广告开拓法

所谓广告开拓法，是指推销人只是利用各种广告媒介寻找新顾客的方法。

西方国家用于寻找新顾客的广告媒体主要是直接邮寄广告、电话广告、电子邮件广告。美国著名的西尔斯公司曾经发起过一场收买准顾客名单的运动，该公司向社会上有关人士发出推销广告信，广告里列出待售商品的目录，并声称任何人只要根据广告要求向该公司提供一位购买那些待售商品中一件商品的准顾客名单，该公司将向这名顾客提供者赠送一份价值 5 美元的商品广告券，限在该公司使用。

利用现代化通信手法，能更快、更真实、更具吸引力与艺术感染力地向覆盖区域内的视听众传达关于产品的推销信息，所需支付的单位视听众费用更少、效果更好，更符合部分目标市场消费者收集信息的习惯。推销人员只与接受广告推销、自动上门询购的顾客洽谈，推销效果自然更好。

利用广告开拓法寻找新顾客，关键在于正确地选择广告媒体。其基本原则是：根据推销品的特点考虑广告媒体的对象，最大限度地影响潜在顾客。

（一）广告开拓法的优点

一是可以借助各种现代化手段大规模地发布推销信息。二是不仅可以寻找顾客，而且可以说服顾客购买。因为广告不仅具有传递信息的功能，而且具有推销说服的功能。三是可节省推销费用，降低单位成本。四是用此方法推销人员处于主动地位，由上门找顾客变成顾客找上门，推销对象也容易接受。

（二）广告开拓法的缺点

一是推销对象的选择性不易掌握。现代广告媒介种类很多，各种媒介影响的对象有所不同，如果媒介选择失误，就会造成极大浪费。二是广告开拓法的效果不易测定，因此，对其反馈的信息应该进行分析。

六、资料查阅法

资料查阅法又称间接市场调查法，即推销人员通过查阅各种现有的情报资料来寻找顾客的方法。利用他人或机构内已经存在的可提供顾客的线索，可以较快地了解到大致的市场容量及准顾客的分布等资料。在一些市场经济发达的地区，各种资料门类齐全、内容丰富、及时准确，为推销人员提供了极大的方便，应加以利用。

可供推销人员查阅的资料主要有：工商企业名目、产品目录、商标公告、专利公告、银行账号及其资信资料、统计资料、年鉴及定期公布的经济资料、各种专业性团体的成员名册、市场简介资料、信息类书报杂志、电话簿、单位网站等。

（一）资料查阅法的优点

一是利用资料查阅法寻找潜在顾客费用低，甚至是免费的。二是在寻找顾客的同时，可以进行接近顾客的准备工作。因为有些资料不仅提供了潜在顾客，而且还比较详细地介绍了有关顾客的基本情况。三是较容易拟定销售计划，因事先了解了客户的部分情况，工作较有针对性。

（二）资料查阅法的缺点

一是可供查阅资料多为公开发布的资料，时效性较差。二是竞争激烈，因为同行也可能利用相同资料进行访问。

使用资料查阅法应注意两点：一是要对资料的来源与资料的提供者进行

资信分析，以确认资料与信息的可靠性；二是注意资料可能因为时间关系而出现错漏等。

七、电信访问法

电信访问法是指从电话簿、电子邮件列表中选出自己商品最易于推销的人员范围，然后依次使用电话、传真和电子邮件来访问。例如，从电话簿的职业分类中，找出医生或建筑师等特定职业的人，然后通过电话来销售某类商品。使用电话推销时特别要注意的是，必须考虑客户职业或生活的情况，以便选定适合打电话的时间，通话时只说明销售员所推销的商品内容，而不要涉及其他无关的事情。电话推销在西方发达国家已成为一种主要的推销方法。随着因特网技术的发展，越来越多的公司利用因特网寻找潜在客户、推销产品，其推销成交率正逐年上升。

电信访问法的优点是节省时间和成本。由于使用电话，潜在客户可能一开头就表明态度，这样可以快速转移到下一个客户，特别是通过因特网访问客户，其数量非常可观。

电信访问法的缺点，一是容易拒绝。因不了解潜在客户的情况，遭遇拒绝的可能性较大。二是推销形式受限制。只能使用对话或网上文字来推销，无法在关键的时候利用其他方式来协助推销活动。

阅读思考

某推销员欲到南方山区一个城市推销该企业生产的新药品，但他所面临的销售地区地广人稀，通常方圆几十公里只有二三十人。整个地区大、小医院及药店有400多家，若按传统的地毯式访问法，每天上门推销一至两家，要几个月才能拜访完。他没有这样做，因为他找到了一个相当好的合作伙伴——一个该地有名的外科主治医师，退休前曾是管理全区6镇医院院长的负责人。正巧那年9月15日该地区组织所有的院长参加一个学习班，讲师就是这位主治医师。学习班结束后，由主治医师组织这些院长，听取了该推销员对新产品特点的详细讲解。后来，经过这位主治医师的大力推荐，二十几位院长每人下了5箱的订单，事情到此还没有结束。这些院长回到乡镇，在每月的18日又有一次全乡镇各村、屯卫生所大夫的例会。在例会上，他们又向各村、屯医生推荐了这种新产品，他们所订的货很快就分散到了各地。从15日的学习班，到提货、送货、收货款的25日那天为止，100件新药的销售工作全部完成。结果是全地区的400多家医疗单位同时使用了这种产品，全区大部分患者都了解了这种药，企业却没有花一分钱的广告费。

（陈企华：《最成功的推销实例》，中国纺织出版社2003年版）

思考题：

1. 请问上述案例中推销员运用了什么方法寻找客户，使用这种方法要注意什么？

2. 推销人员是否应更加重视对名人、明星的推销工作，为什么？

项目二　鉴定客户

推销就像是号脉，谁最有可能购买你的产品或服务，你需要搭准脉搏，把握正确的时机。推销人员只有去拜访那些有较大可能性成为买主的准客户，才能提高推销工作的效率。因此，在开始实际的推销约见和洽谈前，应鉴定客户能力，鉴定内容包括对客户需求的鉴定、客户购买权的鉴定和客户购买力的鉴定三个工作任务。

任务1　对客户需求的鉴定

客户需求鉴定是客户资格鉴定的首要项目。产品推销成功与否还要看顾客对产品是否有购买需求，这就需要推销人员对顾客的购买需求进行鉴定。应事先确定潜在顾客是否真的需要所推销的产品，鉴定内容主要围绕是否需要、何时需要、需要多少等问题来进行。

情景训练

假设你是“别克”汽车4S店销售代表，要对学校的教职员工的购车需求做一个调查，请设计一份教职工购车需求调查表，并分析哪些属于可能的现实需求，哪些属于不久将来潜在的需求。

知识链接

一、客户需求鉴定的目的

客户需求的鉴定，就是对客户是否具有对推销产品的真实需求做出鉴定与结论，从而确定具体推销对象的过程。

客户需求鉴定的目的是确定推销对象是否真正需要推销员所推销的产品，如果客户没有这方面的需求，就不会购买你的产品。所以对于推销员来说，必须真正了解客户的购买需求，才能对症下药。

二、客户需求鉴定的内容

客户需求鉴定通常围绕是否需要、何时需要、需要多少这三方面来进行。但真正发现客户的购买需求并非一件容易的事，因为影响需求的因素很多，其中最关键的是所推销产品的用途和特性是否符合客户的需要，此外还受客户的年龄、个性以及行业特点等因素的影响。

当然，需求也是可以创造的。随着科学技术的发展和新产品的大量问世，客户中存在大量尚未认识的需要。此外，客户往往存在由于某种原因暂时不准备购买的情况。对属于这两种情况的客户，推销员不应该把其作为不合格的客户草率除名，而应该把这些潜在客户列为“预备梯队”，作为以后工作的对象。

推销员要通过工作，不断地使客户认识到需求，认识到需求的必要性和迫切性，变潜在的需求为现实的需求。这就要求通过各种蛛丝马迹和仔细的分析来找到自己的客户，这样才不会浪费时间和精力，从而更快地取得成功。

阅读思考

有四个营销员接受任务，到庙里找和尚推销梳子。第一个营销员空手而回，说到了庙里，和尚说没头发不需要梳子，所以一把都没销掉。第二个营销员回来了，销了 10 多把。他说："我告诉和尚，头皮要经常梳梳，可以止痒，还可以活络血脉，有益健康，念经念累了，梳梳头，头脑清醒。"这样就销掉 10 多把梳子。第三个营销员回来，销了 100 多把。他说："我到庙里去，跟老和尚讲，您看这些香客多虔诚呀，在那里烧香磕头，磕了几个头起来头发就乱了，香灰也落在他们头上。您在每个庙堂的前面放一些梳子，他们磕完头、烧完香可以梳梳头，会感到这个庙关心香客，下次还会再来，这样一来就销掉百十把。"第四个营销员说他销掉好几千把，而且还有订货。他说："我到庙里跟老和尚说，庙里经常接受人家的捐赠，得有回报给人家，买梳子送给他们是最便宜的礼品。您在梳子上写上庙的名字，再写上三个字"积善梳"，说可以保佑对方，这样可以作为礼品储备在那里，谁来了就送，保证庙里香火更旺，这一下就销掉好几千把。"

(《〈向和尚卖梳子〉的故事谈销售突破方法》，http://club.china.alibaba.com/forum/thread/view/98_27698722_.html)

思考题：

四个营销员所面对的客户都是同样的，但为什么却得到了四种不同的结果?

任务 2　对客户购买决策权的鉴定

有些准顾客既有支付能力，也有购买意向，最终却无法达成产品交易，究其原因主要是他没有购买决策权。推销人员在向企业或家庭推销产品时，一定要清楚谁是购买决策者，应该向企业或家庭的购买决策者推销产品。如果事先不对潜在顾客的购买决策权进行鉴定，就有可能事倍功半。

情景训练

有三个家庭，家庭年收入都在 20 万元左右，但是家庭男、女主角所处的社会阶层不一样，一个是律师＋教师、一个是推销员＋推销员、一个是建筑包工头＋家庭主妇。请你根据情境，对这三个家庭购买日用品、汽车、小孩教育产品的决策权进行鉴定。

（根据相关调研资料整理）

知识链接

一、客户购买决策权

在消费品市场中，以家庭为基本单位的购买行为往往由于文化背景、社会环境的差异，使各个家庭的购买决策状况不尽相同。除一些大件商品外，大多数商品的购买决策权都比较分散，这就给推销人员的鉴定工作增加了难度。即便如此，推销人员依然要认真分析准顾客家庭中各种微妙的关系，鉴定谁是家庭购买行为中起关键作用的决策者，谁是购买产品的倡议者，谁是购买产品的使用者。

二、客户购买决策权鉴定的目的

客户购买决策权的鉴定使推销员能直接向有购买行为决策权的人开展推销活动。向没有购买行为决策权的人推销是不能形成真正的购买行为的。推销员去陌生单位找主要负责人推销产品，应想办法了解有购买决策权的人的年龄、相貌、办公室房间号等，不可轻率从事；否则会导致前功尽弃。所以我们必须在推销前对客户的购买决策权进行鉴定。

三、客户购买决策权鉴定的内容

向一个家庭或一个组织客户进行推销，实际上应是向该家庭或组织的购买决策人进行推销。因此，客户购买决策权的鉴定，也就成为客户资格鉴定的一项重要内容。

家庭购买决策状况比较复杂，除一些大件商品或高档商品购买决策权比较集中外，一般商品购买决策权逐渐呈分散趋势，增加了对其进行鉴定的难度。尽管如此，正确分析推销对象家庭的各种微妙关系，认真进行购买决策权鉴定，仍是非常必要的。推销人员必须具有善于识别购买决策人的本领。

组织客户是指企事业单位等各种团体组织。对于组织客户，购买决策权鉴定尤为重要；否则，销售对象范围太大，势必造成销售的盲目性。作为推销人员，必须了解组织客户内部的人事关系、组织机构、决策系统和决策方式，掌握其内部各部门主管人员之间的相对权限，向具有决策权或对购买决策具有一定影响力的当事人进行推销。

客户资格鉴定工作需要事先研究，并贯穿于整个推销过程。推销员应根据自己的实际情况，制订一些具体的鉴定标准，随时根据所定标准对销售对象进行全面的鉴别，一旦发现问题，立即采取措施或停止销售。对于经鉴定合格的客户，销售人员应尽一切努力，消除销售障碍，帮助客户解决实际问题，促成交易。

阅读思考

小王是一家钢结构制造厂的推销员，他第一次推销工作便是去某水电建筑设计院。小王当时心里很紧张，费了半天劲才找到院长办公室，硬着头皮进了门。他见长沙发上坐着一老一少两个人正在交谈，他以为眼前的长者是院长，就主动上前问好，并做自我介绍，然后敬烟、递名片。没想到，对方被小王这阵势弄得晕头转向，待听清楚来意后，忙指着身边那位中年人说："这位才是你要找的张院长"。小王一听，脑袋里"轰"了一下，脸涨得通红，没等对方开口，就慌忙告辞了。

（根据相关调研资料整理）

思考题：

小王犯了什么错误，他该怎么做才能避免这种局面的出现？

任务 3 对客户购买力的鉴定

如果你发现一名客户非常需要你的产品，而你费了九牛二虎之力劝说他购买，但最后才发现客户根本没有能力购买，那么一切功夫都白费，就像保健品推销员不要向一日三餐都没有保障的人开展推销活动一样。因为人只有在满足了基本的需求之后，才能去满足自己更高层次的需求。通过鉴定准顾客的支付能力，可以节省推销人员的大量时间，确保其在产品推销过程中有的放矢，提高推销工作的成功率。

情景训练

姗姗是杭州市某房产中介二手商铺的推销员，二手商铺的潜在顾客不仅包括公司还包括个人，请你帮助姗姗设计一份对客户购买力进行鉴定的方案(该方案应包括具体的鉴别办法和鉴别内容)。

知识链接

一、购买力的定义

顾客购买力就是顾客购买产品时的支付能力。支付能力是判断一个准顾客能否成为目标顾客的首要条件。每个人对产品都有需求，但是只有当顾客有一定支付能力时该需求才能真正成为现实的需求。顾客支付能力可以划分为现有支付能力和潜在支付能力两种形式。鉴定顾客支付能力时，首先要对顾客的现有支付能力进行鉴定，具有产品购买意向并具备现有支付能力的顾客是最理想的目标顾客。其次，要注意对顾客潜在支付能力的鉴定。掌握具有潜在支付能力的顾客，可以为产品推销开拓更为广阔的市场。

二、顾客购买力鉴定的目的

在销售产品的过程中，推销员是希望客户越多越好，但是从工作效率和财务上考虑还得进行客户支付能力的审核，客户的潜在需求并不等于市场购买需求，只有具有支付能力的购买需求才构成现实的市场需求。有需求而不具有实际支付能力的客户，就是不合格的客户。当然，现在没有购买能力的客户，并不意味着将来不具有购买能力。另外，客户支付能力审查的目的在于开展有针对性的销售活动，提高销售工作的实际效益，可以防止欠账、呆账和烂账等现象的发生。

三、顾客购买力鉴定的内容

（一）个体顾客购买力鉴定

个体顾客的购买能力审查，主要是从影响消费者购买力的各种因素，如实际收入、消费支出、消费储蓄与信贷等几个方面进行审查。

消费者收入主要指的是消费者实际收入，消费者收入的多少决定消费者市场购买水平的高低。消费者收入中可任意支配部分是影响消费需求构成最活跃的经济因素，也是影响高档耐用消费品、旅游等商品销售的主要因素。这部分收入越多，人们的购买力就越强，企业的营销机会也就越多。

顾客的购买力除了受消费者收入的影响外，还要受消费者储蓄和信贷因素的直接影响。居民个人收入在一定时期内不可能全部花费掉，总有一部分以银行存款、股票和不动产等各种形式储蓄起来，这是一种延迟的潜在购买力。当消费者的收入一定时，储蓄数量与现实支出数量是成反比关系的。推销员必须了解影响居民储蓄的诸多因素和储蓄目的的差异，以便准确地预测消费需求的发展趋势和发展水平，寻找市场机会。

另一方面，消费者信贷对顾客的购买力影响也很大。有些经济学家认为，各种形式的赊销、分期付款、延期付款是经济增长的主要动力之一，因为允许人们购买超过自己现实购买力的商品，可以创造更多的就业机会、更多的收入和更多的需求，为企业创造更多的营销机会，从而刺激经济增长。

（二）团体顾客购买力鉴定

推销人员对团体顾客购买力的审查涉及团体顾客的生产状况、经营状况、资金状况、财务状况、信用状况等方面的内容。这里主要介绍如何对团体顾客的短期偿还能力和营运能力进行分析，借以评价其财务状况和经营成果，预测未来的经营报酬和风险，为推销人员审查团体顾客购买力提供帮助。

1. 短期偿还能力分析。短期偿还能力又称支付能力，是企业以其流动资产偿还流动负债的能力，它反映企业偿付日常到期债务的实力。企业能否及时偿还到期的流动负债，是反映企业财务状况好坏的重要标志。企业如果短期偿债能力较弱，供应商将很难甚至无法收回货款。反映企业短期偿债能力的财务指标主要有以下几种。

（1）流动比率。流动比率是流动资产与流动负债的比率，即

流动比率＝流动资产 / 流动负债

流动比率表明企业每 1 元流动负债有多少流动资产作为偿还的担保，反映企业用短期内转变为现金的流动资产偿还到期流动负债的能力。一般情况下，流动比率越高，说明企业短期偿还能力越强，债权人的权益有更好的保证，遭受损失的风险越小；反之，如果流动比率过低，则企业短期偿债能力弱，难以偿还到期债务。一般认为 2:1 的比例比较理想。

（2）速动比率。速动比率是企业速动资产与流动负债的比率，即

速动比率＝速动资产/流动负债

速动比率是衡量企业流动资产中可以立即用于偿付流动负债的重要指标，比流动比率更能准确地反映企业的短期偿债能力。一般来说，速动比率越高，企业的短期偿债能力越强；反之则越弱。根据经验，一般认为速动比率 1:1 较为合适，企业债务偿还具有安全性。速动比率小于 1，表明企业支付能力不足，面临较大的偿债风险；速动比率大于1，说明企业偿还债务的安全性较高。

（3）现金比率。现金比率又称即付比率，是企业现金类资产与流动负债的比率，即

现金比率＝现金类资产/流动负债

现金比率是衡量企业即时偿付债务能力的比率，在反映企业短期变现能力方面，可以弥补以上两个指标的不足，能更为稳健地衡量企业的短期偿债能力。通常现金比率在 20%以上为好。现金比率越高，说明现金类资产在流动资产中所占比例较大，企业应急能力较强，偿债能力较大。

企业的经营状况总是在不断变化的，要科学、合理、准确地评价企业的短期偿债能力，必须将上述三个指标结合起来加以综合考察。

2. 营运能力分析。营运能力是指通过企业生产经营资金周转速度的有关指标反映企业资金利用的效率。企业生产经营资金周转的速度越快，表明企业利用资金的效果越好、效率越高，企业短期偿债能力越强。反映企业营运能力的指标主要有：

（1）应收账款周转率。应收账款周转率是指企业赊销收入净额与应收账款平均余额之比。这一指标用以测定企业在一定时期内收回赊销账款的能力，

反映企业应收账款变现速度的快慢。该比率高，表明收账迅速，资产流动性强，企业短期偿债能力强。

（2）存货周转率。存货周转率是一定时期企业的销货成本与存货平均占用额之比。这一指标用以衡量企业存货资金占用情况，并可测定企业的销售状况。在正常情况下，存货周转率越高，相应的周转天数则越少，说明存货资金周转快、资金利用效率高。

阅读思考

对顾客的购买力进行鉴定虽然能够带来诸多好处，但是鉴定是需要时间和金钱的。假如面对这些顾客：亲戚、大客户、上级相关部门，那么你认为还有必要花时间对他们的购买力进行鉴定吗？

项目三　管理客户

经过对顾客资格的鉴定，剔除不合格的顾客，就可以确定一份合格的顾客名单，建立客户档案。但是，一个推销人员不可能同时访问众多顾客，而是有先有后地开展推销，所以有必要对客户进行分级管理，提高推销效率和效果。

任务 1　建立顾客档案

为了实现顾客管理的科学化和标准化，推销人员应采用科学的管理手段，如制作顾客卡，建立顾客资料档案，尽量使顾客资料数据化、图表化。在可能的情况下，可利用电子计算机编制顾客管理程序，建立顾客资料库，实现管理的自动化。

情景训练

如果你是联想笔记本的推销员，你手中有下表所示的 7 位潜在顾客的资料。请根据下面的表格建立顾客分析表和顾客资料卡，并说明如何利用已经建立的分析表和资料卡对客户进行管理。

序号	家庭	年龄(岁)	职业	家庭年收入(万元)	专业/学历
1	单身男性	28	广告公司职员	6	广告专业/本科
2	夫妻、儿子	35、34、6	机关干部	20	经管专业/专科
3	单身女性	20	餐厅服务员	3	餐饮专业/职高
4	单身男性	30	作家	8	中文专业/研究生
5	夫妻	25、24	中专教师	10	营销专业/本科
6	夫妻	60、55	退休工人	4	高中
7	夫妻、儿子	28、26、3	个体户	12	初中

（根据相关调研资料整理）

知识链接

一、建立顾客分析表

通过长期的资料积累，推销人员可以将自己的顾客按照时间顺序分为三大类，即现有顾客、过去顾客、将来顾客。对每一类顾客都要进行详细的分析，以便从中发现产品销售机会。如表 2—1 所示就是常用的一种顾客情况分析表。

表2—1 顾客情况分析表

<table>
<tr><td rowspan="4">现有顾客</td><td rowspan="2">名称</td><td rowspan="2">地址</td><td rowspan="2">电话</td><td rowspan="2">决策人姓名</td><td rowspan="2">购买的产品</td><td rowspan="2">数量</td><td colspan="2">能推荐的顾客</td></tr>
<tr><td>单位</td><td>个人</td></tr>
<tr><td></td><td></td><td></td><td></td><td></td><td></td><td></td><td></td></tr>
<tr><td></td><td></td><td></td><td></td><td></td><td></td><td></td><td></td></tr>
<tr><td rowspan="3">过去顾客</td><td>名称</td><td>地址</td><td>电话</td><td>决策人姓名</td><td>为什么失去</td><td>如何挽回</td><td colspan="2">还能买什么产品</td></tr>
<tr><td></td><td></td><td></td><td></td><td></td><td></td><td colspan="2"></td></tr>
<tr><td></td><td></td><td></td><td></td><td></td><td></td><td colspan="2"></td></tr>
<tr><td rowspan="3">将来顾客</td><td>名称</td><td>地址</td><td>电话</td><td>决策人姓名</td><td>需要什么</td><td colspan="3">能满足他们的需求吗</td></tr>
<tr><td></td><td></td><td></td><td></td><td></td><td colspan="3"></td></tr>
<tr><td></td><td></td><td></td><td></td><td></td><td colspan="3"></td></tr>
</table>

二、建立顾客资料卡

在建立顾客分析表的基础上，推销人员还应对每一个经过鉴定的顾客制作详细的资料卡，对卡中的有关内容做充分的调查和了解，便于将来在接近顾客和面谈时查找，使产品推销工作系统化、表格化，进一步提高产品推销工作的效率。

在实际推销工作中，推销人员可以根据实际需要来设计顾客资料卡的具体格式。

表 2—2、表 2—3 就是两种比较常见的顾客资料卡。

表2—2 消费者个人(家庭)资料卡

顾客姓名		性别		住址	
学历		年龄		性格特征	
职业		年收入			
购买商品			购买日期		
付款方式					
备注					

表2—3 公司(组织)资料卡

组织名称		营业地址	
企业性质		营业规模	
联系电话		日销额	
营业状况		信用等级	
订购商品		交易日期	
付款方式		收款日期	
备注			

不论采用哪种形式，一般来讲，客户资料卡包括以下内容。

1. 公司（组织）类顾客的资料卡包含的内容：公司名称、公司地址、联系电话、所属企业、员工人数、注册资本、负责人、商界信用、市场地位

(占有率)、采购主管、采购协办人员、公司创办日期、与公司开始交易的日期、交易实绩、信用评级状况、开户银行、付款方式、付款日期、付款条件等。

2. 个人（家庭）类顾客的资料卡包含的内容：姓名、年龄、住址、联系电话、职业、职务、兴趣、喜爱的运动、与公司开始交易的日期、交易实绩、信用情况、往来银行、付款条件、付款日期等。

根据以上资料，推销人员就可以根据有关标准将客户分为A、B、C、D级，级别不同，推销人员准备访问的次数也就不同，具体管理可以参考表2—4。

表2—4　客户的分级管理

客户等级	具有客户要求条件的程度	计划访问次数	预期让其购买产品的时间
A	具备完整的购买条件	1周访问1—2次	当月购买
B	虽未具备完整的购买产品的条件,但具有访问价值	隔周访问1—2次	2—3月内购买产品
C	尚不具备完整的购买产品的条件,但具有开拓潜力	每月访问1次	半年内购买产品
D	尚不具备完整的购买产品的条件,但长期看还有开拓潜力	顺路访问或电话访问	1年内购买产品

三、顾客资料卡的利用

在以后的产品推销业务中，推销人员根据顾客资料卡，就可以随时掌握客户购买本企业产品的情况、订货次数，并将顾客的有关资料进行汇总，随时掌握客户的购买进度以及采购时机，可以清楚地分析、控制产品推销业务的成长状况，了解该客户占总推销的比例是多少，从而发掘该客户的潜在购买能力；推销人员可以依此分析与每位客户、每笔交易所花费的推销费用，将每一笔产品交易的推销费用汇总起来，就可以清楚地了解到推销费用占产品总推销额的合理比例，以此衡量以后推销业务的投入水平与产出效益。

推销人员利用客户资料卡可以定期地对客户进行综合评价，及时发现推销过程中存在的问题，并提出改进措施。表2—5是利用客户资料卡编制的客户综合评价表，对推销人员完成配额任务非常有用。

表2—5 客户情况的综合评价表

客户评价指标	评语	存在的问题	改进措施
客户的基本情况			
每次订购产品的数量			
每年订购产品的次数			
占公司销售总额的比例			
推销费用水平			
贷款回收情况			
客户对本公司的评价			
客户对推销业务的支持程度			
访问计划			
延迟交货的情况			

阅读思考

湖南省某县某爆竹厂（原告）与湖北某市工业总厂（被告）于2008年11月签订爆竹购销合同，合同规定：被告购买原告双响爆竹5000万盒，总货款8000万元人民币，交货时间为2008年12月底，收货付款。合同签订后，原告按合同规定，于2008年12月15日将货物用汽车送到被告单位。被告以其业务员张某超越代理权限签订爆竹合同为由，拒绝收货付款，同时报告公安机关。公安机关以原告爆竹运到湖北某市违反了该市爆竹管理规定为由，将爆竹扣押，原告以按合同规定的条款及时履行合同，并持有当地工商、公安机关批准的合法手续和证件，进行生产、销售和运输爆竹为由，向法院提起诉讼，要求被告履行合同并赔偿由此造成的经济损失。经法院查明：第一，被告单位无权经营烟花爆竹。第二，被告业务员张某外出，共带有单位介绍信一张，内容写的是“业务员”、“联系业务”，并带了盖好公章的空白合同用纸四份，其主要业务是承担加工布匹，以解决单位的生产问题，但是张某擅自做主签订了双响爆竹的购销合同，因此，业务员张某确实超越了代理权限，所以法院判合同无效。

（李红梅：《现代推销实务》，电子工业出版社 2005 年版）

思考题：

被告是不是原告的合格顾客？结合案例，说明建立客户档案有什么意义。

任务 2　客户的分级管理

由于市场竞争的日趋激烈，越来越多的企业奉行“以客户为中心”的理念，在研发、设计、市场、销售、服务等各个环节，强调了解客户需求、满足客户需要。但是，客户这么多，需求也各不一样，到底应该以哪个客户为中心？“以客户为中心”并不代表以所有的客户为中心。企业的人力、物力资源总是有限的，有限的资源投入要能够产生最大的产出，就必须把资源投入到最能够产生价值的客户身上。所以客户应该是分层次的，中心也应该是多层级的。具有最大价值的客户在最核心的位置，对他们需求的了解和满足也是最重要的，具有次要价值的客户则处于次核心的位置，对其需求的了解和满足也处于次重要的位置。

情景训练

王先生是一家以加工牛肉为主的肉类加工企业的经理，最近收到很多客户的来信，他综合各方面的情况，在众多的来信中归纳出四种类型的客户，并做成以下表格。

客户代表类型	购买情况	反映情况
以一家牛肉罐头企业为代表的购买大户	每年要从公司订购大量牛肉，是公司的大客户，销售额占52%	产品基本符合他们的要求，希望在加工牛肉的时候再精细点，以减少加工的劳动投入。另外，在价格上希望再给予优惠
以一家饭店为代表的餐饮业	每年从公司订购的产品占到销售额的 28%	要求产品能进一步保鲜，对肉味提出了许多具体的要求
一些散户	购买不固定，厂家打折的时候购买得多，占销售额的 15%	要求价格低，对牛肉的来源提出了非常明确的要求

续 表

客户代表类型	购买情况	反映情况
少数挑剔的客户	偶尔购买，占销售额的 5%	对产品极为不满意，指责牛肉不合他们口味，要求牛肉加工出来后应该肥瘦分布均匀，烹调花费的时间要短

（陈企华：《最成功的推销实例》，中国纺织出版社 2003 年版）

请判断该公司对客户是否可以采取分级管理，如果适合采用分级管理，请按照分级管理办法写出对这些客户的推销策略。

知识链接

一、客户分级管理的适应条件

是否可以进行客户的分级管理，似乎和企业是服务于消费者客户，还是企业客户（以及政府部门、事业单位等）无关，也和企业提供产品还是提供服务无关。那么，到底哪些企业可以考虑进行客户分级管理呢?

只要满足以下三个条件，企业就可以考虑对客户进行分级管理。

（一）客户数量已经超出营销管理者所能管理的幅度

就像企业内部管理存在最佳管理幅度一样，对客户的管理也存在着管理幅度，即管理者所能够进行有效的营销管理的客户数量。

一个营销管理者所能够管理的客户幅度是有限的，超过管理幅度的客户需要通过客户分级分配给企业内部不同层级的人员去开发或维护。其中，最重要的客户可能由营销管理者亲自主导销售或提供服务，或者由最高水平的推销员、服务人员进行销售或服务，同时营销管理者会重点关注，而较次要的客户则可以交给次一层次的推销员或服务人员。

行业不同、产品或服务不同、面向的客户不同，企业营销活动的复杂性也有巨大差别，营销管理者所能管理的幅度也会相应不同。营销活动越复杂，营销管理者的管理幅度就越小。一般来说，就单笔交易而言，对企业客户的营销活动比对消费者客户的营销活动复杂，针对工业品/工业服务的营销活动比针对消费品/消费者服务的复杂，耐用消费品的营销活动比快速消费品的复杂。

因此，一家小区便利店的店主可以同时为小区内几百家住户提供零售服务，而无须考虑客户分级。而对于客户主要是企业的公司来说，当客户数量在几十家（包括已有的和潜在准备开拓的客户数量）的时候，就可以考虑对客户进行分级管理了；超过 100 家的时候，客户分级可能就成为一项非常有价值的工作。

（二）同一客户可能带来两次或两次以上的销售或服务

如果一个客户的销售或服务机会只有一次，那么客户分级就转变为销售机会分级或服务机会分级，客户的价值也等同于销售机会的价值或服务的价值。

只有客户可能带来两次或两次以上的销售或服务时，客户价值才会不同于单个销售机会和服务机会的价值，才会需要对客户进行专门的分级。

（三）不同客户间的价值差异明显

客户分级的主要目的在于区别出价值最大的客户，客户价值的层级差异越明显，客户分级的意义也就越大。反之，如果客户之间的价值差异不大，则客户分级就没有必要了。

前面提到的小区便利店的例子就是这样，小区居民虽多，但通常都是零星的小额采购，并不会出现经常大额采购的客户，也不会有哪一户居民的采购能够占到便利店零售额的显著份额（如 5%以上），因此对小区居民客户的分级管理可能就是没有必要和无意义的。

二、客户分级的方法——ABC 法

所谓 ABC 法，就是指推销人员按照一定的标准对顾客进行分级管理的方法。对顾客进行分级管理的目的，就是要使日常推销工作程序化、系统化、计划化，有助于推销人员开展重点推销和目标管理，稳定地取得最佳的推销效益。

（一）ABC 法的分级标准

在推销实践中，推销人员可以根据具体的情况来科学地制定不同的分级标准。下面是两种最基本的分级标准。

1. 以顾客的购买概率作为分级标准。

购买概率即顾客购买的可能性大小，通常用百分比来表示。

A 级准顾客——最有希望的购买者，概率在 85%以上。

B 级准顾客——有可能的购买者，概率在 50%—85%之间。

C 级准顾客——购买希望不大者，概率在 50%以下。

2. 以顾客的购买量作为分级标准。

A 级准顾客——购买量最大者。

B 级准顾客——购买量不大不小者。

C 级准顾客——购买量较小者。

数量的绝对额视推销规模而定，或根据具体的推销情况而定。

（二）ABC 法的优缺点

1. 优点。

（1）ABC 法可以使推销工作标准化、程序化。ABC 法改变了传统推销方式全凭个人经验办事，顾客无级别、推销无重点、工作无计划、效益无保证的缺陷。

（2）ABC 法有助于制订推销计划，实行目标管理推销，提高了推销效率。

（3）ABC 法有助于推销人员建立和发展顾客关系服务工作，提高推销的信用。

2. 缺点。

（1）利用 ABC 法很难制定一个科学合理的分级标准。

（2）有可能使推销工作教条化。

（3）使一些推销人员片面追求推销效率，忽视对中低级客户的服务。

（三）运用中应注意的问题

1. 必须根据自己推销工作的特定需要来制定具体的分级标准。级别档次可多可少，如 ABC 三级、ABCD 四级，具体用哪个标准要视具体情况而定。

2. 根据顾客情况的变化相应改变分级标准，或调整顾客的级别。由于推销环境的变化，顾客的购买情况也会随之变化。针对这些情况，推销人员必须采取相应的措施，及时修正不适宜的分级办法和分级标准，调整现有顾客和准顾客的级别，在开拓新顾客的时候，推销人员尤其应注意灵活分组，积极开拓发展未来的高级顾客。

3. 既要重点推销，也要兼顾中低级顾客，做到全面提高推销效率。在推销工作量的安排和分配上，要对不同级别的顾客实行差别待遇，以保证重点客户的需要。在推销质量和服务态度上，要对所有顾客一视同仁，绝对不可以忽视或歧视低级客户。

4. 在无需对顾客进行分类和不必要分类的情况下，对目标推销区域进行分类管理。

三、客户的分级管理

准顾客虽然都有可能达成交易，但为了获得最大的效益，提高销售业绩，可以将这些准顾客分类管理，以提高销售的有效性。

（一）根据可能成交的紧迫性进行分级管理

所谓紧迫性，是指顾客对购买公司产品或服务的成交时间长短的迫切程度。

1. 1 个月内可能成交的顾客，被称为渴望顾客。

2. 3 个月内可能成交的顾客，被称为有望顾客。

3. 超过 3 个月才能成交的顾客，被称为观望顾客。

分级管理办法：对于渴望顾客，推销员可以增加访问的频率与深度；对于有望顾客，推销员需要积极争取，主动出击；对于观望顾客，推销员需要做出进一步的判断与评估，然后安排访问的时间。

（二）根据顾客的重要性进行分级管理

所谓重要性，是指顾客可能购买产品的数量的多少，虽然每个潜在顾客对推销员而言都是重要的，但是根据二八法则，人们更应关注带来 80%利润的 20%的关键顾客，可以将顾客分为 ABC 三类。分级管理办法如下。

1. A 类顾客，即重要顾客。这类顾客一定要加强访问，因为与推销员的业绩密切相关，是短期内的重要工作，非做不可。

2. B 类顾客，即次要顾客。这类顾客应该访问，但是不太紧迫，无论是从购买的数量或者获取的利润来看，都具有很大的潜力，若能与之成交则可以改善并提高推销员的销售业绩。

3. C 类顾客，即普通顾客。这类顾客尚待开发，许多信息还不完善，推销员若有时间与精力的话，可以去访问这类顾客。但是，推销员不必给自己太大的压力，而应将精力放在 A 类和 B 类顾客身上。

阅读思考

随着竞争越来越激烈，某化肥企业销售量下降，花了很多血本去管理客户，可是成效不明显，在一次销售检讨会上，有销售员提出分级管理，认为分级管理可以节省时间和金钱，也可以提高推销效率。其建议得到了采纳，公司开始对顾客进行分级管理。

该企业从利润角度对客户分析，可分为三类五级。

A 级大客户：老客户，订货量大，数量稳定，且订货量不会因淡旺季而变动。这类客户对经销商的销售策略比较熟悉，所以经销商一般性的政策在他们面前常常失效，激励他们比较困难。由于订货量大，他们又自知自己的作用，要求服务水平高。

A 级小客户：老客户，订货量小，数量稳定，且订货量不会因淡旺季而变动。他们对经销的产品、价格等都比较认同，对公开政策比较接受。因为规模小，所以没有讨价还价的筹码，对企业比较忠诚。

B 级大客户：新客户，大客户，订货量大，旺季订货积极，淡季订货要优惠条件，在市场低迷时，要挟企业降价。这类客户是他们所在区域的大客户。如果经销商的产品知名度低，开发这类客户需要较大的投入，而且销量的大小也不十分确定；如果企业的产品知名度高，他们便会主动要求合作。

B 级小客户：老客户，订货量小，旺季订货积极，淡季订货不主动，看大客户的态度。

C 级客户：新客户，小客户。这类客户需要经销商先行投入做市场，经销商处于主动地位，他们没有要挟经销商的能力。

企业对不同的客户有不同的管理措施：对A级大客户，要控制其在客户中所占的比例，并控制其销量，一般占经销商总销量的30%—50%；对B级大客户，企业应持慎重的态度，要全面考察、详细计划后才能与之发展合作关系；对A级小客户，企业应大力扶持，他们是经销商市场运作的基石；对B级小客户，应加强考核，早日淘汰；C级客户是新客户、小客户，是企业未来利润的来源，是经销商开发新客户的主流方向，企业要大胆开发，从中选优，发展成老客户。

（陈企华：《最成功的推销实例》，中国纺织出版社2003年版）

思考题：

该化肥厂的顾客管理是否适应采用分级管理办法，他们的分级是否合理？

综合项目训练

以校内生产性实训基地——万禾农产品展销厅为例，根据产品特点，确定可能的客户范围，并结合客户寻找的方法，设计一份客户开拓方案。

情境三
拜访客户

学习目标

- ◆ 明确拜访客户的重要性；
- ◆ 了解拜访准备工作的具体内容；
- ◆ 了解拜访的基本要求；
- ◆ 会拟定拜访计划；
- ◆ 能根据实际需要灵活运用面约、电约、函约、托约和闯访等方法；
- ◆ 能在与客户初步接触时有效地运用开局策略和接近技法。

常言道："推销员的钱是靠两条腿赚来的。"日本"推销之神"原一平，以亲身的体会道出了拜访客户的重要性。他认为，要取得推销的成功，必须走的路比别人多，跑得比别人勤。事实上，任何一位推销员，要想提高自己的推销成绩，必须拜访更多的客户或多次拜访客户。人们曾经这样形容推销员的工作，"千山万水跑，千辛万苦干，千言万语讲，千方百计销"。这"千山万水跑"就说明拜访客户的必要性。

入门导读

在美国的一个农村，住着一个老头，他有三个儿子：大儿子、二儿子都在城里工作，小儿子和他在一起，父子相依为命。

突然有一天，一个人找到老头，对他说："尊敬的老人家，我想把你的小儿子带到城里去工作，可以吗？"

老头气愤地说："不行，绝对不行！你滚出去吧！"

这个人说："如果我在城里给你的儿子找个对象，可以吗？"

老头摇摇头："不行。快滚出去吧！"

这个人又说："如果我给你儿子找的对象，也就是你未来的儿媳妇是洛克菲勒的女儿呢？"

老头想了又想，终于被让儿子当上洛克菲勒的女婿这件事打动了。

过了几天，这个人找到了美国首富石油大王洛克菲勒，对他说："尊敬的洛克菲勒先生，我想给你的女儿找个对象。"

洛克菲勒说："快滚出去吧！"

这个人又说："如果我给你女儿找的对象，也就是你未来的女婿是世界银行的副总裁，可以吗？"

洛克菲勒同意了。

又过了几天，这个人找到了世界银行总裁，对他说："尊敬的总裁先生，你应该马上任命一个副总裁！"

总裁先生说："不可能，我有这么多的副总裁，为什么还要任命一个副总裁呢，而且必须马上？"

这个人说："如果你任命的这个副总裁是洛克菲勒的女婿，可以吗？"

总裁先生一听，当然同意了。

这个故事尽管是虚构的，但是从中可以看出，拜访者在熟知被拜访者需要的前提下恰当地运用技巧，不仅将一个农村老人的小儿子从其父亲身边带走，还真让这位什么都没有的人顺利地当上了世界银行的副总裁，并成为洛克菲勒的女婿。所以说，充分做好拜访准备，运用恰当的拜访技巧，不仅不会被拒之门外，还能促成交易。

项目一　拜访准备

拜访是面谈的前奏，是推销活动过程的必要环节。拜访效果的好坏，往往决定整个推销工作的成败。业务人员不仅要掌握拜访客户通用的方法，还需要针对不同客户采取独特的处理问题的策略。因而，在接近客户之前，积极、充分的准备和计划，有助于业务人员获得成功。

任务 1　设定出访频率

在激烈竞争的市场中，特别要求推销员保持极高的频率和足够数量的拜访次数，以期用稳定的营业额和连续的专业客户服务令竞争对手难以介入我们拥有的客户和市场。

情景训练

以中粮集团福临门食用油产品在某地区的销售为例（2010 年），全市客户总量（包括各个超市和粮油批发、零售部）为 215 家，现在有推销员 2 人（甲负责城东、城中心，乙负责城北、城西、城南），通过经验表明：对于 A 级客户，每星期拜访次数 2 次/家；对于 B 级客户，每星期拜访次数 1 次/家；对于 C 级客户，每 4 星期拜访次数 3 次/家；对于 D 级客户，每两星期拜访次数 1 次/家。客户的具体数据如下。

A 级客户 28 家，甲 16 家，乙 12 家；

B 级客户 46 家，甲 21 家，乙 25 家；

C 级客户 61 家，甲 25 家，乙 36 家；

D 级客户 80 家，甲 43 家，乙 37 家。

以每月 4 个星期（共计 28 天）来计算甲、乙平均每天的出访频率。

请根据上述背景材料，设定出访频率。

1. 分别计算甲、乙负责的分类客户每月拜访总次数。
2. 分别计算甲、乙的每月访问客户总量。
3. 分别计算甲、乙在该地区的每日出访频率。

知识链接

一、客户等级划分

（一）客户等级划分的依据

应根据客户的资讯状况、经营规模、人员素质、仓储能力、运输能力、内部管理和组织机构以及销售网络的覆盖范围，对客户进行等级划分。再根据公司政策、市场状况等因素决定目标客户，其余则列为后序名单或顺序名单。

（二）客户等级划分的方法——MAN 法则

客户等级划分的 MAN 法则如下。

M（MONEY）：即对方是否有钱，或能否向第三者筹措资金。事先要了解对方的经济实力，不要贸然行为。

A（AUTHORITY）：即你所极力说服的对象是否有购买的决定权。如果没有决定权，最终你将是白费口舌。在销售介绍的过程中，准确掌握真正的购买决定者是成功的关键。

N（NEED）：即需要。如果不需要这种商品，即便对方有钱有权，你的任何鼓动对他也没作用。不过“需要”的弹性很大。一般地讲，需求是可以创造的，普通的推销员只会适应需求，而专业的推销员不只在意顾客需要与否，更要刺激和创造出顾客的需求，激活其内心深处的消费欲望。

根据上述原则一般可以将准客户划分为 A、B、C 三级：A 级最近交易的可能性最大；B 级有交易的可能性，但还需要时间；C 级依现状尚难判断。

二、出访频率及形式

作为销售员，身负完成公司销售指标的任务，销售员的销售重点应集中于那些“销出”迅速、账款回笼及时的客户。因此，销售员必须以定点巡回的方式反复多次地出访这类客户，以连续不断的客户服务达到销售目标。

在竞争激烈的市场中，要求销售员更应保持极高频率和足够数量的拜访次数，以期用稳定的营业额、连续的专业客户服务令竞争对手难以介入我们拥有的客户和市场。

三、提高出访频率

每日出访客户的多少，会因推销员选择的客户等级不同而有所区别。根据权威资料统计，很多推销员每日花在真正销售呈献的时间不会超过 2 小时。按照良好的计划工作，可以避免在区域内因纵横交错的拜访而导致出访时间不够充分的现象。因此，谨慎而周详的计划可以增加每日的出访次数，也可以确保每次出访更有实效。最理想的工作状态是每日的出访行程都能预先订下，且保证每次出访安排都是最经济、最有效的。

阅读思考

李先生向经销商销售衣服，2007年销售额为1000万元，2008年为1200万元，业绩提升20%，在金融危机的影响下还能得到这么好的业绩，李先生当然受到了领导的表扬。与此相反，2008年小张的业绩不仅没有提升反而下降10%，他打算向李先生学习，就偷偷观察李先生业绩提升的原因。通过调查发现，李先生除了提高对经销商的出访率外出访率提高（50%），没有做其他特别的工作。此时，小张终于发现了李先生提升业绩的途径。

思考题：

2008年李先生主要靠什么提高业绩？李先生为什么要这样做？

任务2　拟定拜访计划

拟定拜访计划是销售人员拜访前的重要准备工作，也是拜访成功的基础。

情景训练

小张是红叶纸业的推销员，打算去拜访他的一个重要客户——物美超市某地区负责生活日用品进货的负责人。由于地理位置优越，人流量大，该地区物美超市的纸品销售量很大，销售以中高档纸为主，特别是清风、洁云等纸销售速度较快。本次小张拜访的主要目的是了解一下超市对纸的需求量以及品牌配送要求，其次是想联络一下感情，希望该地区新开的物美超市销售的纸都由他来配送。

（根据相关调研资料整理）

请根据情境设计拜访计划。

拜访对象：
拜访时间：
拜访地点：
拜访目的：
拜访方式：

知识链接

一、制订拜访计划的作用

（一）能够有效地约束推销员

推销员确定拜访计划可以增强行动的自觉性，提高拜访过程中的效率，尽可能多地拜访客户，而且拜访计划也是推销员分析推销效率时的重要参考资料。

（二）可以有效地减少推销人员花在路途上的时间

拜访计划中清清楚楚地说明了最佳的拜访路线和拜访顾客的顺序，这样推销员就可少跑冤枉路，不至于看似整天忙忙碌碌其实却没有拜访几位客户。时间就是金钱，推销员必须好好地利用它。

（三）正确处理推销的时间

一份科学的拜访计划可以正确地分配推销员花在现有客户和过去客户上的时间，使推销服务适当地分配在各个市场部分上。同时，拜访计划将推销活动的重点明白地指示出来，这使得推销员可以针对重点客户，适当地增加见面的次数和洽谈所花的时间。拜访计划还可使推销员能定期地将他的推销服务覆盖到整个推销区域。

（四）增加交易成功的可能性

一份科学的拜访计划可增加交易成功的可能性。由于拜访计划往往提前一个星期编制，这样，推销员就可以根据以往的经验，针对顾客可能提出的拒购理由，想出合理的对策，以便未来拜访时能够用上。这样，就避免了反复进行无效的商谈，争取了更多有效的商谈机会，可以创造出更多的销售机会。

总之，一个合理、有效的拜访计划会使我们事半功倍。古代军事家孙武曾说："用兵之道，以计为首。"其实，无论是单位还是个人，无论办什么事情，事先都应有个合理的打算和安排。有了计划，工作就有了明确的目标和具体的步骤，就可以协调我们的行动，增强工作的主动性，减少盲目性，使工作有条不紊地进行。同时，计划本身又是对工作进度和质量的考核标准，对我们自身有较强的约束和督促作用。所以拜访计划对工作既有指导作用，又有推动作用，合理安排拜访计划，是提高拜访效率的重要手段。可见，拜访计划在推销过程中确实有其存在的必要，推销人员应认真仔细地制订好自己的计划。

二、制订拜访计划的原则

（一）结合工作重点制订拜访计划

拜访计划一定要结合近期的工作重点来制订，否则工作起来一头雾水，不知道工作的重点是什么；根据工作重点制订相应的计划，会使工作有序开展。如果我们事先把问题弄清楚、看明白，然后合理地去制订计划，那么工作开展起来就会比较顺利，同时也会事半功倍。

（二）结合销售期制订拜访计划

推销员的拜访计划一定要结合销售期来制订。这种拜访计划的制订主要是以客户订购产品的周期为基准，切实了解客户的订购周期是重点，一般来说，把未来两天即将拜访的客户纳入到拜访计划之中，这样有助于我们在走访中能有针对性地去做工作。具体而言，结合销售期制订拜访计划有以下作用。

1. 结合销售期拜访有助客户及时掌握产品的投放信息。一般客户比较渴望获得产品的投放信息，以便做好订购计划，而我们的拜访恰恰可以满足客户的这个需求，同时也可以极大地提高客户的满意度，客户在得知信息后能够及时调整计划，不至于少订、漏订，并且能够根据近期的货源情况合理安排未来几天的产品销售和库存储备。

2. 结合销售期有利于加快销售进度，从而达到促量的目的。在拜访前进行品牌的宣传以及引导客户制订订购计划和库存储备，及时提醒客户做好订购准备，不至于因客户一下忘了你的产品品牌而未报你推销的品牌，所以结合销售期进行市场拜访在一定程度上促进了产品销售进度，它就好比催化剂，一边起到加速的作用，一边还可以提高销量。

3. 结合销售期拜访有助新产品的宣传和培育。其实我们在与客户交谈时，客户会经常提到当前的畅销产品数量很少或者无货这一问题，而拜访时我们可以利用这个机会，向客户进行新产品的宣传和说明，帮助客户提高对新产品的认识，从而在一定程度上发挥对新产品的培育作用，同时也可以弥补因畅销产品的数量不足，而导致某个档次产品脱销。

三、拜访计划包含的内容

一份完整的拜访计划一般包括以下几个内容。

（一）拜访对象

拜访对象即拜访何人，在实际销售工作中，推销员在确定拜访对象时，必须注意两个问题。

1. 分清真正的买主和名义上的买主。著名推销专家海因兹·姆·戈德曼在《推销技巧》一书中，讲了这样一个例子：一名推销员与某机电公司的购货代理商接洽了半年多时间，但始终未能达成交易，这位推销员感到很纳闷，不知问题出在哪里。反复思忖之后，他怀疑自己是否与一个没有决定权的人士打交道。为了消除自己的疑虑，他给这家机电公司的电话总机打了一个匿名电话，询问公司哪一位先生主管购买机电订货事宜，最后从侧面了解到把持进货决定权的是公司的总工程师，而不是那个同自己多次交往的购货代理商。弄清谁是真正的买主，谁是名义上的买主，与推销工作的成败和推销效率的高低有极大的关系。

上述事例告诉我们，推销员必须搞清约见的对象到底是谁，认准有权决定购买的推销对象，避免把推销努力浪费在那些无关紧要的人身上。

推销中碰到的最大问题之一是推销人员不知道谁有权力拍板成交，有时候你会遇上没有决定权的名义上的买主，跟这些人打交道的不幸在于他们不厌其烦地与你交流，但又不会直接告诉你他是个无决策权的人，因为他觉得把事实告诉你他面子上过不去，推销员倘若在拜访前不做细致的调查，极有可能搞错对象，得不偿失。所以，弄清谁是真正的决策者，抓准关键人物，然后确定约见拜访的对象，对推销员来说无疑是很重要的。

2. 切忌“不见真佛不烧香”。尽管我们认为推销员应该弄清楚真正的买主和名义上的买主，但并不是让你去轻视那些无决策权的人，如助手、秘书之类。这些人没有购买决定权是事实，但不一定没有否定购买的影响力。一旦推销人员得罪了他们，这些人就会在上司面前贬低你的产品，损害你的形象，到头来吃亏的仍然是上门推销的一方。特别是一些大型公司，有些主管常常把接见推销员的事务全盘委托给自己的下属、秘书或有关接待部门处理，他们一般不会开门见山直接与你见面，只有当手下的人将推销的情况汇报给他，他觉得有必要见你的时候，推销员才能与主管直接见面。因此，在确定约见对象时，既要摸准具有真正决策权的要害人物，也要处理好相关的人事关系，与那些名义上的买主保持良好的接触，取得他们的鼎力支持与合作。

（二）确定拜访时间

推销员千万不要以为只有访问的时候才算推销，如果你的观念一直拘泥于这种范围，就无法产生可观的推销业绩。不少推销员之所以失败，并不在于设想本身有误，也不在于主观努力不够，而是由于选择约见的时机欠妥。特别在进行未曾约定的推销访问时，由于事先没有通知和预约，很可能对方具有决策权的真正买主出差在外或正忙于手头工作。这时推销员突然上门，会使见面措手不及，也容易使推销活动无功而返。

1. 根据被访问顾客的特点来选择最佳的访问时间。尽量考虑顾客的作息时间和活动规律，最好由顾客来确定或由顾客主动安排约见的时间。推销员应设身处地为顾客着想，尊重对方意愿，共同商定约见时间。

2. 根据访问目的来选择最佳的访问时间。尽量使访问时间有利于达到访问目的。不同的访问对象，应该约定不同的访问时间。即使是访问同一个对象，访问目的不同，访问的时间也应有所不同。如访问目的是推销产品，就应选择顾客对推销产品有需求时进行约见；如访问目的是市场调查，则应选择市场行情变动较大时约见顾客；如访问目的是收取货款，就应选择顾客银行账户里有余款时约见。

3. 根据访问地点和路线来选择最佳访问时间。推销员在约见顾客时，需要使访问时间与访问地点和访问路线保持一致。要充分考虑访问地点、路线以及交通工具、气候等因素的影响，确保约见时间准确可靠，尽量使双方都方便、满意。

4. 尊重访问对象的意愿，充分留有余地。在约定访问时间时，推销员应把困难留给自己，把方便让给顾客。应考虑到种种难以预见的意外因素的影响，约定时间必须留有一定的余地。

时间是一种感觉，没有什么规律可循，推销员若要掌握良机，一方面要广泛吸收信息资料，另一方面要培养自己的职业敏感。下面几种情况可能是推销员最佳的拜访时间：顾客获得一笔奖金时；顾客心情愉快时；顾客对你的竞争对手最不满意时；顾客正需要产品或者服务时；遇恶劣天气时，通常推销员不愿意在暴风雨、酷暑、严寒等恶劣天气下进行拜访，但是经验表明，这个时候正是推销的好时机，因为在这样的环境下顾客比较容易感动。

（三）确定拜访地点

选择一个合适的拜访地点，就和选择一个合适的拜访时间一样重要。从日常生活的大量实践来看，可供推销员选择的约见地点有顾客的住所或办公室、公共场所、社交场合等。约见地点不同对推销结果也会产生不同的影响。为了提高成交率，推销人员应学会选择效果最佳的地点约见客户，从“方便顾客、利于推销”的原则出发选择拜访地点。下面我们对拜访地点展开必要的分析。

1. 住所。选择对方的住所作为拜访地点，以挨家挨户的闯见式推销最为常见，推销的产品通常为日常生活用品。有时推销员去拜访某个法人单位或团体组织的有关人士，选择对方的住所作为上门拜访的地点，也常常能收到较好的推销效果。当然，在拜访时如有与顾客交情良好的第三者或者是亲属在场相伴，带上与顾客有常年交往的人士的介绍信函，在这些条件下，选择对方的住所作为拜见地点，要比在对方办公室更有利于培养良好的交谈气氛。

但是，如果没有这些条件相伴，推销人员突然去某公司负责人家里上门推销访问，十有八九会让对方产生戒备，拒推销人员于大门之外。

2. 办公室。当推销人员向某个公司、集体组织或法人团体推销产品时，一般习惯于往对方的办公室、写字间里跑，这几乎成为一种最普遍的拜访形式。与住所拜访相比，办公室拜访更容易受到干扰，办公室人来人往，电话也很多，拜访者也许不止一个，因此选择办公室作为拜访地点，你要设法争取顾客对你的注意。同时，若对方委托下属与你会面，你必须争取得到他们的信任和合作。

3. 社交场合。国外许多推销活动常常不是在家里或办公室谈成的，而是在气氛轻松的社交场所，如酒吧、咖啡馆、周末沙龙、生日聚会、网球场等。

4. 公共场所。这对于那些不爱社交、又不愿意在办公室或者住所会见推销员的顾客来说，公共场所是比较合适的拜访地点。

（四）确定拜访目的

在传统推销观念中，拜访就是为了推销产品。然而现代的推销观念认为，不能把推销产品当做拜访的唯一目的，更多的时候是推销自己和企业。

当然，一般情况下推销员的拜访还是为了最终达到推销的目的。推销员可以在拜访的同时推销产品，可以预定下次的面谈，也可以进行市场调研，收集顾客有关信息。不管怎样，在正式与顾客拜访之前，推销员应当心中有目标。你的拜访没有目标，拜访效果就无从谈起，更无法评价。

（五）确定拜访方式

是与客户事前联系、征得对方同意后再去拜访，还是直接闯访，对于这个问题不能做简单的判断。因为在推销的实践中，不乏突然造访并获得成功的事例，此外有些客户根本无法事先预约。但是，通过约见拜访对于推销员合理地利用时间、提高拜访效率以及避免客户对拜访者的冷淡都是有益的。因而，在通常情况下，我们还是建议推销员采用约见的方式。

阅读思考

这是医药代表A的出访计划和实施情况：早上10点半到医院（一般这个时候科室主任刚忙完），到目标科室等待时机，找到主任介绍产品（多半会被敷衍）；12点半左右到门诊等候目标，此时医生午休，介绍产品（每天可以拜访1—3个医生）；下午2—4点在医院四处走走，寻找机会（一般还是不容易碰到落单的医生）；下午4点半回到门诊或科室等待医生下班，并介绍产品（可以拜访1—3个）；晚上7点回到医院找值班医生介绍产品。按这个计划，医药代表A做了一个月，却没有任何收获。

思考题：

医药代表的出访计划有问题吗？可以如何改进？

任务 3　检查拜访用品

在进行拜访前，推销员应当细致地检查一下自己需携带的用品，一类是推销员自身使用的物品；一类是呈示给客户的用品。如果不认真准备，就可能出现尴尬的场景。例如，一位推销员给客户演示的时候，不知道怎么回事，电脑竟然打不开了，无论用什么办法都启动不了。他忙得满头大汗，用尽了各种办法，结果客户在一旁尴尬地看着。经过仔细检查，原来是电池的问题，而他在出门前没有仔细检查自己的物品，甚至连电源适配器都没有带，结果可想而知。

许多推销员就是因为在拜访客户时没有做好充分的准备而功亏一篑。所以拜访前检查自己的拜访用品是否齐全非常重要。

情景训练

王兰是某葡萄酒有限公司的销售代表，她负责浙江地区的推销和推广工作，每天要拜访很多顾客。今年的重要目标是开发二三线城市的销售。她现在供职于杭州市的办事处，近期想努力提高绍兴地区的市场占有率，让当地习惯喝黄酒的人也喜欢上葡萄酒。王兰要做的工作首先是说服当地的粮油批发部和各大超市向他们的顾客推荐葡萄酒，并且是本公司葡萄酒。明天王兰就要出发了，请填写王兰需要携带的拜访用品。

自身使用的物品清单：
呈示给客户的用品清单：

知识链接

一、备齐拜访用品的好处

1. 容易引起对方的注意和兴趣；

2. 使销售说明更直接、简明和专业；
3. 预防介绍时的遗漏；
4. 缩短拜访时间；
5. 提高成交率；
6. 随时更新所访问的店内的宣传资料和广告。

二、推销员自身使用的物品

“工欲善其事，必先利其器”。一位优秀的营销人员除了具备锲而不舍的精神外，一套完整的销售工具是绝对不可缺少的。台湾推销界流传着一句话，“推销工具犹如侠士之剑”，凡是能促进销售的资料，销售人员都要带上。调查表明，销售人员在拜访顾客时，利用销售工具，可以降低50%的劳动成本，提高10%的成功率，提高100%的销售质量。推销员自身使用的物品包括公事包、笔记本、计算器、笔、身份证、顾客资料、小镜子和梳子等。

百事公司采用的是线路“预售制”销售模式，所以销售代表每天都要按照固定的线路走访客户。这样在拜访客户之前就需要检查并携带今天所要访问客户的资料，这些资料主要包括当天线路的客户卡、线路拜访表、装送单(订单)、业绩报告，等等。

三、呈示给客户的用品

呈示给顾客的用品一般包括名片、介绍信、公司简介、产品目录、价格表、新闻资料、剪贴簿、产品说明书、样品或图片信息、推荐信函、其他顾客的表扬信、小礼物、合同等。

百事公司要求推销员将这些用品呈现给客户（门店），主要包括商标（品牌贴纸）、海报、价格牌、促销牌、冷饮设备贴纸，以及餐牌POP广告。

四、做好精神上的准备

（一）保持良好的生理状态

经验表明，不管你从事的是哪种职业，都必须保持良好的生理状况。一个睡眠不足、生活无规律的推销员是不可能做好推销工作的。推销员的每次拜访活动都要给顾客留下一个美好的印象。

（二）做好心理上的准备

保持绝佳的精神状态不仅需要充沛的精力，更需要健康的心理态度。推销员拜访客户时最容易犯“访问恐惧症”，尤其是一些推销新手在进行直闯式访问的时候更易犯“访问恐惧症”。要消除“访问恐惧症”，最好的方法是培养自己的自信心，从获得小小的成功开始，逐渐体验成功的快乐。因此，企业在安排推销新手上门拜访时，开始应尽可能选择难度小、容易接近的拜访对象，以便让推销员尽快得到客户的鼓励，增强自信心。

培养自信心的另一种方法是，当你产生恐惧的时候，问问自己“最糟糕的情况是什么?”作为业务人员，在拜访时遇到的最为糟糕的情况无非是没能达成交易，但这与拜访客户之前的处境并无二样。

五、树立好的拜访形象

推销员是公司的“形象大使”，在客户的眼中代表着公司的形象，产品的形象，甚至是品牌的形象。因此，销售代表在客户面前展现出整齐划一的外在形象、良好的精神状态，会在很大程度上给客户带来愉悦。很难想象一个衣衫不整、邋遢脏乱的销售代表会给客户留下好印象。

“人不可貌相”是用来告诫人的话，而“第一印象的好坏 90%取决于仪表”，上门拜访要想取得成功，就要选择与个性相适应的服装，以体现专业形象。通过良好的个人形象向顾客展示品牌形象和企业形象。有些企业规定推销员穿公司统一的服装，这样会让顾客觉得公司很正规，企业文化良好。比如，百事公司要求销售代表的外表和服装要整洁、胡子要刮干净、不得留长发、皮鞋要擦亮、夏天不准穿凉鞋和拖鞋、手指甲要干净不留长指甲，同时还要保持自身交通工具（为方便工作，百事公司一般都配发给销售代表摩托车、自行车等交通工具）的清洁，等等。

阅读思考

推销员张刚准备去拜访一位重要客户林先生，林先生是A公司的采购部经理，张刚公司的产品正好满足A公司的采购需求。张刚通过电话和林先生约好在某茶馆见面，通过一番寒暄后，张刚很顺利地将话题转移到推销的产品上，谈话中可以感觉到林先生对张刚介绍的产品非常感兴趣，但是当林先生向张刚要产品说明书和报价单时，张刚翻遍了自己的包也没有找到，紧张得满脸通红，汗都流出来了，在确认找不到后，张刚只好结结巴巴地对林先生说："实在不好意思，我今天出来忘记带了，能不能下次再给您……"

（根据相关调研资料整理）

思考题：

请分析这次会面可能出现的结果。

项目二　联系拜访

在正式洽谈之前，与顾客的约见、接近，对于推销活动的顺利开展以至最终成交意义重大。推销员应该高度重视，周密计划，争取成功地与顾客接近，为今后推销的成功打下坚实的基础。日本著名汽本推销员奥城良治堪称"推销怪杰"。他十分珍惜时间，一旦需要等人，就是等几分钟他也会妥善加以利用，其方法是到近处进行访问、利用近处的公用电话进行电话推销或约见顾客、核对顾客卡，抓紧时间给顾客邮寄资料和预约约见时间等。

在完成必要的接近准备工作之后，推销员就可以开始接近顾客。为了成功地接近顾客，推销员应该事先进行预约。约访的方式多种多样，要根据具体情况选择使用。

任务1　面约

面约是指推销员与客户当面联系拜访的有关事宜。这种方法简便易行，效果也比较理想，推销员可以利用各种与客户见面的机会进行约见。

情景训练

推销员小张打算通过西博会的展销机会，和前来展位看产品的顾客当面预约下次登门拜访的时间和地点。

请运用角色扮演模拟小张与客户面约的场景。

知识链接

一、面约的特点

面约即当面约见，推销员通过面约这一方式可以对顾客有所了解，便于充分地做好下次约见前的准备工作。面约的机会很多，例如在途中不期而遇时，在见面握手问好时，在起身分手时，推销员都可以借机面约。

面约具有许多优点。首先，可以在无形中缩短推销员与顾客之间的距离，消除各种尴尬，建立起亲密无间的关系，在十分友好的气氛里，顾客往往会欣然应允。其次，有助于推销员进一步做好接近准备。当面相约，身临其境，耳闻目睹，对了解顾客的有关情况十分有利。再次，面约可信可靠。有时约见内容比较复杂，只有面约才能说清楚，面约可以及时消除顾客的疑虑，为面谈做好准备。此外，面约还可以防止走漏风声，确实保守商业机密。

面约也有一定的局限性。首先，有一定的地理限制，如果要召开一次订货会，推销员没有必要也不可能走遍各个推销区面约所有的顾客。其次，即使推销员完全可以及时面约每一位顾客，但效率低。再次，面约虽然简便易行，可以面释疑点，却容易引起误约。面约一般是口头约见，慌忙之际难免顾此失彼。一旦被顾客拒绝，会使推销员感到很难堪，造成被动不利的局面。此外，对于某些无法接近的推销对象来说，面约方法便无用武之地。不过，如果推销员善于把握时机进行面约，一般都能成功。

二、如何进行面约

（一）选择面约的地点

推销员可以利用在某些公共场所，如展销会、订货会、社交场所、推销途中与顾客的不期而遇等，借机与顾客面约；也可以到顾客的单位、家中去面见顾客。

（二）面约的注意事项

1. 学会敲门。进门之前要先按门铃或敲门，然后站立门口等候。敲门以三下为宜，声音有节奏但不要过重。

2. 把握进门语言和细节。主动、热情、亲切的话语是顺利打开顾客家门的金钥匙。进门之前一定要显示自己态度——诚实大方，同时避免傲慢、慌乱、冷漠、随便等不良态度。

另一方面就是注意进门细节，严谨的生活作风能代表公司与个人的整体水准，千万不要让换鞋、放雨伞等小细节影响大局。

三、如何让客户接受你的面约

顾客通常会以很多理由拒绝你的面约，作为推销员，我们要将顾客的拒绝变成接受是非常重要的工作。以下是常见的几种面对顾客拒绝的对策。

1. 如何应对以没有时间为借口的拒绝。如果客户说："我没时间！"那么推销员应该说："我理解。我也老是时间不够用。不过只要几分钟，您就会相信，这是个对您绝对重要的议题……"

2. 如何应对以没有兴趣为借口的拒绝。如果客户说："我没兴趣。"那么推销员就应该说："是，我完全理解，对一个谈不上相信或者手上没有什么资料可以进一步了解的事情，您当然不可能立刻产生兴趣，有疑虑、有问题是十分合理自然的，让我为您解说一下吧，什么时候合适呢？……"

如果客户说："我没兴趣参加！"那么推销员就应该说："我非常理解，先生，要您对不晓得有什么好处的东西感兴趣实在是强人所难。正因为如此，我才想向您亲自报告或亲自说明。星期一或者星期二过来看您，行吗?”

3. 如何应对以没有钱为借口的拒绝。如果客户说：“抱歉，我没有钱!”那么推销员就应该说：“我了解。要什么有什么的人毕竟不多。正因为如此，我们现在开始选一种方法，用最少的资金创造最大的收益，在这方面，我愿意贡献一己之力，可不可以下星期三，或者周末来拜见您呢?”

4. 如何应对以还要和其他人商量为借口的拒绝。如果客户说：“要做决定的话，我得先跟合伙人谈谈!”那么推销员就应该说:“我完全理解，先生，我们什么时候可以跟您的合伙人一起谈谈?”

如果客户说：“我要先跟我太太商量一下!”那么推销员就应该说：“好，先生，我理解。可不可以约夫人一起来谈谈? 约在这个周末，或者约在您喜欢的哪一天?”

5. 如何应对把资料寄给我就行了为借口的拒绝。如果客户说：“请你把资料寄给我怎么样?”那么推销员就应该说：“先生，我们的资料都是精心设计的纲要和草案，必须配合人员的说明，而且要对每一位客户分别按个人情况再做修订。所以，最好是我星期一或者星期二过来看您。您看上午还是下午比较好?”

类似的拒绝自然还有很多，我们肯定无法一一列举出来，但是，处理的方法其实还是一样，就是要把拒绝转化为肯定，让客户拒绝的意愿动摇，推销员就乘机跟进，使客户接受自己的建议。

阅读思考

推销员肖恩在小区门口见到了正要外出的客户约翰先生。

推销员：“约翰先生，您好。我是××公司的推销员肖恩。我听说了在您太太身上发生的不幸，她的手部皮肤过敏好一些了吗?”

客户：“没有多大的改变，你知道，这种病是很难痊愈的。”

推销员：“那她的正常生活是不是也受到影响了呢?”

客户:“是的。她不能使用洗手液洗手，洗碗的工作也不得不由我来承担，因为她的手一碰到洗洁精就疼痛难忍。”

推销员：“真是不幸。不过不要着急，我这里有一些不会对您夫人的手造成伤害的清洗用品。您认为什么时间面谈方便呢? 是这个星期三上午10点还是星期四?”

客户:“你星期四下午3点到我家来吧。”

推销员:“那好,约翰先生,请记住您星期四下午3点要接待××公司的推销员肖恩。没问题吧?”

客户:“没问题。”

推销员:“好,我们星期四见。”

(根据相关调研资料整理)

思考题:

是什么让这次面约如此顺利?

任务2　电约

电约是指推销人员利用各种电信手段约见顾客的一种方式。就目前情况而言,用途最广泛的电信推销工具是电话,有时也会用到传真。

情景训练

推销员小张想通过电话约见某服装采购部的王经理,小张的任务是请求王经理能够抽时间与他面谈,并约定下次面谈的时间、地点。(小张与王经理是第一次约见而且由第三者介绍)

根据上述情景进行模拟练习。

知识链接

一、电约的特点

电约运用非常广泛,不受时间和地点约束,具有以下优点。

1. 电约有利于推销员迅速约见推销对象,常常用于紧急约见。
2. 电约比较灵活多变,可以随时通话,反复约见。
3. 电约可以引起顾客的重视。
4. 电约特别是电话约见可以及时反馈信息。

二、如何进行电约

电话约见成功的关键是推销员能否提供使对方感兴趣的资料，或让对方觉得有必要见你，这就需要一套打电话的技巧。你在拨电话前必须做到以下五点。

1. 掌握对方的有关资料。

2. 选择与对方通话的最佳时机。

3. 内容简洁明了，态度诚恳。

4. 声音要清晰，尽可能讲得响亮。

5. 在征求对方约见时间或地点时，应运用“二难选择法”。比如“明天下午还是后天上午呢?”这种说法比“那你看什么时候?”的效果要好。

总之，电话约见法要想成功，必须懂得打电话的技巧，应该在事先做好充分准备，不时地练习。

阅读思考

最近何小姐每天联系电子元器件的采购商，想预约下次拜访的时间，可是每次电话打过去还没有预约就被挂掉了，请大家帮何小姐看看问题出在哪里。

何小姐：“您好！您是××吗？我是ICBuuy采购中心的，我姓何。”

A类采购员一听，就说：“我们不需要。”就挂了电话。

B类采购员：“你直说吧，你打这个电话要干吗，找我什么事情。”

何小姐：“是这样的，我们公司是一个电子产品交易平台，目前我们专门设立了采购中心，主要是为采购商推荐优质供应商的，我想和你预约一个时间，让我详细给你介绍我们产品的特点。”

B类采购员：“电子产品交易平台，我们不需要，我们不需要什么平台。”说后挂电话了。

C类采购员：“谢谢，我们都有自己固定的供应商，不需要额外的，以后请不要打搅。”说后又挂了。

D类采购员：“好的，你说得很好，不用拜访我，给我发个传真，我看后再联系你。”

E 类采购员："好的，我记下了你的网址和联系方式，拜访就不用了，以后有需要的时候再找你。"

何小姐碰到最多的是 A、B、C 三类顾客。

思考题：

何小姐不能成功电约的原因是什么？她该怎么办？

任务 3　函约

7-Eleven 是一个世界级的 24 小时便利商店，你到那里去买东西时，推销员会不断地向电脑网络中输入资料。这些资料并不是关于你买的商品，而是关于你在购物时的各种情况，比如你的年龄、性别、身份、婚姻状况等。电脑网络会对这些资料进行分析，以了解自己的客户到底是什么人，他们会在什么时候、什么情况下买什么样的物品，然后再有的放矢地满足这些客户的需求。

情景训练

初次拜访客户的信函书写

王先生：

您好！我是××公司的李明，和您的同学周游是好朋友，从他那里得知您在事业上取得了非凡的成就，恭喜您！

非常希望有机会向您探讨成功之道，同时也让我有机会给您推荐一份计划，许多与您一样的成功人士对此都很认同，相信对您一定会有帮助。我将在近日内拜访您，恳请接见。

祝万事如意！

李明敬上

二〇〇七年三月三日

根据上述范例，假设你作为某海产品公司的推销员，得知某企业准备购买一批单位职工的福利产品，正好你的一个朋友认识该企业的相关采购负责人，请你为该负责人寄发一封约见信函。

知识链接

信函约见就是销售人员利用个人书信、单位公函、会议通知、普通明信片或电子邮件约见客户的一种联系方法。在电话没有普及的地区，信函约见仍是一种常见的约见形式。它的优点是适用面广，费用较低，可以畅通无阻地进入客户的办公室或住所，避免了推销人员用其他方式约见客户时遇到的层层人为阻碍，也不需电话约见时的机智对答。缺点是花费时间较长，信息反馈率低。一般来讲，采用个人书信效果为最好，但写个人书信一般要在与对方有所熟悉的前提下，否则，莽撞地给对方寄去个人书信，极有可能产生消极效果。在这种情况下，先寄广告函或会议通知比较合适。

信函大致分为正式公函、便函及直接邮寄广告三种。三种方法各有用途，不能互相取代。三种都是电话沟通或正式拜访的前奏。互联网技术的应用使企业与客户的沟通更容易。通过互联网，企业可以利用文字、声音、音像等多种技术全方位地展示产品，介绍其功能，演示其使用方法，推销员通过互联网可以与客户交流，创立一种全心全意的互动式服务，并能随时掌握客户的满意程度，从而迅速地改进和完善自己的产品和服务，增强市场竞争力。

邮递营销是推销拜访的补充和巩固。信函可用以联络感情，加深推销员在客户心目中的印象，给客户周到、可靠的感觉。信函的主要用途有：一是提供补充资料，二是提醒客户已许下的承诺，三是确定面谈时间或其他事宜，四是查询进一步资料，五是对客户表示谢意或赞许，六是突出自己，使寄上的产品目录更受重视。

函约与电约相比最大的不足是速度太慢，这种情况显然不适宜于紧急约见。另外，函约不一定引起对方重视，尤其是会议通知或广告函，不少顾客可能会把它冷落到一边，或者干脆扔进废纸篓里，就如同一些生产毕业纪念册的工艺厂寄给各学校的直邮广告的遭遇差不多。但是，从成本方面考虑，函约毕竟是划算的。通常联系拜访只需支付便宜的邮费就够了。

一封标准的推销信函必须能立即吸引住客户，让客户对你推荐的产品感兴趣，让客户产生和你见面的愿望，渴望能从你这儿得到更多的信息，并让准客户期望接到你的电话。

推销员运用信函约见时，应该讲究信函内容和信函形式的技巧。

第一，书写信函的技巧。书写信函要以顾客受益为导向，文字表述要简易明畅，重点突出，层次分明，文句生动，表达恳切，以理取信于顾客，以情感化顾客，以趣打动顾客，从而引起顾客对约见信函的注意和兴趣，并给予合作，从而达到约见顾客的目的。

第二，诱导阅信的技巧。在现代社会里，顾客会经常收到各种各样的商业信函，对于这种司空见惯的信件，一些顾客丝毫不感兴趣，甚至不会拆阅。这样，内容再生动的约见信函也达不到预期的目的。对此，推销人员可以利用信函的形式诱导顾客拆阅。

首先，在可能的情况下，应选择和设计一个最佳的顾客收信日期，如节日、生日、发工资日等。切记最好不要让顾客同时收到账单（如水费、电费、通信费等）和你的约见信件。

其次，不要使用公司统一的印刷信封，推销人员应使用普通信封，使顾客无法凭此信封判断它的类型，从而诱导顾客拆阅信件。在条件允许的情况下，推销人员可以自己设计一些富有特色的约见信封，以引起顾客的注意和兴趣。

最后，在信封上，不要盖“邮费已付”的标志，就按一般信件贴邮票，必要时还可考虑使用挂号信，这样更能吸引顾客拆阅信件。

阅读思考

信函必须在开始的几秒钟内就抓住客户的注意力，因此在信函中我们要把握以下三点。

1. 利用人们的求新心理。越新鲜的东西，越能激发人的好奇心，也越能引起客户的注意。所以信函一定要讲究“新”字，要提供客户还不知道的新信息（包括产品新品种、新理念和引人入胜的新款建议书），信函要及时反映行业的最新动态，而且表达方式要新颖独到，给客户一种清新优雅的感觉。

2. 利用人们的求近心理。相对于陌生事物来说，熟悉的事物更容易让人接受。越是关系到自己的生活、自己的利益、自己的生活准则，客户就越感兴趣。因此，必须从情感上去接近客户，要从关心他们的生活、利益和他们的个人习惯、爱好着手，给客户讲一些他身边的故事，从情感上去感化大客户。

3. 形象化宣传。不要把信函理解成文字宣传，如果在我们的推销信函中加上卡通宣传画和图表，让客户可以从形象上更生动地了解产品的功能，那么就能达到事半功倍的效果。同时，信函的颜色也要能引起客户的注意，图画的内容要能激发客户的兴趣，要给客户以美感和美的享受，让见多识广的高端客户也能过目不忘。

思考题：

信函的写作技巧有哪些？

任务4　托约

前面提到的几种约见法都是推销员与顾客进行直接联系的方法。委托约见则是一种间接的联系法，它是指推销员委托第三者进行约见的方法。在推销员与顾客不熟悉的情况下，托约是一种行之有效的方法，因为受托者是跟顾客有一定社会交往的人。比如，你要约见某公司的总经理，如果你与这位总经理的某个好友认识，那么利用这位好友做你的受托者，效果显然比你直接面约或使用其他方法要好。

不难发现，利用委托约见的难点在于寻找到一个要与你准备拜访的顾客有社会交往的人，而且最理想的是这位受托者与顾客的关系相当密切或非常友好。

情景训练

你作为万禾农产品有限公司的业务员，准备去下沙某单位进行客户的开拓。现得知你朋友的朋友李先生正好在该单位工作，且李先生对你的业务有影响力。

根据上述情景，你怎样做才能得到朋友的推荐？

知识链接

委托约见是指推销员委托第三者约见。受托人与推销对象之间有一定的社会联系或社会关系，如师生、同事、亲朋好友、邻居等，以便取得推销对象的信任与合作。委托约见成功与否的关键是选准受托人，受托人必须与推销对象关系密切或者具有一定的权威性，能够影响推销对象的决定。

委托约见的优点主要有以下两个方面。

一是成功率较高。委托约见可以借助第三者与推销对象的特殊关系，克服客户对陌生推销人员的戒备心理，便于排除推销障碍。

二是可以获得推销对象的真实信息，有利于进一步开展推销工作。

委托约见的缺点主要有以下两个方面。

一是受范围限制。任何一个推销员的社交圈都是有限的，所能找到的受托人也是有限的，这就限制了委托约见法的适用范围。

二是推销员地位比较被动。委托约见的成败取决于受托人与推销对象的关系以及他们的配合程度，推销员只能被动接受。

阅读思考

美国有一位著名的推销员曾说过：一名成功的推销员，每次访问必定是不相同的。这就是说，成功的推销访问在形式上没有任何定式，它取决于推销员随机应变的想象力，当然富有想象力并不等于无条件地任意想象，运用何种方式与顾客接近，要视顾客的类别、推销产品的具体特点来确定。一般来说，对于优柔寡断、犹豫不决、心平气和的顾客，在访问时可以采用民主、友好的软推销；而对于顽固、刻板、冷淡的顾客，则应采用“货真价实”、“性能可靠”的硬推销，比如推销员亲自给顾客做示范，让对方感到“眼见为实”。

思考题：

结合学生在销售公司体验式营销训练的事例，交流一次难忘的拜访经历。

项目三 初步接触

与客户初步接触的时候，第一印象是非常重要的。推销员在了解客户资料的基础上，要以技巧轻松地激发客户对公司、产品或其他方面的兴趣。

推销员要担负起开启面谈的责任，达到三个目的：使客户满意，激发他的兴趣，争取他的参与。第一次出访正是一个推销员留下自己在客户心目中“美好瞬间”的机会，而你“美好的印象”就像一把钥匙，有助于打开成功销售之门。

任务1 开局的控制

“良好的开端，是成功的一半。”开局是整个会面过程的起点，开局工作成功与否在相当程度上决定整个会面的前途。虽然成功的开局不一定带来成功的交易，但成功的交易往往以成功的开局为前提。成功的推销员往往先谈客户及顾客所感兴趣的问题及嗜好，以便营造一种良好的交谈气氛。这种融洽的气氛一旦建立，你的推销工作往往会获得意想不到的进展。

加深人与人之间感情的最好方法，便是能找到彼此都感兴趣的共同话题和嗜好，这点对于初次接触的双方来说尤为重要，气氛融洽会使第一次见面的客户的防范心理减弱许多。开局阶段主要任务是创造和谐的会面气氛以及说明自己的大体来意。

情景训练

你现在是××贸易公司的推销员，你将拜访的对象王总经理是一个喜欢自我夸大的人，据说他歌唱得很好，对此他非常得意。他的办公室布置得很考究，一流的办公用品，一流的装潢。现在你去拜见他，希望他能帮助你的公司解决生产技术上的问题，并且解决这个问题还非他莫属。你很着急，对方也是个大忙人，你对能否请到他心里没底。

思考题：

当你迈进此人办公室时，你该怎么说呢？

知识链接

一、塑造良好的第一印象

推销员以良好的形象出现在客户面前，这个良好的形象包括衣着、谈吐和必要的礼仪。推销员要注意给客户留下良好的第一印象，要有本事拉近与客户的心理和感情距离。在与客户初步接触之前，应学会自我形象管理，检查并分析个人是否存在如下行为：一是扎一根已经掉漆的皮带；二是穿黑皮鞋配白袜子；三是浅色衬衫里穿黑色贴身内衣；四是夏天穿拖鞋和暴露的服装；五是皮鞋、西服上有污垢；六是衣服上有褶皱、衬衫脏；七是衣服扣子不全，领带松散；八是眼镜脏或破损；九是满面油光或汗水；十是有头屑，头发脏乱；十一是脸上有胡子茬；十二是指甲过长、不干净；十三是指甲上有残留的指甲油；十四是饭后未漱口，等等。

二、始终微笑，注视客户

微笑是推销的第一技能。沃尔玛的创始人沃尔顿生前用一句话概括了他成为亿万富翁的秘诀：低买低卖，微笑攻势。用眼睛正视客户，用眼神传递正直、诚恳、自信、热情等情感，绝不能目光朝下或左顾右盼，使客户感到推销员心不在焉、不诚实或不热情。

三、运用正确的身体语言

推销员代表着公司的形象，必须要树立良好的自我形象，包括握手、目光接触、适度的微笑、合适的坐姿、交换名片、得体的妆容、保持安全距离。

四、寻找轻松合适的开场白

与客户初次接触，可以作为开场的话题有：气候、季节、赚钱的事、新闻、时事、衣、食、住、行、娱乐、嗜好、旅行、运动、家人、家庭，以及对方可能感到高兴的话或称赞对方的话等。具体可以分为：顾客的个人爱好，顾客所在行业的探讨，对顾客家庭和办公环境的赞美，对顾客个人的赞美，时事性话题，天气与自然环境。

在进入客户的办公室之后，也可以室内的陈设为话题，表现出对某些摆饰的鉴赏力，并加以称赞。同时，也有一些不宜谈论或深谈的话题必须注意避讳，如政治话题；关于球赛得分输赢的话题，一定要先了解对方的倾向后再说；顾客颇为忌讳的缺点和弱点（如容貌、身材等）；竞争对手的坏话；上司、同事、邻居、单位的坏话；别的顾客的秘密等。

总之，推销员的兴趣爱好越广泛，信息量越大，也就越容易找到共同话题。

阅读思考

推销员在赞美客户时，需要注意以下事项。

1. 要找出值得加以赞美的事实。如果没有任何值得褒扬赞美的事实，就千万不要乱加赞美。要找到值得褒扬的事实，可从下列几点来观察并寻找。

(1) 对方正在努力做的事及其成果；

(2) 对方老是在意的衣饰及其拥有的东西；

(3) 有关房屋的各种设计及装饰；

(4) 身材或其打扮；

(5) 有关对方的家人或宠物的事等。

2. 要用言语清楚地把事实说出来。如果只说“这条领带好棒呀!”就很不明确，因为领带到底好在哪里没说清楚。若要赞美领带的颜色好，最好称赞他很有选择颜色的眼光。所以，可以这样赞美他:“哇！这条领带是您自己选的吗？颜色跟您很相称，真有眼光!”如此一来，对方一定会很高兴地接受赞美。

3. 要把握时机。错过时机或时机不对的赞美有时会适得其反。例如，对不在场的人过分褒赞，岂不是让在场的其他人认为你觉得他们不好。

4. 适可而止。通常人在受到赞美的时候，大多会表示谦虚，甚至说一些与赞美词正好相反的话。在这种情况下，并不需要加以反驳，因为如果太过分强调自己的赞美词，很可能会造成彼此在感情上的对立，导致不愉快的结局。

思考题：

1. 初步接触的目的是什么？

2. 与客户初步接触时，哪些事件可以作为话题提及？

任务2　善用技巧

虽然有了比较丰富的话题，也找到了一个或几个适合的时机，但不同的表达方式也会产生不同的效果。有的时候，方法比内容更重要。

情景训练

一位推销员到某公司推销产品，被拒之门外，女秘书给他提供一个消息：总经理的宝贝女儿正在集邮。第二天，推销员快速翻阅有关集邮的书籍，充实了自己的集邮知识，然后带上几枚精美的邮票又去找经理，告诉他自己是专门为其女儿送邮票的。一听说有精美的邮票，经理热情相迎，还把女儿的照片拿给推销员看。推销员趁机夸其女儿漂亮可爱，于是两人大谈育儿经和集邮知识，非常投机，一下子熟起来。

借鉴该推销员使用的接近法，再设计一个你认为有效的办法。

知识链接

推销员必须用不同的方式接近不同的客户群体，应学会适应客户，根据不同的客户来改变自己的语言风格、服装仪表、情绪和心理状态等。推销员必须做好各种心理准备，因为推销是和拒绝打交道的。

一、针对不同顾客类型的应对方法（见表 3–1）

表3—1　顾客类型及应对要点

顾客类型	特　征	应对要点
急躁型	容易发怒的顾客	✣ 言语和态度要慎重 ✣ 动作敏捷,避免让顾客等候
沉默型	不愿意表达意见的顾客	✣ 仔细观察顾客的表情和动作 ✣ 用具体的询问来诱导顾客
饶舌型	特别爱说话的顾客	✣ 耐心地聆听,不要打断顾客的话题 ✣ 把握顾客说话的时机,恢复所商谈的内容
博学型	知识与见识丰富的顾客	✣ 对顾客的博学加以赞赏 ✣ 发觉顾客的兴趣及喜好推荐适当的商品

续 表

顾客类型	特　征	应对要点
权威型	傲慢的顾客	✣ 用特别慎重的态度和言语 ✣ 一边夸赞其随行的人或物，一边进行商谈
猜疑型	不相信他人的顾客	✣ 通过询问找出顾客的疑虑 ✣ 对商品的介绍要有根有据
优柔寡断型	缺乏判断力的顾客	✣ 明确指出商品的优点让顾客比较 ✣ 采用推荐的方法提出商品建议
内向型	腼腆的顾客	✣ 接近顾客时应冷静、沉着 ✣ 配合顾客的进度，使顾客具有信心
好胜型	总想证明自己正确的顾客	✣ 推荐商品时要尊重顾客的意愿和情绪 ✣ 顾客需要建议时，应有理有据
理论型	注重理论的顾客	✣ 条理清晰地向顾客介绍说明 ✣ 解说应要点简明，有理有据
嘲弄型	爱说风凉话的顾客	✣ 以平和稳重的心态来应对 ✣ 对顾客的嘲讽可以用“您真幽默”或“您真是风趣的人”来应对

二、善用技巧，接近客户

推销员必须减轻客户的压力。当销售人员接近客户时，客户一般会产生购买压力，具体表现为冷漠拒绝或故意岔开话题。推销员必须始终保持微笑，善于控制接近时间，不失时机地顺利转入面谈。接近方法具体分为常规接近法和非常规接近法。

（一）常规接近法

1. 商品接近法：推销员直接利用产品的卖点来引起客户的注意和兴趣，从而接近客户的方法。

2. 关系接近法：推销员自己介绍或由第三方介绍而接近推销对象的方法。

3. 馈赠接近法：推销员可以利用小礼品，从而引起客户兴趣，进而接近客户。

4. 赞美接近法：指推销员利用人们的自尊和他们希望重视与认可的心理来引起交谈的兴趣。当然，赞美一定要出自真心，而且要讲究技巧。即以“赞美”的方式对顾客的外表、气质等进行赞美，从而接近顾客。

5. 利益接近法：通过简要说明产品可能产生的利益而引起客户的注意和兴趣。

6. 求教接近法：一般来说，人们不会拒绝登门虚心求教的人。直接向客户提问可以引起客户的兴趣，从而促使客户集中精力，更好地理解和记忆销售人员发出的信息，为激发购买欲望奠定基础。

7. 问题接近法：指推销员本着帮顾客解决问题的态度接近客户。

（二）非常规接近法

1. 好奇接近法：指推销员利用顾客的好奇心理而接近顾客的方法。好奇心和探索欲是人类行为的基本动机之一。

2. 震惊接近法：指推销员利用某种令人吃惊或震撼人心的事物来引起顾客的注意和兴趣。对于少数客户，利用震惊接近法，才能冲破其坚固的心理防线；同时，利用震惊接近法接近顾客，可以增强推销的说服力。

3. 戏剧化接近法：指推销员利用各种戏剧性的表演活动引起顾客注意和兴趣，进而转入面谈的接近法。例如，客户爱进图书馆，推销员可以装作书迷，和他在图书馆“邂逅”；如果客户喜欢上酒楼，推销员可以装作食客，在酒楼门口与其“邂逅”等。

4. 调查接近法：指推销员利用调查的方法接近顾客的方法。顾客需求的差异性致使推销人员应该事先进行调查研究，才能提供最佳服务。

5. 顽强接近法：指推销员利用第一次接近时所掌握的有关情况实施第二次或更多次接近的方法。推销员在遭受多次拒绝之后，仍旧锲而不舍，不断进行直接访问，或打电话问候，以感动对方。

6. 感恩接近法：指通过对客户表达感谢以接近客户。对任何愿意与我们对话的人都应该表示感谢，诚恳的感谢会让对方的心中充满温暖，而这份温暖会在客户的潜意识中生成力量。

阅读思考

日本有一家铸砂厂的推销员想把他的产品打进一家铸铁厂，这家铸铁厂以铁砂为原料。推销员曾多次前往拜访铸铁厂的采购部经理，但那位经理却始终避而不见，这位推销员也紧随不放。经过反复努力，经理终于无可奈何地答应给这位推销员 5 分钟的时间见面。显然那位经理想应付一下。

到了约定的时间，推销员非常自信地走进了经理的办公室。一关上门，他就在地上铺开两张报纸，然后从随身包里拿出一袋砂，一下子倒在报纸上，顿时办公室里扬起一阵砂尘；然后他又取出另一袋砂倒在另一张报纸上，这袋砂却砂尘不起。这位采购经理看了不得其解，问："你这是干什么？"推销员不慌不忙地笑着说道："刚才到处飞扬的砂是贵公司目前所使用的原料，而后者是我们公司的铁砂产品。这两种铁砂产品的区别我想您是一看就明白，无须我多作解释了。"那位经理不相信："我们公司用的原料你是怎么搞到的？"推销员笑着说："那是我亲自到贵公司车间取来的样品，你不信可以马上叫人去取样对照。"当然这位经理至此已无话可说。在这场戏剧性的表演中，推销员成功地开拓了一家大客户铁砂的市场。

（郭伟刚：《供销人员必读——销售技术》，浙江科学技术出版社 1992 年版）

思考题：

本案例中的推销员对待客户是如何采用接触技巧的？

任务 3　准备再访

"上次访问的尾声就是下次访问的开始"，即使一次拜访就完全成交也同样需要一个良好的结尾，可以为下一次来访做铺垫，因为专业销售是一个不间断的持续的过程。在结束初次拜访时，推销员应该再次确认一下本次来访的主要目的是否达到，然后向客户叙述下次拜访的目的、约定下次拜访的时间。推销员可以这样说："王经理，今天很感谢您用这么长的时间给我提供了这么多宝贵的信息，根据您今天所谈到的内容，我将回去好好地做一个供货计划方案，然后再来向您汇报。我下周二上午将方案带过来让您审阅，您看可以吗？"

情景训练

刚毕业的小张在一家计算机网络软件公司做软件销售的工作，他以前主要拜访的客户是系统集成商和服务器经销商。干了一个多月，小张虽然有些累，但他觉得这份工作很有挑战性，也许是时间长了（拜访客户的时间周期），他担心以前拜访的客户都把他给忘了，他想对某一服务器经销商进行第二次拜访。

请为小张设计第二次拜访的具体计划。

知识链接

一、端正角色定位

推销员自己的角色：一名专家型方案的提供者或问题解决者；让客户扮演的角色：一位不断挑刺、不断认同的业界权威。

二、前期的准备工作

整理上次客户提供的相关信息，做一套完整的解决方案或应对方案，熟练掌握本公司的产品知识、产品资料、名片、电话号码等。

三、拜访流程设计

1. 电话预先约定及确认：例如“王经理，您好！我是××公司的小周，上次我们谈得很愉快，我们上次约好今天上午由我带一套供货计划来向您汇报，我 9 点整准时到您的办公室，您看可以吗?”

2. 进门打招呼：第二次见到客户时，可以在对方未开口之前，以热情和老熟人的口吻向客户（他）打招呼问候，如：“王经理，上午好啊！”

3. 旁白：再度营造一个好的会谈气氛，重新拉近彼此之间的距离，让客户对你的来访产生一种愉悦的心情。如："王经理，您办公室今天新换了一幅风景画啊，看起来真不错！"

4. 开场白的结构：第一，确认理解客户的需求；第二，介绍本公司产品或方案的重要特征和带给他的利益；第三，时间约定；第四，询问是否接受。如："王经理，上次您谈到在订购××产品时碰到几个问题，它们分别是……这次我们根据您所谈到的问题专门做了一套计划和方案，这套计划的优点是……通过这套方案，您看能不能解决您所碰到的问题，我现在给您做一个简单的汇报，时间大约需要 15 分钟，您看可以吗？"

5. 专业导入 FFAB，不断迎合客户需求：Feature 是产品或解决方法的特点，Function 是因特点而带来的功能，Advantage 是这些功能的优点，Benefit 是这些优点带来的利益。

在导入 FFAB 之前，应分析客户需求比重，排序产品的销售重点，然后再展开 FFAB。在展开 FFAB 时，应简易地说出产品的特点及功能，避免使用艰深的术语，通过引述其优点及客户都能接受的一般性利益，来对客户本身有利的优点做总结。业务人员应铭记，客户始终是因你所提供的产品和服务能给他们带来利益，而不是因对你的产品和服务感兴趣而购买产品的。

6. 介绍解决方法和产品特点：一是根据客户的信息，确认客户的每一个需要；二是总结客户的这些需要应该通过什么方式来满足；三是介绍每一个解决方法和产品的几个重要特点；四是就每一个解决方法和产品所带来的功能获得客户的认可，并肯定其能满足他的需求；五是总结。

7. 面对客户疑问，善用加减乘除：一是当客户提出异议时，要运用减法，求同存异；二是在客户面前做总结时，要运用加法，将客户未完全认可的内容附加进去；三是当客户杀价时，要运用除法，强调留给客户的产品单位利润；四是当营销人员自己做成本分析时，要用乘法，算算给自己留的余地有多大。

8. 要求承诺与缔结业务关系：一是重提客户利益，二是提议下一步骤，三是询问是否接受。当业务人员做完上述三个程序，接下来就应该为客户描绘其购买产品或服务后所产生的愿景，最终刺激准客户的购买愿望。

阅读思考

对于不同类型的客户要用不同的方式来制造再访的机会。

优柔寡断型的人一般不能拒绝别人对他的安排或不能多次拒绝别人对他的安排，他们往往喜欢别人为自己安排得更周到，所以对这样的客户一定要明确下次的访问时间，如果被拒绝之后可以再换一个时间，再定一次。注意安排时间和表达意见时要表现出对他们的关心，关系稳定下来以后，就要确定每月固定再访的日期。

具有独立性格的人往往不喜欢被人安排或指定约会时间，对这类客户，或者先试探一下，给他两个以上的选择；或者干脆问他“什么时间来比较好”，在他指定的日期、时间段做每月的固定拜访。

如果你在上次出访中没有明确定下再访时间，也没有关系，我们还可以暗示下一次的造访。典型的说法是：“好吧，下次我们会带××型产品过来让您看一看”，然后平静、礼貌地告辞。

细节同样是很重要的，因为销售是人与人之间的交往，个人行为一定要谨慎，往往一个细小的动作就能改变客户的看法，所以无论是否明确了下次访问时间，在离开时一定不能放松，千万不可大意。请注意以下三点：一是离开时要和来时一样恭敬，二是关门时动作要轻柔，三是再次表示感谢。

综合项目训练

你作为校内生产性实习基地——杭州卡邦贸易有限公司的业务人员，现就公司代理的一批名优特农副产品进行销售推广，你负责拜访的客户是下沙某一企事业单位，请根据工作任务拟订具体的拜访计划，并根据实际拜访经历撰写一份拜访报告。

情境四
推销洽谈

学习目标

- 理解推销洽谈的任务和步骤;
- 掌握了解客户需求的技巧;
- 把握说服客户的沟通技巧;
- 掌握推销洽谈的方法和策略。

推销洽谈（promotion negotiation），也称交易谈判，是指推销员运用各种方式、方法和手段，向顾客传递推销信息，并设法说服顾客购买商品和服务的协商过程。在现代推销环境里，新的推销方法、推销技术和推销手段不断出现，使得推销洽谈的方式和方法也在不断变化。现代推销洽谈可以利用人类所能利用的一切信息沟通工具，除面对面的直接洽谈外，还有电话、书信、电报、电子邮件等推销洽谈方式。因此，作为现代推销学中的一个科学概念，推销洽谈具有特定的含义，它是一个既丰富又复杂的活动。对于推销员来说，推销洽谈可能是大显身手的舞台，也可能是惨败的舞台。

推销洽谈是推销员刺激顾客购买欲望、说服顾客购买的过程，它包含着丰富的内容。任何一位推销员，倘若不懂得自己应该加强何种理论与技术的武装，不能有效地掌握推销洽谈的艺术，即使你所持的推销观念如何正确，也难以在推销中获得成功。

入门导读

巧做准备，成功推销

推销员小胡供职的湖南怀化一家综合性服务企业，策划了一个“十佳礼仪小姐大奖赛”的广告演出活动。他受命推销公司的活动计划，以赢得广告客户，获得营业收入。

当地的工商企业不少，从哪家企业开始呢？小胡想，参与这个活动的企业必须具备两个条件：一是效益好，能有广告资金投入；二是重视广告宣传，乐于投入资金。随后一家制药企业——广州白云山制药总厂怀化分厂进入了他的视野。这是一家沿海地区先进企业与内陆企业合办的工厂，两个企业联营后，通过加大科技投入、不断开发新产品、努力提高产品质量、强化销售等一系列措施，工厂发生了很大的变化。特别是企业带来的广东人注重广告宣传、注重销售等新的营销观念深深吸引了小胡，于是他决定上门推销。

厂长是一位精明的医学硕士，年龄和小胡差不多，也是个30刚出头的年轻人。因为年龄相仿，经历相似，小胡和厂长可以交谈的话题很多。小胡决定先不谈正事，融洽一下感情再说。于是自我介绍后，小胡即代表公司感谢白云山总厂对湖南特别是湘西人民的支持，对他们远离家乡、远离亲人在外艰苦创业的精神表示钦佩。待气氛缓和之后，小胡就将一本《公共关系》杂志递给了厂长，并翻出事先折好的文章，请厂长指教。

推销怎么要带上一本杂志呢？原来事前小胡做了充分准备。临来之前，他请一位与厂里很熟的朋友为他预约，动身时又带上一本《公共关系》杂志，因为里面刊登了小胡的一篇文章——《公关广告的基本类型》，文章中引用了广州白云山制药总厂开展赞助型公关广告的实例。果然不出所料，当厂长看到已用红线划出的白云山厂实例后，马上来了兴趣，不仅把实例看完，还把文章从公关广告与商品广告的不同，一直到公关广告有赞助型、服务型等七种基本类型的内容都认认真真看了一遍。待厂长看完，小胡乘机把计划和盘托出。或许是文章的宣传效应发挥了作用，没等小胡解释公关广告宣传如何重要，厂长便对这次活动表现了浓厚的兴趣，并就其中一些技术性问题进行了询问。了解到活动安排十分周密后他便欣然应允，答应投入广告费1万元，买下本次大奖赛的冠名权。很快，一份关于“正清杯”十佳礼仪小姐大赛的广告宣传协议书正式签署，1万元广告费也如期汇到了公司的账户上。

（根据相关调研资料整理）

项目一 了解需求

推销洽谈是一项较为复杂的推销业务工作，受到多种因素的影响，特别是对大中型规模的推销洽谈来说，局面更加错综复杂。因此，推销洽谈各方要有效地去应对这种局面，必须进行充分的准备，才有可能达到预期目的。了解客户需求是推销洽谈的开端，是正式洽谈的铺垫，为此，推销员要准确了解、及时发现并引导客户的需求，以便更好地实现销售目标。

任务1 收集整理信息

信息是资源，信息是财富，只有建立在拥有大量客户信息的基础上，才能正确判断客户需求动向，开发客户所需求的业务，为客户提供个性化服务，从而提升业务整体竞争力，保障业务长期健康发展。因此，收集客户信息是一项很重要的工作。推销洽谈前的收集整理信息包括了解洽谈客户的基本情况、分析客户的需求、熟悉产品和服务、了解竞争对手的信息。

情景训练

某保健乳品有限公司是一家生产乳制品的地方知名企业。你所在的A公司是一家生产包装材料的厂家，A公司准备派你开发江苏市场，希望能成为该保健乳品有限公司的供货商。A公司并没有与该公司发生过业务关系，对该公司并不了解。江苏是A公司准备新开拓的市场，拿下这家公司的订单对你们意义重大。假设你的生产成本是6000元/吨，市场平均价格是6700元/吨。请根据实际，为A公司收集客户信息，将信息填入表4—1。

表 4—1　客户信息收集表

<table>
<tr><td>公司名称</td><td></td></tr>
<tr><td>公司性质</td><td></td></tr>
<tr><td>公司简介
（公司基本信息、
主要产品、品牌等）</td><td></td></tr>
<tr><td>公司规模
（营业额、市场份额、
员工数量等）</td><td></td></tr>
<tr><td rowspan="2">现状及发展规划
（核心竞争力、市场份额、
营业额、产品规划等）</td><td>目前状况（3—6 个月）：</td></tr>
<tr><td>发展规划（1—3 年）：</td></tr>
<tr><td>行业内知名的企业有哪些</td><td></td></tr>
<tr><td>主要的竞争对手</td><td></td></tr>
<tr><td>联系方式
（总经理及人力资源负责人）</td><td></td></tr>
<tr><td>公司网站</td><td></td></tr>
</table>

知识链接

运筹帷幄方能决胜千里。在推销洽谈开始前，推销员必须广泛收集和整理有关信息资料，为制订合理、可行的谈判方案和谈判策略提供依据。

一、信息类别

对于不同性质的洽谈，收集信息的侧重点有所不同。一般来说，至少要收集整理三方面的信息。

（一）市场信息

市场信息是反映市场经济活动特征及其发展变化规律的各种资料。主要包括：第一，市场分布信息。主要了解市场的地理位置、分布情况、运输条件、政治经济条件、某一市场和其他市场的经济联系等。通过调查，大体上摸清自己的产品可以在哪些市场上销售，从而有助于确立洽谈目标。第二，产品销售信息。了解本产品的销售量、市场容量、价格范围等。第三，产品竞争方面的信息。这类信息主要包括同类产品竞争者的数量、竞争状况、各产品或品牌在定位或风格上的差异性等。通过产品竞争情况调查，有利于在洽谈时更加主动，击败竞争对手。

（二）有关的政策法规信息

在洽谈开始前，应当详细了解国家的有关政策及法律、法规，以免在洽谈时出现失误。这些政策及法律、法规包括国家对行业发展的政策，与政策相配套的各项法律、法规等。

（三）有关洽谈对方的信息

1. 洽谈对方的主体资格。洽谈对方的主体资格是指其能否进行洽谈，并享有洽谈的权利和履行洽谈的义务。在洽谈之前，应当通过种种途径，了解和审查对方的主体资格。

2. 洽谈对方的权限及期限。这主要是指对方参加洽谈人员的规格问题，即参与洽谈的是决策人物还是一般的工作人员，在洽谈正式开始前了解这一情况非常重要。一般来说，对方参加洽谈人员的规格越高，表明对方对此次洽谈的重视程度越高。如果对方参加洽谈的是决策人物，那么此次洽谈的重要性就不言而喻了。反之，就要了解对方参与洽谈的人员在多大的程度上能独立地作出决定，有没有让步的权力，有没有中止洽谈的权力，等等。同时，要掌握洽谈对方作决定的最后期限，以促使其接受有利于自己的条件。

3. 对方信任己方的程度。一般来说，对方对你越了解，越信任，就越有可能达成交易。了解这一信息，就会使你在洽谈中处于十分有利的地位。反之，你在洽谈中就应该不断地向对方显示你的能力和实力，以增加洽谈成功的筹码，使洽谈朝着对己方有利的方向发展。

4. 对方的个人情况和单位情况。对方单位的现状是非常重要的信息，它往往是决定己方洽谈策略的重要基础之一。如对方的经营状况和支付能力，以及参与洽谈的人的性格、爱好、做事风格等，都是非常重要的信息。不同的客户各有其特征，需求也不同，在收集客户信息的艰苦过程中，还要对客户信息进行整理、辨别、筛选，确定开发目标，做到有的放矢。

二、获取客户信息的渠道

一般来说，企业获取的客户信息主要来自企业内部已经登记的客户信息、客户销售记录、与客户服务接触过程中收集的信息，以及从外部获得的客户信息。

很多企业也有意识地组织一些活动来采集客户信息，比如经常采用的有奖登记活动，以各种方式对自愿登记的客户进行奖励，要求参加者填写他们的姓名、电话和地址等信息，这样的一些活动能够在短时间内收集到较大量的客户信息。此外，收集客户资料的方法还包括有奖登记卡和折扣券、会员俱乐部、赠送礼品、利用电子邮件或网站来收集，等等。

三、从外部获取潜在客户数据的渠道

幸运的是，尽管国内的数据营销的社会基础并不十分完善，但仍有很多的机会可以找到并获取相关的客户数据。这些数据一般都要通过购买、租用或是合作的方式来获取。以下是可能的潜在客户数据获取渠道。

1. 数据公司。数据公司专门收集、整合和分析各类客户的数据和客户属性。专门从事这一领域的数据公司往往与政府及拥有大量数据的相关行业和机构有着良好而密切的合作关系。一般情况下，这类公司都可以为营销行业提供成千上万的客户数据列表。在北京、上海、广州、深圳等国内大中城市，这类公司发展非常迅速，已经开始扮演数据营销领域的重要角色。

2. 目录营销与直复营销组织。这类组织直接给消费者打电话或邮寄产品目录，只要有合适的价格或目的安排，许多这样的公司都愿意分享他们的数据列表。

3. 零售商。一些大型的零售公司也会有丰富的客户会员数据可以获取。

4. 信用卡公司。信用卡公司保存有大量的客户交易历史记录，这类数据的质量非常高。

5. 信用调查公司。在国外有专门从事客户信用调查的公司，而且这类公司一般愿意出售这些客户的数据。

6. 专业调查公司。在消费品行业、服务行业及其他一些行业中，有许多专注于产品调查的公司。这些公司通过长期的积累和合作，积累了大量的客户数据。

7. 消费者研究公司。这类组织往往分析并构建复杂的客户消费行为特征，这类数据可以通过购买获取。

8. 相关服务行业。可以通过与相关行业有大量客户数据的公司进行合作或交换的方式获取客户数据。这类行业包括通信公司、航空公司、金融机构、旅行社、寻呼公司等。

9. 杂志和报纸。一些杂志和报纸也拥有大量的客户订阅信息和调查信息。

10. 政府机构。官方人口普查数据，结合政府资助的调查和消费者研究信息都有助于丰富客户数据列表。行政机关和研究机构往往也有大量的客户数据，如公安户政部门的户政数据、税务机关的纳税信息、社保部门的社会保险信息等。

阅读思考

推销员李君服务于一家小型零售公司。他每月都会在月初将一个月的行动计划列入计划表，并根据上个月的行动计划列出本月计划表，其预订的行动表以客户的采购金额、占有率为依据。他先计划好对每位客户每月访问次数的标准，然后制作成计划表，并根据上个月的情况，灵活地调整时间。

尽管制订一个推销计划要花很长时间，但优秀的推销员都会非常重视这项工作。主要是因为每月行动计划表是达成每月销售预算的基本程序。当然，每月行动计划表的内容，只是较粗略地描绘何时（何日）到何处（客户处）等事项。

李君会在每个星期六做好公司所规定的每周行动计划表。周计划表的内容包括事务的时间、地点、内容、对象等。制订周计划之后，还要随时对计划中所发生的偏差加以调整。这样，每月计划行动的偏差经过调整之后，虽然会改变对客户的访问预订日，但不会影响每月对客户的访问次数。并且，每次都能够使内容修正得更加具体、实际，减少因不当的访问活动而造成的浪费。制订周密的计划，是推销员成功的前提。

（张永:《推销员手册》，中国人事出版社 2000 年版）

思考题:

请总结李君制订推销计划的经验。

任务 2　明确客户需求

现实生活中，人们总是讨厌推销员向他们推销，但又总是喜欢购买。当客户察觉到推销员是在向他推销时，他就会怀疑推销员的真实意图，并且自然产生一种拒绝受你支配的状态。所以，一个成功的推销员，要设身处地地想一想，事先要准确分析客户的需求，让客户感到购买你所推销的产品是一种明智的选择。

情景训练

小李是同力教学设备公司的推销员，该公司是一家专业生产教学设备的公司。小李得知华英学校要将一些教室改建为多媒体教室，今后还将陆续改建全部教室。小李已与学校电教中心负责人有过前期接触，请你帮助小李开展客户需求调查。

客户需求调查表

为了使××公司能够为您提供更好的产品、更优质的服务，我们需要了解您的需要和要求，请根据您和您公司的情况做出符合您意愿的选择。

1. 您企业的经营种类是?

　□生产型　□销售型　□研发型　□服务型　□其他＿＿＿＿＿＿＿

2. 您的企业负责采购的部门是?

　□市场部　□宣传部　□采购部　□各部门单独采购　□其他＿＿＿＿

3. 您企业的广告宣传品的设计与制作是由哪个单位或部门完成的?

　□广告公司　□广告部　□展具供应商　□其他＿＿＿＿＿＿＿＿

4. 您选择目前合作的供应商的原因是?

　□服务　□价格　□质量　□种类　□习惯　□效率高

□沟通顺畅　□其他________________

5. 您希望目前合作的供应商在哪些方面做出改善？

□服务　□价格　□质量　□提供的产品的种类　□效率　□沟通顺畅

□售后服务　□其他________________

6. 您或您的企业对展具品质的要求是？

□很高　□结实耐用　□不高　□不同的用途有不同的要求

□一次性使用　□其他________________

7. 在价格相同的情况下，决定您最终选择的原因是？

□提供完善的取送货服务　□供应商的资质　□有过成功合作

□其他________________

8. 您公司或部门曾经采购过的产品有？

□拉网展架　□易拉宝　□X 展架　□POP 摇摇牌　□促销台

□灯箱　□亚克历（有机玻璃）制品　□喷绘　□其他________

9. 您公司或部门即将采购的产品有？

□拉网展架　□易拉宝　□X 展架　□POP 摇摇牌　□促销台

□灯箱　□亚克历（有机玻璃）制品　□喷绘　□其他________

10. 您公司或部门是定期制订采购计划吗？

□是，会在固定时间制订采购计划，采购时间是________

□不会，采购计划都是临时制订的

11. 您希望以何种方式收到有关展示促销用产品的更新信息？

□邮件（请留下您的 E-mail）________________

□邮寄新产品资料　□电话沟通

12. 您最不希望发生的问题是？

□交货期延迟　□产品质量与样品不符　□制作周期时间过长

□与供应商沟通困难　□其他________________

感谢您对我们工作的支持！

备注：________________________________

填表日期：　　年　月　日　　　　　　　填表人：

知识链接

一、客户需求分析工具

客户需求分析（$APPEALS）是一种了解客户需求、确定产品市场定位的工具。一般使用在市场规划和产品规划的细分市场中，因为它可以从多个维度、通过不同的权重来分析需求。$APPEALS一定会联系到细分市场，联系到竞争对手，涉及差异化分析和蓝海的价值创新（减少、增加、剔除、创新）。差异化可以说是理解市场和分析市场的一个重要内容，只有清楚了差异化才能够确立自己产品的核心竞争力。

客户需求分析法是IBM在IPD的基础上总结和分析出来的客户需求分析的一种方法。它从八个方面对产品进行客户需求定义和产品定位，具体如下：$——产品价格（Price），A——可获得性（Availability），P——包装（Packaging），P——性能（Performance），E——易用性（Easy to use），A——保证程度（Assurances），L——生命周期成本（Life cycle of cost），S——社会接受程度（Social acceptance）。

二、客户需求分析要点

探索客户需求，需要解决三个问题：一是为什么？为客户着想；二是想什么？了解和挖掘客户的期望；三是怎么做？积极倾听。

（一）客户的普通目标

对于大部分客户而言，他们的经营活动和使用行为中有三项可见的普通目标：一是增加销售，二是增加利润，三是产生效益。

（二）分析要点

推销员要想深入、透彻地了解客户，必须在日常的销售中牢记以下四个要点。

1. 分析客户的目标。不仅要了解客户的购买目标，亦须积极了解客户的经营目标以及其他目标。这不仅可以让推销员以较好的手段迎合客户，更可以让自己清楚最终获得的目标在客户总体目标中的位置与价值。

2. 认识客户的观点。推销员要积极、巧妙地了解客户对零售业状况、批发业状况、行业发展的主要观点，以避免我们与客户在销售时发生概念上不必要的冲突，而产生更多的异议和障碍。

3. 掌握客户的现状。推销员应全面掌握自己客户的现实状况，即使对经营状况好、发展稳定的客户，亦需仔细观察。有预见性地提出建议和意见，会帮助实现销售目标并增加在日后发言的分量。更重要的是，每一个人、每一个客户都希望能与具有策略性、有远见的伙伴进行合作。

4. 认识产品在客户中的表现。对于落后品牌来讲，推销员会提心吊胆地留意客户对自己品牌的每一个细微态度和要求，但往往忽略了竞争对手在客户那里的表现，尤其是同一档次对手产品的表现，因此不能透过客户对产品的评价来迅速准确地判定客户的要求和希望。所以，失去了增加订单或改进的机会。

对于领先品牌来讲，推销员往往会忽视客户对产品的看法，而将客户先前的良好评价当做终身评价，这种想当然的做法会令客户产生不受重视的感觉，导致客户转向其他品牌，或增加了其他品牌拓展的机会。

（三）六个普遍对客户有益的事

1. 节省时间。
2. 增加销售。
3. 降低成本。
4. 吸引更多客人。
5. 减少脱销现象。
6. 产生更多的利润。

阅读思考

香港著名企业家李嘉诚年轻时在一家塑胶厂当推销员，他推销产品时能根据不同对象采取灵活的方法。有一次，他推销一种新型产品——塑胶洒水器，但走了几家，该产品均无人问津。一天在上班前，他来到一家批发行，等职员上班后便开始推销。这时，清洁工正在打扫卫生，李嘉诚灵机一动，自告奋勇地拿洒水器帮清洁工洒水。耳听为虚，眼见为实。当前来上班的职员，目睹了洒水器的方便与实用时，他们自然很爽快地接受了李嘉诚的推销。

正是凭着自己的勤劳、机敏以及对用户心理和市场的准确把握，李嘉诚做推销的第一年就业绩骄人——年终统计，他的销售额是公司第二名的7倍。所以，“具有判断力也是成功的重要条件，凡事只要充分了解，详细研究，掌握准确资料，了解客户心理，自然能作出适当的判断”。

（李阳：《李嘉诚谈商录》，陕西师范大学出版社 2009 年版）

思考题：

请总结李嘉诚的推销技巧。

任务 3　拟定洽谈方案

洽谈方案是在谈判开始以前对谈判目标、谈判议程、谈判策略等具体内容和步骤预先所作的安排，是谈判者行动的指针和方向。拟定洽谈方案是准备推销洽谈的首要环节，包括洽谈的预期评价，确定推销洽谈的时间、地点，进一步核实顾客的基本情况，提供产品样品和服务的有关信息，选择推销洽谈的策略和方法，做好洽谈的心理准备等内容。制定合理的推销洽谈方案关系到推销的成败，要做大量的准备工作，比方对顾客基本情况的了解，就需要掌握顾客的姓名、年龄、职务、性格、偏好、工作作风、顾客本人及其所在部门的状况，等等。此外，为了能够达成购买意向还需要知道顾客的资金情况、是否有权购买、是否有迫切的需求动机，等等。只有准备到这样的程度，才能在推销洽谈中灵活地、有针对性地进行推销。

情景训练

杭城某知名商厦经装修，扩大了原有的营业面积，并准备拓展男女装商场，吸收一些新的厂商入驻，要求这些新的服装企业有知名的品牌，并且有固定的顾客群和良好的社会形象。本地某一服装厂准备进驻该商厦的女装商场，想通过该知名商厦树立企业的品牌形象，该厂是新近发展起来的，具有较强的经济实力，并且提供的服装品质优良、做工精细、款式时尚、价格合理。服装厂厂长也曾明确表示，如果顺利进驻该商厦，他们会配合商场搞促销活动。目前，已有不少的服装厂家正在与商厦的负责人员洽谈，其中几家是国内外著名的服装企业。

作为还未打出知名度的服装厂的厂长，你将如何与对方进行洽谈呢？请设计洽谈方案。

知识链接

一、洽谈方案的要素

在洽谈方案中，必须事先确定洽谈可能涉及的内容。洽谈的内容也应围绕顾客所关心的问题来确定。一般包括以下几个方面的要素。

（一）商品

商品包括商品本身及其规格、性能、款式、质量等，这是顾客最关心的内容。对于顾客来说，购买商品的目的就是要得到一定的使用价值，满足其消费的需要。对于中间商来说，购买商品是为了转卖，满足其实现赢利的需要。不管是中间商还是最终顾客，他们每个人所关心的产品的侧重点和要求各有不同。就拿产品的质量来说，商品要符合相关质量标准，如国家标准、行业标准、地方标准。不同顾客对质量的要求也是不同的，质量高的商品能引起一些顾客的购买欲望，有时候质量低的商品也会引起一部分顾客购买。对于个体顾客和生产者顾客而言，推销员介绍和洽谈应以商品的适用性为重点；对中间商来说，推销员应着重介绍商品的市场前景。

（二）价格

价格是推销洽谈中最敏感的问题，因为它涉及买卖双方的利益。推销员应该认识到，价格并非越低越好，价格低的商品不一定畅销，价格高的商品也不一定没有销路。因为任何顾客对商品价格都有自己的理解，顾客对价格有时斤斤计较，有时又不十分敏感，这主要取决于顾客需求的迫切程度、需求层次、支付能力和消费心理等。在价格洽谈中，推销员要在不违反公司政策的基础上，灵活运用价格这一敏感的洽谈焦点，针对顾客的不同要求，巧妙定价。比如，对价格比较敏感的顾客，推销员可以根据情况适当降价，或者提供性能、款式、价格略低于洽谈商品的方案供顾客选择；而对于价格不是很敏感的顾客，推销员可以适当提高价格，同时完善产品相关的维修保养、售后服务等，让顾客有超值的感觉。

（三）服务

服务是营销中不可或缺的一个环节，推销员要将自己公司所承诺的服务范围准确、真实地传递给顾客。告知消费者彼此之间的权责范围，以免发生不必要的纠纷。销售服务的内容一般包括以下四点：第一，兑现向顾客承诺的送货时间；第二，兑现向顾客承诺的送货方式、送货地点、运输方式等；第三，兑现向顾客承诺的提供零配件、工具、维修以及技术咨询和培训服务等；第四，兑现按照说明书的保修期限的免费安装、维修、退换、养护、保养等方面的服务等。

（四）结算条件

在洽谈方案中，结算问题都必须事先明确，其中包括结算的方式和时间。双方应本着互利互惠、互相谅解、讲求信誉的原则进行磋商。洽谈中要确定的主要内容有：采用现款还是本票、汇票、支票方式支付；是一次付清、延期一次付清，还是分期付清以及每次付款的时间和数额；在付款时间方面，是提前预付，还是货到即付或其他方式。

（五）保证条款

保证条款是指在交易过程中，买卖双方对买进、售出的商品要承担某种义务、责任，以保证双方利益的担保手段。这种协议实质上也是为了进一步明确双方在交易中的权利和义务，它是一种担保措施，也是纠纷解决的办法。通常情况下，为了避免纠纷，双方都要严格、谨慎地签订一份协议来保证交易的顺利进行。一些比较大宗的交易，为了降低风险，谨慎的双方往往会就双方履行和违约的有关权利、义务、纠纷诉讼、处理办法等事先进行协商，以免引起不必要的麻烦。

二、洽谈方案的主要内容

（一）谈判主题的确定

所谓的谈判主题，就是参加谈判的目的、对谈判的期望值和期望水平。不同内容和类型的谈判，有不同的主题。但在实践中，一次谈判一般只为一个主题服务。因此，在制订洽谈方案时，也多以主题为中心。

（二）谈判目标的确定

在谈判的主题确定后，接下来的工作就是使这一主题具体化，制订出具体的谈判目标。可分为三个层次：最低目标、可以接受的目标和最高目标。

（三）谈判议题的确定

确定谈判议题的第一步是把与本谈判有关的所有问题罗列出来，尽可能没有遗漏。第二步是根据对本方利益是否有利的标准，将所列出的问题进行分类。第三步是尽可能将对本方有利和对本方危害不大的问题列入谈判的议题，而将对本方案不利或危害大的问题排除在谈判的议题之外。

（四）谈判人员的确定

谈判小组成员是一个团队，除了必须具备相应的专业技术知识外，还必须具备一定的谈判经验，而且能够融洽地处理同事之间以及与谈判对手的关系。为了使谈判高效运作，一般的谈判小组成员为谈判专家、技术专家、财务专家、法律专家、后勤保障人员等。要根据谈判小组成员的特长进行合理分工，明确责任范围，重要的是解决在分工基础上的小组成员的全面合作问题。

（五）谈判时间的安排

谈判时间的安排原则是将对己方有利、己方想要得到而对方又有可能作出让步的议题排在前面讨论，而将对己方不利，或己方要作出让步的议题放在后面讨论。对前面一种议题安排尽可能多的时间，而对后一种议题则留出较少的时间。这样做实际上是以对方的让步，作为继续谈判以及己方让步的前提与条件。对方作了让步，己方可以让步，也可以不让步。总之，一开始就要使对方的较弱之处暴露出来，处于受攻击的地位，而己方的薄弱之处则尽可能深藏不露。

（六）谈判地点的选择

谈判地点的选择对商务谈判战术的运用有很大的关系。一般而言，谈判者往往根据自己在谈判中的实力与所处的形势而选择主场谈判、客场谈判，还是中立谈判。

（七）谈判的交易条件

在商务谈判中，不可避免地要进行讨价还价，谈判中的妥协让步也是理所当然的，然而绝对不是无限度的。这种限度就是谈判双方的最低目标，如果谈判的效果低于这个限度，谈判双方宁可终止谈判也不会达成交易。

三、拟定洽谈方案的基本要求

从形式上看，谈判方案应该是书面的，文字可长可短，可以是长达几十页的正式文件，也可以是短至一纸的备忘录。但一般来说，一个成功的洽谈方案应该注意以下三方面的基本要求。

（一）洽谈方案要简明扼要

所谓简明扼要，就是要尽量使谈判人员容易记住其主要内容与基本原则，在谈判中能随时根据方案要求与对方周旋。洽谈的方案越简单明白，谈判人员照此执行的可能性就越大。

（二）洽谈方案要具体

方案的简明扼要不是目的，还要与谈判的具体内容相结合，要以谈判的具体内容为基础，如果没有具体内容，就很难对它进一步概括，简明扼要地予以表达。谈判方案的内容虽有具体要求，但不等于把有关谈判的细节都包括在内。如果事无巨细，样样俱全，执行起来必然十分困难。

（三）洽谈方案要灵活

由于谈判过程千变万化，方案只是谈判前某一方主管的设想或各方面简单磋商的产物，不可能把影响谈判过程的各种随机因素都估计在内。所以，谈判方案还必须具有灵活性，要考虑到一些意外事件的影响，使谈判人员在谈判过程中能根据具体情况灵活运用。

阅读思考

1991 年的一个夜晚，美国一名谈判大师在家中接到一个电话，对方称自己在科威特石油公司的兄弟被伊拉克大独裁者萨达姆扣为人质，他想聘请他为谈判顾问，说花多少钱都愿意赎回他的兄弟。这位谈判大师告诉对方，他不用花一分钱赎金就能救回他的兄弟。

他联系了一名 CBS（哥伦比亚广播公司）的著名记者，问其是否愿意陪他去巴格达一趟，与萨达姆展开谈判，如果他愿意，就把独家采访权给他。时逢美伊激战正酣，真是天赐良机，记者非常乐意，但 CBS 总编却不同意记者冒险上战场。于是这位谈判大师又拿出第二套方案：在伊拉克临国约旦采访萨达姆。结果，萨达姆喋喋不休地对着电视说了两个小时之后释放了人质，而这正是那段时期萨达姆所释放的唯一人质。

这位谈判大师就是罗杰道森。

罗杰道森出生于英格兰，1962 年移民美国，用不到 30 年的时间就从一个普通移民变成总统顾问。在美国人的眼里，他就是英雄的化身，是现代美国梦的真实注脚。

前美国总统克林顿曾这样评价："他是我合作过的最有才华的伙伴，睿智、机敏、精力充沛。"作为克林顿内阁最重要的政治高参之一，罗杰道森被认为是当今世上最会谈判的人。

思考题：

请分析罗杰道森的谈判技巧。

项目二　说服销售

营销专家通过对大量销售人员的实际销售行为的观察，总结出了一个说服销售模式，这一模式被宝洁、联合利华、百事可乐、可口可乐等许多跨国公司所采用，是被广泛证明能够提高成功机会的模式，几乎所有的销售培训专家都会建议销售人员按照这一模式进行推销。说服销售是推销员了解客户的需求，为客户需求匹配适当的利益，通过沟通技巧将客户的需求和能得到的利益介绍给客户，并使他认可、购买的过程。洽谈的目的在于沟通推销动机，诱发顾客产生购买动机和欲望，说服顾客采取购买行动。成功的销售来自逻辑清楚的购买决策过程。说服销售的步骤一般包括陈述产品情况、洽谈销售计划、阐明销售建议以及预计问题及异议等。

任务 1　陈述产品情况

推销员在推销洽谈中要注意推销技巧，既要解答顾客的疑问，又要取得顾客的信任。优秀的推销员在推销产品之前会先推销自己，顾客对推销员会有天然的抗拒心理，如果不信任推销员，顾客是不会购买推销品的。同时，推销员要向顾客传递信息，介绍产品情况，让顾客认识产品的特性和用处。向顾客介绍产品信息是推销员应尽的职责和义务，同时也是赢得顾客信任、吸引顾客购买的基本因素。在陈述产品这一步骤中，必须首先引起客户的兴趣，运用沟通技巧，询问并进一步了解客户的真正需求，让客户了解到产品对于他们的利益和好处。

情景训练

小张是一家汽车销售公司的推销员，正在为顾客老王推荐一辆豪华轿车，通过分析观察，他发现老王自己不开车，配有专任的私人司机，对车老王也不是很了解，需求的重点只是“气派”两个字。假设你是小张，请运用角色扮演模拟小张向老王介绍产品的场景。

知识链接

一、推销员向客户陈述产品情况前要了解四个事实

在销售过程中，推销员并不是产品的消费者，他们首先考虑的是产品能为他们带来什么样的利益，比如能否增加销售，能否增加利润等。在实际的商业谈判中，销售人员要深入了解客户，尤其需要准确知道以下四个方面的事实：一是客户的目标是什么，二是客户的观点是什么，三是客户的现状如何，四是自己的产品在客户处的表现怎么样。

二、陈述产品情况给客户带来的六个利益点

除此之外，销售人员还必须了解客户主要希望得到的利益有哪些方面。销售专家发现，最重要的利益点一共有以下六种：一是节省客户的时间，二是扩大客户的销售，三是降低运营的成本，四是吸引更多的顾客，五是减少脱销现象，六是产生更多的利润。

在实际的说服销售过程中，必须牢牢记住以上所提及的四个事实和六个利益点，并在实践中加以灵活运用，才能够富有成效地达到目标。要使销售人员的业绩增加，最佳的方法是使产品的销售量有效地得到提升。在这方面，客户与公司的目标是一致的。要成功地做到这一点，关键是销售人员有没有如下两个方面的能力：一方面是新的市场拓展理念和开拓能力；另一方面是将上述理念转化成为一个符合逻辑的、容易使客户明白而且能够成功引导客户采取相应行动的销售介绍的能力。

三、陈述产品情况的内容

首先要对客户的情况作简要的说明，以使客户清楚地知道销售人员在提建议时已经了解和考虑了他们的具体情况。在陈述情况时，销售人员必须通过有效的方式引起客户的兴趣；如果实际情况与此相反，就要运用沟通技巧，

询问客户的真正需要。只有当客户表现出兴趣时，才可以进行下一步介绍。销售人员在陈述经营主张的时候，必须简明扼要、表述清楚，表述方式要符合客户的需要和兴趣，并且要告诉客户关于具体行动的建议。

四、陈述产品情况常见的三大问题

通过对一些销售人员实际销售行为的观察和统计，发现推销员在陈述产品过程中常见的问题有以下几种：一是在观察到的销售行为中，不到10%的销售陈述能够清晰地表述有效提升销售或者增加利润的计划。二是一些销售介绍并没有使客户明白实施该计划或者方案以后可以为他的公司带来什么利益。相反，销售人员只集中介绍产品及促销活动的特点，他们不清楚客户并不在意你的产品和活动，在意的是这些产品和活动能给他们带来哪些好处。三是与客户缺乏双向沟通，导致客户不能开放地讨论他的担心和疑虑。销售人员在假的异议或者次要的问题上纠缠不休，使得说服销售迟迟无法成功，有时甚至导致客户的反感。

因此，在进行说服销售的时候，销售人员必须预见客户会提出哪些问题，并对这些问题进行充分的说明。销售人员可以在进行说服谈判之前做好充分的准备，以减少异议的出现。

阅读思考

“先生，您好！本店新到了一些新式电子玩具，类型和样式很多，从低价到高价都有，低的三四十元，高的千元以上。因为是新式玩具，初销时价格较低。”

“此类玩具也在××等国家流行，它不仅对儿童成长有帮助，而且可以当做家庭装饰品。这样一来，您就不用愁玩具没处放了。”

“您瞧，这里有从最简单到最高级、最复杂的一系列玩具，制作质量很可靠，外形采用最新式的一体构造法，不易损伤。”

“如果您要购买，可以让你的小孩从简单的玩具玩起，然后再玩较复杂的玩具，这对于开发儿童的智力很有益处。”

“还有一点需要说明的是，这种玩具不仅适合儿童，而且更适合作为开发子女心智的教学工具，最高级的玩具类型结构较为复杂，可自己动手组装成另外一种你所喜欢的玩具，出售这类玩具的同时，我们将赠送一套组装零件，相信您一定会发现更多的功能。”

（吴必达：《第一次推销》，企业管理出版社 2003 年版）

思考题：

请分析本案例中陈述产品情况的优缺点。

任务 2　洽谈销售计划

推销员向客户陈述产品情况之后，需要与客户讨论销售计划。在进行说服销售的时候，针对销售人员提出的经营主张，客户一定会很在意下列问题：一是你提出的计划与他自己的情况是否相符，二是这个计划有没有可操作性，三是怎样执行这个计划，四是对他的公司或者他个人有什么好处，五是你对他有什么要求，六是这个计划是不是为他单独设计的。

情景训练

冯经理是杭州某一小商品市场的法定代表人，由于这几年专业市场的发展较快，冯经理的事业也像芝麻开花——节节高。眼看一个个摊位都被租掉了，冯经理心里有说不出的高兴。

一天，来了一位自称是广东的生意人李先生，说是看了小商品市场的生意如此红火之后，自己也想进场交易。冯经理一听是来做生意的，自然乐不可支，立即夸下海口，只要李先生来本市场做生意，市场一定尽力提供一切方便。接着，还说明了一些有关进场交易的事项。李先生听后表示同意所有条件，唯一的一个要求就是要一间位置好、客流量大的门面，并承诺只要地段好，价格不是主要问题。冯经理一听立即就答应了下来。送走了李先生后，冯经理静下心一想，好像目前市场上的摊位差不多都租完了，别说好的摊位，可能连差一点的摊位都难找到一间。想到这里，冯经理马上就把市场管理部小王叫来，询问还有哪些空余的摊位。小王说在西区拐角处还有一个摊位，并打趣说，别看位置差，客流量并不少。因为该摊位的后面是一个厕所，上厕所的顾客都会经过该摊位。这下冯经理可犯难了，现在仅有这么一个摊位，李先生能接受吗？更何况，他明天就要来市场办理登记手续。

根据上述情景，作为冯经理，明天该如何与李先生商量呢？

知识链接

洽谈销售计划是一项专业性和艺术性都很高的工作。在充分了解客户需求和做好洽谈准备的前提下，推销员还必须针对不同的谈判对象和情境，恰当地运用洽谈的各种方法。推销员与客户洽谈销售计划的方法可以分为诱导法、提示法和演示法三种。

一、诱导法

诱导法是指推销员在推销洽谈时，为了引起顾客的兴趣，激发顾客的购买欲望，从谈论顾客的需要与欲望出发，巧妙地把顾客的需要与欲望同推销品紧密地结合起来，诱导顾客明确自己对推销品的需求，最终说服其购买的方法。这种方法在推销谈判中最能引起顾客的兴趣，有利于营造一种融洽的气氛，有利于最终说服顾客。

运用这种方法，推销员必须注意的是：第一，推销员必须在推销洽谈的准备阶段，了解顾客的需要与愿望。如果在推销洽谈前不清楚顾客的需要与愿望，推销员要在与顾客的接触中，如通过聊天、提问等方法，发现顾客的需要与愿望。第二，明确指出顾客的需要与愿望。第三，把顾客的需要与愿望同推销品紧密地联系起来。

二、提示法

提示法是指推销员通过言语和行动，提示顾客产生购买动机，促使其作出购买决策和购买行为的推销洽谈方法。提示法可分为直接提示法、间接提示法、动意提示法、明星提示法、逻辑提示法、积极提示法、消极提示法和联想提示法等。

（一）直接提示法

直接提示法是指推销员开门见山，直接劝说顾客购买其所推销的产品。

这是一种被广泛运用的推销洽谈提示方法。这种方法的特征是推销员接近顾客后立即向顾客介绍产品，陈述产品的优点与特征，然后建议顾客购买。这种方法能节省时间，加快洽谈速度，符合现代人的生活节奏，所以很具优越性。

（二）间接提示法

间接提示法是指推销员运用间接的方法劝说顾客购买产品，而不是直接向顾客进行提示。例如，可以虚构一个顾客，或一般化地泛指。使用间接提示法的好处在于可以避免一些不方便直接提出的动机与原因，因而使顾客感到轻松、合理，从而容易接受推销员的购买建议。在运用间接提示法时，推销员应根据不同类型的顾客、不同的购买动机，有针对性地使用。

（三）动意提示法

动意提示法是指推销员建议顾客立即采取购买行动的洽谈方法。当一种观念、一种想法与动机在顾客头脑中产生并存在的时候，顾客往往会产生进行某种行为的冲动。这时，推销员如果能够及时地提示顾客实施购买行动，效果往往不错。例如，当一个顾客觉得某个产品不错时，推销员觉察到并及时提示顾客："这种款式很好卖，这是最后一件了。"只要提示得及时合理，效果一般不错。

（四）明星提示法

明星提示法是指推销员借助一些有名望的人来说服、动员顾客购买产品的方法。明星提示法迎合了人们求名的情感购买动机，另外由于明星提示法充分利用了一些名人、名家、名厂等的声望，可以消除顾客的疑虑，使推销员和推销产品在顾客的心目中产生明星效应，有力地影响顾客的态度，因此，推销效果比较理想。

（五）逻辑提示法

逻辑提示法是指推销员利用逻辑推理劝说顾客购买的方法。它通过逻辑的力量，促使顾客进行理智思考，从而明确购买的利益与好处，并最终作出理智的购买抉择。逻辑提示法符合购买者的理智购买动机。

（六）积极提示法

积极提示法是推销员用积极的语言或其他积极方式劝说顾客购买其所推销产品的方法。所谓积极的语言与积极的方式可以理解为肯定的、正面的提示，热情的、赞美的语言等会产生积极的效果。例如：“欢迎参加我们社的旅游团，安全又实惠，所看景点又多又好”，“你看，这是摩托车手参加比赛的照片，小伙子们多神气！他们戴的是我们公司生产的头盔。”

（七）消极提示法

消极提示法是指推销员不是用正面的、积极的提示说服顾客，而是用消极的、不愉快的，甚至是反面的语言及方法劝说顾客购买产品的方法。例如：“听说了没有，过了 60 岁，保险公司就不受理健康长寿医疗保险，到那时要看病可怎么办?”用的就是消极提示法。消极提示法包括遗憾提示法、反面提示法等，它运用了心理学的褒将不如贬将、请将不如激将的道理，因为顾客往往对“不是”、“不对”、“没必要”、“太傻了”等词句的反应更为敏感。因此，运用从消极到不愉快，乃至反面语言的提示方法，可以有效地刺激顾客，从而更好地促使顾客立即采取购买行为。

（八）联想提示法

联想提示法是指推销员通过向顾客提示或描述与推销有关的情景，使顾客产生某种联想，进而刺激顾客购买欲望的洽谈方法。联想提示法要求推销员善于运用语言的艺术去表达、描绘，避免刻板、教条的语言，也不能采用过分夸张、华丽的词藻。这样的语言方能打动顾客，感染顾客，让顾客觉得贴切可信。

三、演示法

日本丰田汽车公司一个不可动摇的原则是：“一个优秀的推销员不只靠产品说话，而且要善于利用各种推销工具。”通常，顾客是根据推销员对产品的介绍来购买产品的，如果推销员备有促进推销的小工具，则更能吸引顾客，激发他们的兴趣和好奇心，引发他们的购买欲。并且，人们有“耳听为虚，眼见为实”的心理，演示法很好地抓住了人们的这种心理。演示法就是推销员通过操作示范或者演示的途径介绍产品的一种方法，根据演示对象即推销工具的类别，演示法可分为产品演示法、行动演示法、文字或图片演示法等。

（一）产品演示法

产品演示法是指推销员通过直接向顾客展示产品本身来说服顾客购买的洽谈方法。推销员通过对产品的现场展示、操作表演等方式，把产品的性能、特色、优点表现出来，使顾客对产品有个直观的了解。现代推销学原理认为，推销品本身就是一个沉默的推销员，是一个最准确、最可靠的产品信息来源，再生动的描述与说明，都不能比产品自身留给消费者的印象更深刻，即所谓百闻不如一见。

产品演示法的作用有两个：一是形象地介绍产品，有助于弥补语言对某些产品，特别是技术复杂的产品不能完全讲解清楚的缺陷。产品演示法通过产品本身生动形象地刺激顾客的感觉器官，使顾客从视觉、嗅觉、味觉、听觉、触觉等感觉途径形象地接受产品，起到口头语言介绍所起不到的作用。二是证实作用。产品演示法可以制造一个真实可信的推销情景，直观了解胜于雄辩。

运用产品演示法时应注意：第一，应根据产品的特点选择演示的内容和方式。第二，应根据顾客的特点特别是顾客的购买动机与利益需求，来选择演示的重点内容、方法、时间、地点等。第三，应根据推销洽谈进展的需要，选择适当的时机进行演示。第四，应注意演示的步骤与艺术，最好是边演示边讲解，并注意演示的气氛与情景效应。第五，积极鼓励顾客参与演示，使顾客亲身体验产品的优点，从而产生认同感与占有欲望。第六，在运用产品演示法时，推销员要坚持产品实体的展示，并且要求演示的产品具有优良的质量，演示时要重点突出推销品的特殊功能与同类产品主要的差别优势，以取得良好的演示效果。但是，产品演示法的运用也有一定的局限性，对于过重、过大、过长、过厚的产品以及服务性产品等，不适合采用实际产品现场演示法，但可以采用产品模型或样本演示的方式。

（二）行动演示法

行动演示法是指推销员运用非语言化的形式向顾客展示推销品的优点，

以提示顾客采取购买行为的一种方法。这一方法的运用，不仅能吸引顾客的注意和兴趣，而且通过现场展示与使用推销品，给顾客一种真实可信的感觉，可以很直观地暗示与激励顾客采取购买行动。行动演示法只适合那些简单的、便于携带、便于表演的产品。

（三）文字与图片演示法

文字与图片演示法是推销员展示用以赞美与介绍产品的图片或文字等，劝说顾客进行购买的方式。在不能或不便直接展示产品的情况下，推销员通过向顾客展示推销品的文字、图片、图表、音像等资料，能更加生动、形象、真实可靠地向顾客介绍产品。在借助音像、影视设备来展示产品时，应做到动静结合、图文并茂，以收到良好的推销效果。

阅读思考

小赵是一位婴儿车推销员，他向一位商场经理推销婴儿车。但是，经理告诉他，商场今年的婴儿车采购任务已经完成，不需要再采购了。听经理这样一说，小赵马上就说："经理，您一定看出来了，我是一个推销新手。早就听说您在商界的名气，今天我来拜访您，其实主要并不是想向您推销，更多的是向您请教、学习商业经验。希望您能够多帮助我们年轻人。"经理说："不好意思，我今天没空，改天再说吧！"推销员见好就收："那我今天就不再打扰您了。"过了几天，小赵登门求教，经理见这个年轻人很虚心上进，就和他聊了起来，两人相谈甚欢。经过几次交流，两人发现了很多共同点，逐渐成了忘年交。等到下次商场采购婴儿车时，经理自然就采购小赵公司的，而且经理还向不少商界朋友大力推荐他，为他拉来不少业务。

（冯华亚:《推销技巧与实践》，清华大学出版社 2008 年版）

思考题：

小赵向商场经理推销婴儿车业务成功的原因是什么？

任务 3　阐明商务建议

说服销售模式是通过客户渗透成为了解市场和客户生意的专家，向客户阐明商务建议，核心是利益性销售，对于推销员来说，不断练习是提高说服性销售技巧的唯一成功途径。

情景训练

你经营的是一家啤酒批发点，正与某家零售店的经理进行业务磋商。该经理要求你提供的啤酒每瓶必须削价0.05元，否则他们宁可转向其他批发点购买不同品牌的啤酒。该零售店每年5—10月份向你订购的啤酒多达5000箱（每箱12瓶），如果每瓶减价0.05元，全年即少收利润达3000元。

面对零售店经理的要求，你如何向他阐述你的商务建议？

知识链接

推销员需要向顾客阐明商务建议，告诉顾客接受产品带来的好处和利益。在建议过程中，过分注重技巧是不好的，但是，有效的技巧依然是可用的。只要使用恰当，是能够促使销售成功的。

一、阐明商务建议的技巧

（一）倾听技巧

所谓倾听技巧，就是在推销洽谈的过程中，推销人员不要一味地口若悬河、滔滔不绝，不给顾客表达自己思想的机会，要善于倾听。在推销谈判中，倾听能发掘事实真相，探索顾客的真实想法，并且通过倾听能够获得顾客的好感，容易判断顾客的意图，减少或避免推销中的失误。所以，听往往比说还重要。推销人员在倾听顾客谈话时要做到以下几点：一是听时要专注。一般来说，思维的速度比说话要快4倍。因此，人们往往容易在听的时候思考别人的问题，找到顾客的需求，从而寻找洽谈的方法策略。二是听时要鉴别。要善于听出顾客言语中所蕴含的观念和用意，若顾客故意含糊其辞，则可以要求对方解释清楚。三是要容忍一些可能触犯你的话，让对方讲完，不要中途打断或驳斥。四是倾听后要积极回应。对方阐述观点时，在听的同时，推销人员要做出积极的回应，此时不需要长篇大论、喧宾夺主，用少量是非判断词语或语气词回应即可，例如：啊、是、对，等等。

（二）语言技巧

推销洽谈是推销人员与顾客双方在洽谈中不断磋商、互相妥协、解决分歧，以求最终达成双方均可接受、彼此获益的协议过程。为此，推销人员应当熟练掌握一定的语言技巧，以保证推销洽谈的顺利进行。这种语言技巧具体可以分为阐述技巧、提问技巧、回答技巧、沟通技巧等。

1. 阐述技巧。在洽谈中，阐述是说明自己一方的观点。但有时为了争取主动，切不可过早地表明己方的立场、观点、目标。因此往往先请对方做阐述，通过倾听了解对方的意图后，己方再根据对方的立场有针对性地阐明观点。阐述时可以有针对性地叙述说明对方关心的问题，力求做到言语准确、翔实，不可用“好像、大概、差不多”等含混词语。有时涉及一些机密问题，需要有技巧地回答，例如，该产品的成本价是多少？据说贵公司产品是从××地区进货的？等等。

2. 提问技巧。推销人员在洽谈中，为了摸清对方意图，表达己方的意愿，往往需要向顾客提出问题。在提问时，要做到：(1)提出的问题最好是范围界限比较清楚的，这样顾客的回答才会有具体内容；(2)提出的问题应是促进洽谈成功的关键性问题；(3)提问时切忌提出令人难堪或不快，甚至有敌意的问题，以免伤害顾客感情，使洽谈陷入僵局；(4)提问态度要谦和友好，用词要恰当、婉转，注意提问的时间性，不要随便打断顾客的讲话，要耐心听完对方的讲话后再提问。

3. 回答技巧。在推销洽谈中，对于顾客的提问，推销人员首先要坚持诚实的原则，给予客观真实的回答，赢得顾客的好感和信任。但是，有时顾客为了自己的利益，提出一些难题或者是涉及企业秘密的问题，推销人员就应该使用一些技巧来回答。回答顾客提问时有以下技巧：(1)回答时要有条有理，言简意赅，通俗易懂；(2)对于一些不便回答的问题，应使用模糊语言，向对方透露一些不太确切的信息或者回避问话中的关键问题，转移话题，偷换主题，也可采取反攻法，要求对方先回答自己的问题，或者找借口，用一些客观理由表示无法或暂时无法回答对方问题；(3)倘若对方明确反对己方的观点，甚至言辞过于激烈、情绪激昂，为避免直接的冲突，推销人员要用幽默的语言，委婉含蓄地表达，避免出现僵局，使洽谈破裂。

4. 沟通技巧。

（1）赢得顾客的信任。顾客往往是首先对推销员形成一定评价以后，再来评价产品的，顾客很难相信一个自己不信任的推销员所推销的产品。所以，赢得顾客对自己的信任，是推销员在推销面谈中首先应该做的工作。

（2）说明产品给顾客带来的利益和价值。当赢得顾客的信任之后，推销员就开始尽量将顾客的注意力转移到产品上。推销人员应该运用各种方式向顾客阐明并让其相信产品对自己的好处。

（3）提供生动、有利的证据。推销员自说自话往往很难让顾客真正相信，为了说服顾客，推销员需要向顾客提供相应的证据证明自己的观点，赢得顾客的信赖。

（4）与顾客保持长期关系。无论推销成功与否，推销员都应该与顾客建立一种长期的关系，这可以为下一次推销打下良好的基础，同时顾客也可以帮助你寻找、联系更多的顾客，提高你的推销业绩。

二、与顾客达成协议成功的四个条件

达成协议意味着说服销售获得成功，这需要以下几个条件：一是积极而自信的态度。它必须基于介绍给客户的是优质产品或者提供的促销计划能真正帮助客户达成他们的目标，满足他们的需求。二是对所要完成的任务有一个明确的认识。销售人员必须清楚地知道自己要达到什么样的目标。三是了解一些不同的达成协议的技巧，并且懂得在不同情况及不同客户中运用最适合的一种技巧。根据实际的观察，有的客户要在情势紧迫时才作决定，此时销售人员应该适当表示强硬，但要注意把握一个度，否则容易导致反目；有些客户在听取介绍后需要销售人员反复作出保证；有些客户则不喜欢滔滔不绝的介绍，在很多时候销售人员需要保持沉默；有的时候需要立即采取行动，有的时候则动不如静。四是善于捕捉客户语言之外的信号。要注意认真听取客户的发言，观察他的表情和动作，辨认客户同意达成协议的信号。如果接收到客户同意的信号，并且已经提供了足够的资料告诉对方，那么就应该立即行动，明确提出条件以达成协议。

三、阐明商务建议应注意的要点

阐明商务建议需要注意以下几点：一是写下自己的目的，尽力向客户提供帮助和支援，使客户对自己所购买的产品及作出的购买选择能由衷地满意。二是记住你的策略，引导客户理解并感受到你在销售准备时的构思。在销售介绍中，销售员还要根据客户的需求变化随时调整自己的构思。三是时刻牢记有四种情况会阻碍客户去购买商品：不信任、无需求、无帮助、不急需。四是基于说服销售的方式，你应该告诉客户，凡是你该做到的，你都能做到，并让客户仔细了解你的销售目的，明确销售过程和他们的收益，以此建立客户对你的信任。五是留心倾听和总结归纳，让客户知道你已明白他的想法。六是根据客户需求，明确告知可帮助的与无能为力的情况，并将可提供帮助的情况，通过介绍类似事例加以强化。对于无能为力的情况应向客户提供可提供帮助的人选或方向。七是告诉客户，采用何种方式可获得最大收益而风险最小。

阅读思考

在美国有一个叫布鲁金斯的营销学会，以培养世界最杰出的推销员著称。克林顿任总统期间，学会给学员们出了这样一个题目：请把一条三角裤推销给克林顿总统，8年间无数个学员都无功而返。克林顿卸任后，布鲁金斯学会把题目换成：请将一把斧头推销给小布什总统。绝大多数人都放弃了，但有一位名字叫乔治·赫伯特的推销员却做到了，他因此声名远播。

赫伯特是怎样成功地将一把斧头推销给总统的？他回答说："我认为，将一把斧头推销给小布什总统是完全可能的，因为布什总统在得克萨斯州有一个农场，里面长着许多树。于是我给他写了一封信，说："有一次，我有幸参观您的农场，发现里面长着许多菊树，有些已经死掉，木质已变得松软。我想，您一定需要一把小斧头，但是从您现在的体质来看，这种小斧头显然太轻，因此您仍然需要一把不甚锋利的老斧头。现在我这儿正好有一把这样的斧头，它是我祖父留给我的，很适合砍伐枯树。假若您有兴趣的话，请按这封信所留的信箱，给予回复……最后小布什总统就真的给我汇来了15美元。"

思考题：

谈谈本案例给你的启发。

项目三　报价还价

任务 1　报价

报价阶段是推销洽谈双方分别提出协议的具体交易条件，是开局阶段开场陈述的具体化，它涉及谈判双方的基本利益，因此报价是推销洽谈十分重要的阶段，是洽谈的核心和关键。报价是商务谈判的一个重要阶段，交易条件的确立是以报价为前提的。报价不仅表明了谈判者对有关交易条件的具体要求，集中反映着谈判者的需要与利益；而且通过报价，谈判者可以进一步分析、把握彼此的意愿和目标，以便有效地引导谈判行为。报价不仅指价格方面的要求，还包括价格在内的整个交易条件。在报价阶段，谈判者的根本任务是正确表明己方的立场和利益。谈判一方在向另一方报价时，首先应该弄清楚报价时机与报价原则。一般而言，在对方对推销品的使用价值有所了解后才报价，对方询问价格时是报价的最好时机，报价时最好按照产品等级报价，价格有高有低，便于对方结合自身情况综合考虑。报价时一般要坚持做到表达清楚、明确，态度坚定、果断，不主动对自身价格做解释，尽量留有充分的磋商余地，便于对方讨价还价。

情景训练

谈判双方分别是：甲方为舟山渔业总公司，乙方为舟山对外贸易总公司。年底甲方船队在远洋捕钓作业，获得大丰收，创历史最高产量，但由于国内市场需求量不大，产品销售成为一大难题。而当年，乙方与日本某公司签订1万吨的鱿鱼买卖合同，于年底交货。两个公司都在同一地区，所以对对方的情况比较了解，甲方认为，在国内市场上，当时只有自己有这么大的供应量，而乙公司到期交不了货要交违约金100万元，乙方与日方的交易价格是15元/公斤；乙方则认为，甲方如果不尽快处理掉这批货，将损失400万元左右，所以想把价格压在6元/公斤。当时舟山地区的鱿鱼交易价为6元/公斤。

通过对以上材料的分析，作为甲方的谈判人员应该如何报价？

知识链接

报价阶段是谈判过程中有关交易内容的实质性阶段。必须强调的是，这里所说的报价，并不单指谈判双方提出的价格条件，还包括向对方提出的有关交易的所有要求。报价阶段的主要任务有：向对方提出己方的交易要求，对对方报价进行还价，把握让步的幅度和时机。

一、报价原则

1. 报价之前先设定一个“最低要求”，即最差的但仍可以接受的谈判终极结果。它是谈判成功的临界点，也是己方让步的极限。设定“最低要求”的优点有：第一，谈判者可以避免接纳不利条件；第二，谈判当事人可借此来限制谈判者的权力。

2. 报价时必须报出合理的最高价，即提出的要求虽然是很高的，又是适当的、可谈的。

3. 报价时态度要坚定，充满自信。因为当双方都在察言观色、揣摩对方的意图、判断虚实之际，无论谁报价时表现出犹豫，都会相应地提高对方进攻的信心。

4. 报价表达要明确、清楚。明确是指谈判者在报价时所运用概念的内涵、外延准确无误；清楚则指用于表达概念的语言要恰如其分，而不是含糊不清。

二、报价策略

（一）报价起点策略

价格谈判的报价起点策略通常是，作为卖方，报价起点要高，即“开最高的价”；作为买方，报价起点要低，即“出最低的价”。商务谈判中这种“开价要高，出价要低”的报价起点策略，由于足以震惊对方，被国外谈判专家称为“空城计”。对此，人们也形象地称为“狮子大张口”。

显然，谈判双方报价起点的这种“一高一低”的策略，是合乎常理的。不可能是“一低一高”，因为那是不符合实际的；也不可能是“一中一中”，因为那只可能是经过数轮讨价还价后的结果。从对策论的角度看，谈判双方在提出各自的利益要求时，一般都含有策略性虚报的部分。这种做法，其实已成为商务谈判中的惯例。同时，从心理学的角度看，谈判者都有一种要求得到比他们预期得到的还要多的心理倾向。研究结果表明，若卖方开价较高，则双方往往能在较高的价位成交；若买方出价较低，则双方可能在较低的价位成交。

“开价要高，出价要低”的报价起点策略，有以下作用。

1. 这种报价策略可以有效地改变对方的盈余要求。当卖方的报价较高，并振振有词时，买方往往会重新估算卖方的保留价格，从而价格谈判的合理范围会发生有利于卖方的变化。同样，当买方的报价较低，并有理有据时，卖方往往也会重新估算买方的保留价格，从而价格谈判的合理范围便会发生有利于买方的变化。

2. 卖方的高开价，往往为买方提供了评价卖方商品的价值尺度。因为在一般情况下，价格基本上总是能够反映商品的价值。人们通常信奉“一分价钱一分货”，所以，高价总是与高档货相联系，低价自然与低档货相联系。这无疑有利于实现卖方更大的利益。

3. 这种报价策略中包含的策略性虚报部分，能为下一步双方的价格磋商提供充分的回旋余地。因为，在讨价还价阶段，谈判双方经常会出现相持不下的局面。为了打破僵局，往往需要谈判双方或其中一方根据情况适当作出让步，以满足对方的某些要求和换取己方的利益。所以，开盘的“高开价”和“低出价”中的策略性虚报部分，就为讨价还价过程提供了充分的回旋余地和必要的交易筹码。

4. 这种报价策略对最终议定成交价格和双方最终获得的利益具有不可忽视的影响。这种“一高一低”的报价起点策略，倘若双方能够有理、有利、有节地坚持到底，那么，在谈判不致破裂的情况下，往往会达成双方满意的成交价格，从而使双方都能获得预期的物质利益。

当然，价格谈判中这种报价起点策略的运用，必须基于价格谈判的合理范围，必须审时度势，切不可漫天要价和胡乱杀价，否则，就会失去交易机会和导致谈判失败。

（二）报价时机策略

价格谈判中，报价时机也是一个策略性很强的问题。有时，卖方的报价比较合理，但并没有使买方产生交易欲望，原因往往是此时买方正在关注商品的使用价值。所以，在价格谈判中，应当首先让对方充分了解商品的使用价值和为对方带来的实际利益，待对方对此产生兴趣后再来谈价格问题。经验表明，提出报价的最佳时机，一般是对方询问价格时，因为这说明对方已对商品产生了交易欲望，此时报价往往能水到渠成。

有时，在谈判开始的时候对方就询问价格，这时最好的策略应当是听而不闻。因为此时对方对商品或项目尚缺乏真正的兴趣，过早报价会徒增谈判的阻力。这时应当首先谈该商品或项目能为交易者带来的好处和利益，待对方的交易欲望已被调动起来再报价为宜。当然，对方坚持即时报价，也不能故意拖延，否则，就会使对方感到不受尊重甚至使其反感，此时应善于采取建设性的态度，把价格同对方可获得的好处和利益联系起来。

（三）报价表达策略

报价无论采取口头或书面方式，表达都必须肯定、干脆，让人感觉不能再做任何变动和没有任何可以商量的余地。而“大概”、“大约”、“估计”一类模糊词语在报价时使用，都是不适宜的，因为这会使对方感到报价不实。另外，如果买方以第三方的出价低为由胁迫时，你应明确告诉他：“一分价钱一分货”，并对第三方的低价毫不介意。只有在对方表现出真实的交易意图时，为表明至诚相待，才可在价格上开始让步。

（四）报价差别策略

同一商品，因客户性质、购买数量、需求急缓、交易时间、交货地点、支付方式等的不同，会形成不同的购销价格。这种价格差别，体现了商品交易中的市场需求导向，在报价策略中应重视运用。例如，对老客户或大客户，为巩固良好的客户关系或建立起稳定的交易联系，可适当实行价格折扣；对新客户，有时为开拓新市场，亦可给予适当让价；对某些需求弹性较小的商品，可适当实行高价策略；对方“等米下锅”时，价格则不宜下降；交货地点远程较近程或区位优越者，应适当加价；一次付款较分期付款或延期付款，价格可给予优惠，等等。

（五）报价对比策略

价格谈判中，使用报价对比策略，往往可以增强报价的可信度和说服力，一般有很好的效果。报价对比可以从多方面进行。例如，将本商品的价格与另一可比商品的价格进行对比，以突出相同使用价值的商品的不同价格；将本商品及其附加各种利益后的价格与可比商品不附加各种利益的价格进行对比，以突出不同使用价值的商品的不同价格；将本商品的价格与竞争者同一商品的价格进行对比，以突出相同商品的不同价格等。

（六）报价分割策略

这种报价策略，主要是为了迎合买方的求廉心理，将商品的计量单位细分化，然后按照最小的计量单位报价。采用这种报价策略，能使买方对商品价格产生心理上的便宜感，容易为买方所接受。

三、常见的报价方式

所谓报价方式，就是指报价的方法及形式，包括交易条件的构成、提出条件的程序及核心内容的处理等。简单地说，报价方式解决的就是如何报价的问题。

如果双方的关系良好，又有长时间的合作关系，报价就不宜过高，如果双方冲突较大，那么报价必须以能维护己方的合理利益为前提。如果本方有多个竞争对手，那就必须把报价压低到至少能获得邀请参与谈判的程度。谈判中，一般有两种典型的报价方式可供我们借鉴。

（一）高价报价方式

高价报价方式普遍被西欧国家厂商采用，因此称为西欧式报价。这种方式的一般做法是，卖方首先提出留有较大余地的价格，然后根据谈判双方的实力对比和该项交易的外部竞争状况，通过给予各种优惠，如数量折扣、价格折扣、佣金和支付条件方面的优惠（延长支付期限、提供优惠信贷等），逐步接近买方的条件，建立起共同的立场，最终达到成交的目的。这种方式与前面提到的有关报价原则是一致的。只要能稳住买方，使之就各项条件与卖方进行磋商，最后的结果往往对卖方是比较有利的。

（二）低价报价方式

低价报价方式也称为日本式报价，这种方式一般是把最低价格列于价格表中，唤起买方的兴趣。而这种低价一般以对卖方最有利的结算条件为前提，并且与此低价格对应的各种交易条件实际上又很难全部满足买方的需求。只要买方提出改变有关的交易条件，卖方就可以随之相应提高价格。因此，最终成交的价格，往往高于卖方最初的要价。

在面临严峻的外部竞争时，日本式报价是一种比较有效的报价方式。首先，它可以排除竞争对手的威胁，从而使己方与卖方的谈判能够现实地发生。其次，其他卖主退出竞争之后，买方原有优势地位就不复存在，他将不能以竞争作为向卖方施加压力的筹码。这样，双方谁都不占优势，卖方就可以根据买方在有关条件下所提出的要求，逐步地提高他的要价。

阅读思考

1975 年 12 月，在柏林召开的欧洲共同体各国首脑会议上，进行了削减英国支付欧洲共同体经费的谈判。其他各国首脑原来以为英国政府可能希望削减 3 亿英镑，从谈判阶段实际出发，撒切尔夫人会首先提出削减 3.5 亿英镑。因此，他们就在谈判中，提议可以考虑同意削减 2.5 亿英镑。估计这样的讨价还价谈判下来，会在 3 亿英镑左右的数目上达成协议。可令首脑们瞠目结舌的是，撒切尔夫人坚持己见，在谈判桌上，始终表现出不与他国妥协的姿态，欧洲共同体其他各国首脑简直拿这位女士没有任何办法，不得不迁就撒切尔夫人，结果不是在 3.5 亿英镑，也不是在 2.5 亿英镑和 10 亿英镑的中间数——6.25 亿英镑，而是在 8 亿英镑的数目上达成协议，即同意英国对欧洲共同体每年负担的经费削减 8 亿英镑。撒切尔夫人获得了谈判的巨大成功。

思考题：

撒切尔夫人成功谈判的原因在哪里？

任务 2 还价

还价阶段是卖方的反击阶段，卖方在还价阶段的技巧包括掌握还价的时机、方式、次数和谈判原则等。这个阶段同时也是买方应战的阶段，同样要掌握好还价的时机。

情景训练

有一位企业家想卖掉四间平房迁居国外。当时许多人登门报价，想买下房子。其中B的报价比其他买主的报价高出许多。这个报价吸引了卖主，卖主于是回绝了其他买主。当卖方要与B办理买卖手续时，没想到B提出这房子对面有处公共厕所，夏季气味难闻，表示最多以原报价的四分之三的价格成交。卖主已辞掉了其他买主，且急于出国，最后不得不降价出售。

买主B采取了何种还价方法？如果你是卖主应如何应对？

知识链接

还价是谈判者针对对方的报价所作出的反应。通常，当谈判的一方报价后，另一方不会无条件地全部接受，而是使用一定的方法积极地还价。

一、还价起点的确定原则

还价起点是指第一次还价的价位。还价起点的确定对谈判的进程有重要影响。从买方来说，还价太高有损于还价方的利益，还价太低则显得缺乏诚意，均不利于推销谈判的正常进行。

还价起点受到以下三个因素的制约：预定成交价、交易物的实际成本和还价次数。预定成交价是卖方根据自己的预算所确定的可以接受的成交价格。从理论上讲，还价起点应在预定成交价之内。还价还必须考虑对方接受的可能性。事实上，买方的第一次还价很少立即为卖方接受。因此，买方在确定还价起点时即应考虑对方的再次攻击及自己的防守余地。若能一次还价成功，还价起点可适当提高一些。

还价起点要接近成交目标，至少要接近对方的保留价格，以使对方有接受的可能性。否则，对方会失去交易兴趣而退出谈判，或者己方不得不重新还价而陷于被动。还价起点的确定有三个参照因素：一是报价中的水分；二是成交差距，即对方报价与己方准备成交的价格目标的差距；三是还价次数。总之，通盘考虑上述各项因素，确定好还价起点，才能在价格谈判的讨价还价范围内划出有利于己方的边界。

二、还价的时机

还价时机选择得当可以减少还价次数，改善还价效果，因此还价时机是一个十分重要的问题。首次还价应在报价方对报价作了调整后进行，其最佳时机是报价人对报价做了两次调整之后。在讨价还价中，双方都不能确定能走多远，能得到什么，因此，时间越久，局势就越有利于有信心、有耐力的一方。压价可以说是对抬价的破解。如果是买方先报价格，可以低于预期进行报价，留有讨价还价的余地；如果是卖方先报价，买方压价，则可以采取多种方式。

三、常见的还价方法

（一）比照还价法

比照还价法指谈判者通过对对方报价的分解分析，对比参照报价，按照一定的升降幅度进行还价的策略方法。运用比照还价法的主要条件有以下两点。首先，弄清对方真正期望值。它可以从以下几个方面入手：第一,检查对方报价的全部内容；第二,询问如此报价的原因和根据；第三,对方在各项主要交易条件上有多大灵活性。其次，判断谈判形势，分析双方讨价还价的实力。具体地说，一是分析对方报价中哪些东西是必须得到的，哪些是他希望得到的，但不是非得到不可的；二是分析对方报价中哪些是次要的，而这些恰恰是诱惑对方让步的筹码；三是分析己方还价中，哪些是对方可以接受的，哪些是对方不能接受的，哪些是对方急于讨论的；四是分析对方报价后可能成交的范围。

运用比照还价法应注意的事项如下：一是判断还价的方式。还价的方式从性质上讲可分为按比价还价和按分析的成本还价，这两种性质的还价又可具体分为逐项还价、分组还价和总体还价三种。二是确定还价的起点。即以什么条件作为第一个还价，这是还价的最关键问题，对谈判将起决定性的影响。确定还价起点，一要看对方的报价与己方拟定的成交方案之间有多大差距。二要看己方准不准备在还价后让步及让步的程度。三是把握还价的次数和时间。还价次数取决于谈判双方手中有多少筹码。比如谈判项目小，报价水分不大，则还价不宜太多。还价时间即什么时候提出还价，还价时间应视具体情况而定。

（二）反攻还价法

反攻还价法指谈判者采用反路攻击的办法，部分否定甚至全部否定对方报价的一种策略方法。

利用反攻还价法，必须做好如下工作：一是反攻资料的准备。即己方根据报价的内容和自己所掌握的价格比价的资料，推算出对方的虚价及其程度大小。二是反攻对策的准备。即当对方报价之后，运用提问、倾听、观察等手段，了解报价一方的谈判动向。三是反攻的实施安排。反攻前筹划工作的主要目的是通过对面临的问题分门别类，分清问题的轻重缓急，设计出相应的对策，为达到这一目的，谈判者通常的做法是列出两张表，并以此为依据同对方交涉。这两张表中一个是提问表。这是一种依据谈判议程、洽谈时间先后将所提问题排序以备用的做法，它使谈判者明白什么时候应该谈什么问题。另一个是实施要点。这是一种谈判双方把即将质问对方的主要问题一一列出，然后加以解答的做法。通常的内容是：一方以合同条款的形式写出不能做出让步的交易条件，另一方列出可优惠对方具体项目和让步的幅度。

（三）吹毛求疵还价法

吹毛求疵还价法是指谈判者采用挑剔的方法提出部分真实、部分夸大的意见，试图否定对方报价的方法策略。吹毛求疵策略，能使谈判一方充分地争取到讨价还价的余地，如果能善加运用，无疑会使一方大受其益，而买方恰到好处地提出挑剔性问题，是运用吹毛求疵策略的关键所在。只有掌握了商品的有关技术知识，才有助于对商品进行正确的估价，才能将毛病挑到点子上，使对方泄气。一般来说，买方的挑剔范围是在商品质量性能等使用价值和成本价格、运输等方面寻找“疵点”。如果你在吹毛求疵时，面面俱到，抓不住重点，击不中要害，不但不足以说明问题，还会引起对方的怀疑，认为你在故意刁难他，这样，谈判就很难进行下去了。吹毛求疵的方式常常采用对比法，即将商品及其交易条件与其他商品和交易条件相比较，使卖方不得不承认自己的弱点和不足，伺机予以攻击，实现自己的谈判意图。另外，对一些优质产品、名牌产品，不能一味贬低，对某些商品的贬低如果过火，可能会激怒对方。

（四）列表还价法

列表还价法是经常采用的冲突性较小的一种还价法。由于双方已有长期的合作关系，彼此信任度较高，采用列表还价可加快谈判进程。其具体做法是列两张表：一张是己方不能让步的问题和交易条件，常可写成合同条款形式；一张是己方可以考虑让步或给予优惠的具体项目，最好附上数字，表示让步的幅度和范围。

（五）条件还价法

如果双方想法和要求差距很大，并都坚持不让步时，谈判就会陷入僵局。这种局面是双方不愿意看到的。为打破僵局，争取谈判成功，常采用条件还价法，即以让步换取让步。如对方不肯在价格上再作变动，则在同意这种价格的同时，要求对方放宽其他条件。在实际的谈判中，有经验的人员在对方反复多次要求让步的情况下，为争取较好的经济效果还常用“权限不足”，以诚恳态度告诉对方，自己已无权再做让步。老练的推销人员，会运用“欲抑先扬”的技巧，用轻松的、真诚的语调，赞扬对方是讨价还价能手，自己远远不及，等等。

阅读思考

中国F公司与日本H公司有意谈判引进压敏元件的制造技术。H公司技术先进且成熟，在世界同行业中名列前茅。H公司派了4位代表与F公司5位代表谈判，根据F公司询价，H公司的技术费报价约为1100万美元。在技术交流后，即进入价格解释、评论阶段。F公司主谈希望H公司分解1100万美元报价，并解释如何计算而来。H公司态度十分傲慢，不愿细说，要求F公司还价:行，就继续;不行，也别费时间。经F公司反复讲理，H公司主谈就是不为所动，一定要F公司还价。F公司主谈与同事商量后，给出了120万美元的还价。拿到F公司的还价单，H公司主谈看后，即把它揉成一团，扔到纸篓里，说了句:“贵方的还价是对我公司技术的侮辱!”夹起皮包带着其他人员离开了谈判间，再也没回来。

（丁建忠:《商务谈判》(第二版) 教学案例，中国人民大学出版社2007年版）

思考题:

1. 如果F公司坚持不还价，H公司谈判人员会不会走呢？F公司的还价真的侮辱了对方吗?

2. 为什么H公司的谈判人员会采取如此谈判的态度，对待这类谈判对手用什么办法效果更好呢?

综合项目训练

你作为校内生产性实习基地——杭州卡邦贸易有限公司的推销人员，现与某名优特农副产品公司进行代理权谈判，请组建谈判团队，根据实际拟订洽谈方案，分组模拟谈判场景，并用DV拍摄谈判过程，做好谈判记录。

情境五 处理异议

学习目标

- 了解客户异议的表现形式及其根源；
- 掌握处理异议的基本要领；
- 掌握处理客户异议的各种方法；
- 能准确判断客户异议背后的实际原因；
- 能准确把握处理客户异议的时机；
- 能够娴熟运用多种方法有效处理客户异议。

推销的过程，也是人与人交流的过程，推销人员要与客户保持和谐融洽的关系，对于客户的不同意见或反对意见应采取宽宏大度的态度，尽量避免与之争论，更不能发生冲突。因为推销的目的并不是辩明谁是谁非，推销的过程也不是澄清事实的研讨会，而是提供合适的产品和服务来满足客户的需求。正确对待并妥善处理客户异议，是推销人员必须具备的一项基本能力。作为推销人员必须认识到，只有积极对待客户异议，认真分析异议产生的原因，采取灵活的策略和方法，有效地对客户异议加以转化和引导，才能最终说服客户、促成交易。

入门导读

某推销员去一家商场推销一种包装比较简陋，售价为 35 元的清洁器。他向经理说明了来意，对方明显表现出不感兴趣的态度，当推销员把样品呈现给经理看时，他不屑地说:“这个小东西就要 35 元啊，包装还是这么差，一看包装就知道不上档次，像劣质产品。”可是推销员并不在意。他一声不响地从提包里拿出事前准备好的一包碎头发、一团白棉花和一小块地毯。经理及其办公室里的人员都好奇地看着他。推销员看了大家一眼，然后将碎头发洒在地毯上，又把白棉花团在地毯上搓了搓。接着推销员对大家说："我们的衣服上，家里的布艺沙发上、地毯上常常会粘上灰尘、头发和宠物的毛发等，这很难清除。即使用清水清洗，有时都很难办。别发愁，大家看……"说着，推销员拿起清洁器在地毯上来回推了几下，刚才还粘着碎头发和白毛毛的地毯一下子就干净了。再看清洁器的表面沾满了地毯上的杂物。

办公室里的人都感叹清洁器的良好效果。他们有的人还拿过清洁器在地毯上试试，有的把清洁器拿在手上端详，有的说："包装这么差，还要35元，贵了。"

推销员没有正面回答，说："这个清洁器是我们公司的专利产品。"说着，他把专利证书的复印件递了过去，说："这是我们的专利证书。乍一看我们的这种清洁器产品，35元好像贵了点，但是它能反复清洗使用5000多次，平均每次花费不到6分钱。每次花6分钱，就能给我们的生活带来这么大的方便，您说贵吗？我们还替客户着想，不让客户花费太多，所以使用最简易的包装，降低了价格。要不它就不会卖30多元了，而是40多元或50多元了。这种生活用品是以实用为主，商品的包装能起到保护商品的作用就够了。客户花35元购买我们的清洁器，是不用付包装费的。"

办公室里的人终于被推销员说服了，现场订购了500个清洁器。

该案例中推销员灵活地运用处理客户异议的方法，化解了客户的异议，从而达成了交易。

（钟立群，《现代推销技术》，电子工业出版社2005年版）

项目一　分析异议

异议是推销活动中客户提出的不同意见或反对意见，从销售活动的实际情况看，几乎每一笔交易，推销员都会遇到客户种种反对意见。因为经验表明，嫌货的才是买货人。客户之所以提出有关异议，说明对推销员的推销产生了兴趣，尤其在进行大宗交易或推销耐用消费品的时候，客户越有兴趣购买，就越会认真地思考，也就会提出越多的意见。

任务1 识别异议的表现形式

客户异议往往是处于保护自己的目的，其本质不具有攻击性，但它的后果可能会影响推销的成功，有的还可能形成舆论，造成对推销活动不利的影响。要消除异议的负面影响，首先要识别客户异议的类型，并分析客户异议背后的真正原因，然后才能采取相应的办法予以处理。

情景训练

推销员小王花了很长时间说服一位新客户进货，可客户最后说价格太贵，本地区不宜销售。事实上其他已经在销售小王公司产品的零售商，他们的优惠条件还不如这位新客户。小王该如何对待这位新客户提出的价格问题?

知识链接

一、客户异议的概念

客户异议是指客户针对推销员及其在推销中的各种活动所做出的一种反应，是客户对推销品、推销员、推销方式和交易条件发出的怀疑和抱怨以及提出的否定或反对意见。在实际推销过程中，推销员会经常遇到“对不起，我很忙”、“对不起，我没时间”等，被客户用来作为拒绝购买推销品的言辞，这就是客户异议。

二、客户异议的类型

从客户异议的主观原因来看，可以分为三种类型。

1. 借口，即客户并非真正是对推销品不满意，而是由于别的不便于说明的原因而提出异议。

2. 真实的意见，即客户确实有心接受推销品，但从自己的利益出发对推销品或推销条件提出质疑和探讨。

3. 偏见或成见，即客户从主观意愿出发，提出缺乏事实根据或不合理的意见。

从客户异议指向的对象来看，可将客户异议分为以下几种类型，这是最主要的分类法。

1. 产品异议：也称质量异议，是指客户对产品性能、作用、质量和用途等提出不同的看法，是属于推销时的一种常见异议。

2. 价格异议：指客户认为推销品的价格太高，不能接受，表现为讨价还价。真实的价格异议最主要的原因是想少出钱，当然也有别的原因。当客户认为产品的价格与他所估计的有出入时，也会提出反对意见。

3. 财力异议：指客户认为他支付不起购买产品所需的款项，也称为支付能力异议。

4. 权力异议：也称为决策权力异议，是指推销员在拜访客户或推销洽谈中，客户或主谈者表示无权对购买行为做出决策。这在实际推销洽谈中会经常遇到。

5. 购买时间异议：是指客户有意拖延购买时间，说明自己将来会对该推销品有需求，表示以后购买。它说明客户不是不买，而是现在还不买这种推销品。

6. 货源异议：是指客户对推销品来源于哪家企业和哪个推销员而产生的不同看法。

7. 需求异议：是指客户提出他根本不需要推销员所推销的产品。可能是客户已有或不需要该推销品，也可能是客户以此作为拒绝的借口。

除了上述异议之外，根据客户异议是否能被转化，可将客户异议分为可转化异议和不可转化异议；根据客户异议的内容与实际关心的内容之间的关系，可将客户异议分为真实异议和虚假异议；根据客户异议的表达方式可将客户异议分为口头异议、行动异议、表情异议等。

总之，客户异议是多方面的。然而，表面上提出的各种异议是否真实，是否反映客户的真实想法，是否会对推销产生真正的障碍，还需要推销员认真加以研究。因此，从众多的异议中分辨出真假就成了当务之急。一般而言，真实的异议通常较容易应付，而虚假的异议则往往令推销员头痛。对此，切勿表现出软弱，可以理直气壮地问客户："如果我能解决你所提出的困难，你将会和我订立合同吗？"如何回答是肯定的，他的异议便是真实的，但如果他立即提出其他问题，则表明他没诚意，一般可以让推销活动告一段落了。

阅读思考

推销员经常面临的10种异议

1. 婉言谢绝： “我不需要这样的新品。” “没有理由现在就买新产品。” 2. 别无选择： “我尽了力，但是我不得不听家人的意见。” “你的价格太高了，我不得不购买他人的产品了。” 3. 贬低弱化： “我不认为这种产品对我们有多大的价值。” “花这些钱可能不值得。” 4. 寻找托辞： “我暂时不打算购买。” “我无权决策。” 5. 百般狡辩： “我很想买，但是我没钱。” “公司不景气，我们没有预算。”	6. 竭力诋毁： “听人说这种产品经常出现故障。” “你们公司的售后服务不及时。” 7. 是的，但是： “你的建议很好，但这超越了我的权限。”“我们已经做了预算，但是现在面临重组。” 8. 无能为力： “等我能说服我老板，我马上就会购买。”“我无权处理这件事情。” 9. 发泄抱怨： “我无权作出决策的。” “我老板不喜欢这种样式，我也没有办法。” 10. 捏造事实： “我们的物流系统很好，我们是在缩减供应商数量。” “我们公司转产了，不需要你的产品了。”

任务2　洞悉异议背后的真相

客户既然提出异议，一定有他的理由。所以，对持有异议的客户，要尊重、理解、体谅他，并找出异议的真正原因，然后帮助他、说服他。另外，推销员还要学会洞察客户的心理，认真分析客户的各种异议，把握住到底哪些是真实的异议，而哪些是客户拒绝购买的托辞，并探寻其异议背后的“隐藏动机”。产生客户异议的根源是错综复杂的，但只要你不断地总结与探索，总会找到解决的方法。

情景训练

假设你是客户，请设定异议的话中之话。

1. 客户的异议：价格太贵，其他品牌的同类产品要比这低 20%。
   您的意思：
2. 客户的异议：我一向用海飞丝的洗发露，为什么要换？
   您的意思：
3. 客户的异议：不想改用不熟悉的新产品！
   您的意思：
4. 客户的异议：目前没有需要，以后有需要再找您。
   您的意思：
5. 客户的异议：我用过后效果不理想，很多病人都在抱怨。
   您的意思：
6. 客户的异议：看产品不熟悉，产品的说明又不贴切。
   您的意思：
7. 客户的异议：这件事我做不了主，需要跟上司请示了再说。
   您的意思：

知识链接

一、客户异议产生的根源

客户异议产生的根源是多种多样的，既有必然因素又有偶然因素，既有可控因素又有不可控因素，既有主观因素又有客观因素，既有来自客户方面的因素又有来自推销方面的因素，既有客户愿意说明的原因，又有客户不愿说明、不想被他人知道或者连客户本人也搞不清楚、说不明白的原因。由于引起客户异议的各种原因之间互相联系、互相影响，使异议变得更为复杂和难以捉摸，但归纳起来主要有以下四个方面的原因。

（一）客户方面的原因

1. 客户的自我保护。人有本能的自我保护意识，在没弄清楚事情之前，会对陌生人心存恐惧，自然会心存警戒，摆出排斥的态度，以保护自我。

当推销员向客户推销时，对于客户来说推销员就是一位不速之客，推销品也是陌生之物。即使客户明白推销品的功能、作用其实是自己所需要的，但他也会表现出一种本能的拒绝，或者提出这样那样的问题乃至反对意见，绝大多数客户所提出的异议都是在进行自我保护，也就是自我利益的维护。他们总是把得到的与付出的做比较。因此，推销员要注意唤起客户的兴趣，提醒客户购买推销品所能带来的利益，才能消除客户的不安，排除障碍，进而达成交易。

2. 客户未认识到自己的需要。推销员对于因为缺乏认识而导致需求异议的客户，应进行深入、全面的调查，确认客户需求。然后，从关心与服务客户的角度出发，通过摆事实、讲道理使客户认识与发现需求。这就是推销员对客户需求的启发、引导与教育。

3. 客户缺乏支付能力。需要注意的是，有的客户不愿承认自己缺乏支付能力而用其他种种理由拒绝购买，从而影响推销员的判断。

4. 客户没有决策能力。如“这个事我做不了主，您等我们一把手回来再说吧”、“这个事情不属于我们管理的范围，实在很抱歉”等。因此，推销员在客户资格审查阶段，要对客户的需求、支付能力和决策能力进行严格的评估。

5. 客户有比较固定的采购关系。大多数客户在长期的生产生活过程中，往往与某些推销员及其所代表的企业形成比较固定的购销合作关系。当推销员不能令客户相信他会得到更多的利益与更可靠的合作时，客户是不愿意轻易舍弃老关系的。

6. 客户的自我表现。有的客户因个性所致，喜欢通过反对与批驳推销员来表现自己，他们希望借此显示自己的多识、高明、消息灵、有办法……推销员应以耐心、包容的态度对待这类客户的异议。

7. 客户对推销品的不了解。很多客户不是产品的行家，而且随着现代科技的发展，产品更新速度越来越快，产生异议和排斥是不可避免的。对此，推销员不仅应熟知产品，而且应掌握各种展示与讲解的方式，能以各种有效的形式与深入浅出的语言向客户介绍产品。

8. 客户的购买经验与成见。客户的成见是指客户根据个人的生活经历、以往的经验和习惯，或根据道听途说，在推销员推销前形成的对推销员、推销品、生产经营企业固有的片面看法。通常，这是一些不符合逻辑、带有强烈感情色彩的反对意见，很不容易对付，对推销员十分不利。例如，“说得好听，一旦商品出了问题，你们公司根本不会解决。”“你们的信誉不好。”对于这类客户，推销员单凭讲道理是解决不了问题的。推销员首先要找到客户形成偏见的原因，消除客户的不良印象，然后再推销产品。

9. 客户的情绪不好，心情欠佳。人的行为有时会受到情绪的影响。推销员和客户约好见面，但是客户临时遇到不开心的事情时，就很可能提出各种异议，甚至恶意反对，借题大发牢骚，肆意埋怨。此时，推销员需要理智和冷静，正视这类异议，做到以柔克刚，缓和气氛。反之，就可能陷入尴尬境地。

（二）推销品方面的原因

1. 推销品的质量。推销品的质量包括推销品的性能（适用性、有效性、可靠性、方便性等）、规格、颜色、型号、外观包装等。如果客户对推销品的上述某一方面存在疑虑、不满，便会产生异议。当然，有些异议确实是因为推销品本身有质量问题，有的却是对推销品的质量存在认识上的误区或成见，有的是客户想获得价格或其他方面优惠的借口。对此，推销员可以尽量强调产品的性能及其给客户带来的利益，适当提供售后服务保证，避免夸大产品的质量，要承认确实存在的质量缺陷。

2. 推销品的价格。美国一项调查显示，有 75.1%的推销员在推销过程中遇到有价格异议的客户。几乎所有的客户都会提出价格异议，客户产生价格异议的原因主要有：客户主观上认为推销品价格太高，物非所值；客户希望通过价格异议达到其他目的；客户无购买能力，等等。处理这种异议，一般情况下应坚持以下原则：合理确定产品的价格，强调价格与质量的统一性，强调降价与成交的一致性。

3. 推销品的品牌及包装。商品的品牌一定程度上可以代表商品的质量和特色。在市场中，同类同质的商品就因为品牌不同，售价、销售量、美誉度都不同。一般来说，客户为了保险起见，也就是客户为了获得较高的心理安全度，通常在购买商品时会挑选名牌产品。

商品的包装是商品的重要组成部分，具有保护和美化商品、有利于消费者识别、促进产品销售的作用，是商品竞争的重要手段之一。一般客户都喜欢购买包装精巧、大方、美观的商品。

可见，无论是品牌还是包装，它们都是商品的有机组成部分。如果客户对它们有什么不满，也可能引起客户异议，推销员要能灵活处理，企业也应该重视商品的品牌创建和商品包装。

4. 推销品的销售服务。商品的销售服务包括商品的售前、售中和售后服务。在当前的销售活动中，客户对销售服务的要求越来越高，各厂家也竞相在服务方面展开竞争。如果推销员不能提供比竞争对手更好、更多的服务，给客户更多的附加利益，客户就会提出异议。

在实际的销售过程中，客户对推销品的服务异议主要有：推销员未能向客户提供足够的产品信息和企业信息，没能提供客户满意的服务，对产品的售后服务不能提供一个明确的信息或不能得到客户的认同等。

对企业来讲，商品的销售服务是现在乃至将来市场竞争中最有效的手段，推销员为减少客户的异议，应尽其所能，为客户提供一流的、全方位的服务，以赢得客户，扩大销售。

（三）推销员方面的原因

客户的异议可能是由于推销员素质低、能力差造成的。例如，推销员的推销礼仪不当；不注重自己的仪表；对推销品的相关知识一知半解，缺乏信心；推销技巧不熟练等。因此，推销员能力、素质的高低，直接关系到推销洽谈的成功与否，推销员一定要重视自身修养，提高业务能力及水平。

（四）企业方面的原因

在推销洽谈中，客户的异议有时还来源于企业。例如，企业经营管理水平低，产品质量不好，不守信用，知名度不高等。这些都会影响客户的购买行为，客户对企业没有好的印象，自然对企业所生产的商品就不会有好的评价，也就不会去购买。

二、区分客户异议的真假

在推销过程中，出于各种各样的原因，客户会提出形形色色的异议。尽管存在异议，但并不表示产品不能满足客户的需求或是客户没有购买的欲望。恰恰相反，当有人告诉你他们不想买这种产品的原因时，他是在表达一种意愿，他希望知道更多支持他应该购买的理由。

在推销中，很多失败的交易并非是客户没有需要，而是推销员不能完全明了客户的意图，当客户提出的异议是假的异议时，你根本不必计较，只要一笑而过就可以了，然后从客户的行为和言语中抓住他真正关心的点，进行有的放矢的说明，才不会白费力气。而当客户的异议就是针对产品的不足或者是明确表示出自己不需要时，推销员就应该立刻放弃对这种产品的推销，而转向找一款适合客户的产品来与客户沟通。那么，推销员怎样来辨别客户异议的真假呢?

（一）仔细倾听

认真倾听别人的讲话是一种美德，而当客户向你陈述他的异议时，你就更应该集中精力仔细倾听，因为那其中隐藏的玄机可以有效地帮助你解决难题。在倾听客户异议过程中，其实不难发现，有时客户会提出一些与产品关系并不大的问题，譬如：“现在市场上的产品谁敢买啊，都是些假冒伪劣的……”针对这种异议，推销员就要灵活处理了，比如你可以默不作声，等客户说完，再用自己的真诚和热情引导客户进入愉快的沟通氛围。而有些客户的异议，却是十分具体且有针对性的，他们需要推销员给予确定的答复。这时，就需要推销员运用平时积累的知识和经验应答了。

（二）仔细观察

有时，一些客户不太想了解你所售的产品，所以他可能在你介绍的过程中，做出如下的动作：翻出包里的手机不断看时间；眼睛看着窗外，不停更换坐姿；陷入一种无意识状态，想自己的事情，对你的话好像根本没听到……在这种情况下，客户提出的异议一般都是假的异议，推销员不必太在意，如果此次推销无法顺利进行了，你可以和客户约其他时间，但不可以直接批评客户说他对你不礼貌。

（三）留意客户的反应

当你解答完客户的异议后，如果他还是支支吾吾，不能下定决心购买，那么通常有两种可能：一是客户根本就不想买，二是你的解答不能让客户消除疑虑。此时，你就需要对症下药了，针对第一种情况，你需要付出更多的真诚和耐心，而第二种情况，推销员要从自己身上找原因，寻找一种适合客户的解答方法。

总之，不同的客户在提出异议的背后都有着不同的关注点，有的是关注商品的价格，有的是关注商品的质量，有的是关注商品的性能。推销员在客户提出这些异议时要能洞悉异议背后的真相，把客户的异议变成展现产品优势的一个契机，向客户提一些他们不得不回答的问题，否定它们的正确性，并提供满足他们预期的信息和利益，这样才能达到交易成功的目的。

阅读思考

小李是一个办公用品推销员。这天，他带着公司最新款的打印机来向一个客户推销。

小李："王总，这款打印机在目前市场同类产品中是最先进的了，它不光具有普通打印机的所有功能，而且还有红外和蓝牙接口，轻而易举地就可以帮您打印相机和手机中的相片，这就省去了您跑洗印店的时间，而且……"

王总："你说的这些都非常吸引人，可是我们公司只需要一台最普通的打印机就可以了。"

小李："哦，原来是这样啊，那您看看我们公司另外这台打印机的性能，它具备了打印机的基本性能，而且最重要的是，相对于市场上其他同类产品，我们是最物美价廉的了。"

王总："让我来仔细看看……"

分析：阅读材料中客户所提出的异议就是真的异议，因为公司没有对新款产品的需要，所以推销员很聪明地将话锋一转，介绍了一款适合这家公司的打印机。

（[日] 三宅寿雄、王宝玲,《为什么没有业绩——提升销售业绩的48个技巧》，中国纺织出版社2009年版）

项目二　处理要领

“推销是从顾客的拒绝开始的”。客户异议是推销活动过程中的必然现象。客户的每一次拒绝都是我们攀向成功的阶梯。美国著名推销大师汤姆·霍普金斯就曾把客户的异议比作金子，他说：“一旦遇到异议，成功的推销员会意识到，他已经达到了金矿；当他开始听到不同意见时，他就是在挖金子了；只有得不到任何不同意见时，他才真正感到担忧，因为没有异议的人一般不会认真地考虑购买。”

任务 1　尊重客户异议

不论客户的异议有无道理，推销员首先要表现出欢迎的姿态，对客户表示尊重。因为客户之所以购买产品，并不完全处于理性的思考，其中还有情感因素起作用。在推销工作中，推销员应当尊重客户在买卖活动过程中的一切。所谓“客户至上”，这就是其中的一个体现。

情景训练

一位卡车推销员过去是司机，他对自己销售的卡车非常熟悉。在推销中，只要有人挑剔他的车，他就立即与之辩论，因为他经验丰富，他经常是辩论的胜者。每当他走出客户办公室的时候，他总是自豪地说：“我又教训了他一次。”事实上他确实以他丰富的产品知识和经验教训了很多客户，但是最终他也没有卖出去几辆车。

这位卡车推销员为什么最终也没有卖出去几辆车？如果你是这位卡车推销员，你会怎么做呢？

知识链接

最好的建议都会有人反对。客户异议是多方面的，只有妥善处理各种客户异议，才能有效地达成交易。下面介绍处理客户异议的一般原则。

一、尊重客户的购买异议

在客户提出购买异议时，推销员应当表现出极大的关心和兴趣，要认真听取，让客户畅所欲言，充分发表意见。即使客户反复提出某种异议，推销员也要耐心听取，不得有半点轻视或忽视的表情，更不可打断客户的发言。这样，当推销员回答客户提出的问题时，客户也会认真听取。尊重客户的购买异议，还表现为不得故意歪曲异议的内容和性质。处理客户异议必须实事求是。如果推销员无意或有意夸大客户异议的性质，客户就会纠缠不清，从而阻碍成交；如果缩小了客户异议，会引起客户反感，还可能因此产生新的异议。

二、尽量避免与客户发生争吵

客户异议是客户对推销品、推销员及其推销行为的不同看法，因而极易引起争论，甚至在客户与推销员之间发生极不愉快的争吵。从销售心理学上讲，客户的购买决策既受到客户理智的控制，也受到客户情感的影响，而且情感的影响经常占上风。一旦争吵发生了，就表明推销员的推销工作是失败的，因为争吵的过程也是伤害客户感情、失去推销机会的过程。俗话说："和气生财"，无论客户异议如何不当，无论客户态度如何粗暴，推销员都不应当争吵，应以理智的态度、良好的心境和平缓的语气去耐心说服，争取客户的合作与支持。

三、设法破解有关秘密异议

购买异议有公开和秘密之分。公开异议是指客户用各种方式直接向推销员提出的各类购买异议，秘密异议则是隐藏在客户内心深处的有关购买异议。由于某些特定的原因，客户对推销物品与推销行为的反对意见不愿外露，不愿轻易向推销员表达出来，这实际上加大了推销员处理客户异议的难度。在实际推销工作中，有些客户一方面明确提出种种无关的异议或借口，另一方面又隐藏真实的异议，声东击西，妨碍成交。对于客户的秘密异议，推销员的首要工作就是设法破解，通过各种手段把这些秘密异议转化为公开异议，在此基础上，找出异议的真实根源，运用适当的技巧，妥善处理这些异议。

四、谨防卷入各种无关异议

在推销过程中，客户有可能提出一些与推销活动毫不相干的无关异议，对此，推销员应尽量回避。所谓无关异议，是指客户在推销过程中所提出的与推销活动本身没有直接联系的各种反对意见。推销员的主要任务是说服客户，达成交易，而不应抓住客户提出的无关异议大做文章。无关异议的根源十分复杂，推销员完全没有必要去处理那些与推销不相干的问题，应该尽量回避各种与购买无关的异议。如果推销员卷入无关异议，就会浪费推销时间，甚至失去成交机会，有百害而无一利。

上述是推销员处理各种客户异议的一般原则，依据这些原则，推销员可以更好地把握处理各种异议的界限和分寸。当然，在实际运用中要注意具体情况具体对待。处理客户异议，既要讲究原则，更要讲究方法，只有灵活运用最恰当、最有效的处理方法，才能成功地处理好各类客户异议。

阅读思考

有个人很善于做皮鞋生意，别人卖一双，他往往能卖几双。在一次谈话中别人问他做生意有何诀窍，他笑了笑说："要善于示弱。"接下去他举例说："有些客户到你这里来买鞋子，总是东挑西拣到处找漏子，把你的皮鞋说得一无是处。客户总是头头是道地告诉你哪种皮鞋最好，价格又适中，式样与做工又如何精致，好像他们是这方面的专家。这时，你若与之争论毫无用处，他们这样评论只不过想以较低的价格把皮鞋买到手。这时，你要学会示弱，例如，你可以恭维对方确实眼光独特，很会选鞋；自己的皮鞋确实有不足之处，如式样并不新潮，不过较为结实罢了；鞋底不是牛筋底，但不会踩出笃笃的响声；不过，柔软一些也有柔软的好处……你在表示不足的同时也侧面赞扬了一番这鞋子的优点，也许这正是他们瞧中的地方，可使他们动心。客户花这么大心思不正是表明了他们其实很喜欢这种鞋子吗！善于示弱，满足了对方的挑剔心理，一笔生意很快就能成功。"这就是他的妙招，示弱并不是真示弱，只不过顺着客户的思路，用一种曲折迂回的方法来俘虏对方的心罢了。

（中国劳动咨询网，www.51labour.com）

思考题：

这位皮鞋商的妙招给了你什么启示？

任务 2　应对异议前做好准备

作为推销人员，既要认识到异议产生的必然性，对客户提出的异议在态度上予以充分的尊重，但为了更好地应对和处理异议，必须在与客户洽谈前就做好准备。

情景训练

结合自己体验式营销训练，就某一次商品推销活动中客户可能提出的异议进行详细的汇总，并准备回答的方案。

知识链接

“不打无准备之仗”，是推销员战胜客户异议应遵循的一个基本原则。推销员在走出公司大门之前就要将客户可能会提出的各种拒绝列出来，然后考虑一个完善的答复。面对客户的拒绝事前有准备就可以胸中有数，从容应付；事前无准备，就可能不知所措，或是不能给客户一个圆满的答复以说服客户。日本著名的推销员川端正时之所以能用十五分钟的时间把《大英百科全书》推销给那些中小企业的员工和铁路局的工人，是因为川端正时在长期的实践中，把客户可能提出的异议进行了详细的汇总，并计算答复这些异议的准确时间，创造了“十五分钟推销术”，从而获得了令人惊讶的推销成果。加拿大的一些企业专门组织专家收集客户异议并制订出标准应答语，要求推销员记住并熟练运用。

编制标准应答语是一种比较好的方法，具体程序如下。

步骤 1：把大家每天遇到的客户异议写下来。

步骤 2：进行分类统计，依照每一异议出现的次数多少排列出顺序，出现频率最高的异议排在前面。

步骤 3：以集体讨论方式编制适当的应答语，并编写整理成文章。

步骤 4：大家都要记熟。

步骤5：由老推销员扮演客户，大家轮流练习标准应答语。

步骤6：对练习过程中发现的不足，通过讨论进行修改和提高。

步骤7：对修改过的应答语进行再练习，并最后定稿备用，最好是印成小册子发给大家，以供随时翻阅，达到运用自如、脱口而出的程度。

阅读思考

刚毕业的小张在一家直饮水机公司做推销工作，他想对某一家公司的采购部经理推销自己的产品，小张在走出公司大门之前需要将客户可能会提出的各种异议罗列出来，然后考虑一个完善的答复，这样面对客户时就能胸有成竹。

假如你是小张，你会如何准备呢？

任务3　选择恰当的时机处理异议

在推销过程中，选择处理客户异议的时机和处理异议的方法一样重要。推销员应当在什么时候处理客户异议是个复杂的问题。对于客户的异议，推销员有的可以立即答复，有的可以拖一段时间再答复，有的则可以不予答复，甚至有的异议还可以在客户提出前予以解释。至于推销员什么时候答复或解释，一般需根据客户的个性特点、异议的性质、能否圆满回答以及面谈的状况来决定。这对推销员的判断力是个很大的挑战。

情景训练

王莎是杭州某保险公司的业务员。一次，王莎在杭州某居民区向客户推销儿童保险。

王莎："太太，您好！请允许我占用您几分钟的时间，我是某保险公司儿童险的业务员，您愿意给您的孩子买份保险么？"

客户冷冷地说："我不想投保，我不愿意把钱交到别人手里。"

如果你是王莎，应当怎样应对客户提出的这个异议呢？

根据上述情境进行模拟练习。

知识链接

美国通过对几千名推销员的研究，发现好的推销员所遇到的客户严重反对的机会只是差的推销员的 1/10。这是因为，优秀的推销员对客户提出的异议不仅能给予一个比较圆满的答复，而且能选择恰当的时机进行答复。懂得在何时回答客户异议的推销员会取得更大的成绩。推销员对客户异议答复的时机选择有四种情况。

一、在客户异议尚未提出时解答

防患于未然，是消除客户异议的最好方法。推销员觉察到客户会提出某种异议，最好在客户提出之前，就主动提出来并给予解释，这样可使推销员争取主动，先发制人，从而避免因纠正客户看法或反驳客户的意见而引起的不快。

推销员完全有可能预先揣摩到客户异议并抢先处理，因为客户异议的发生有一定的规律性，如推销员谈论产品的优点时，客户很可能会从最差的方面去琢磨问题。有时客户没有提出异议，但他们的表情、动作以及谈话的用词和声调却可能有所流露，推销员觉察到这种变化，就可以抢先解答。

二、异议提出后立即回答

绝大多数异议需要立即回答。这样，既可以促使客户购买，又是对客户的尊重。

三、过一段时间再回答

有些异议需要推销员暂时保持沉默：比如显得模棱两可、含糊其辞、让人费解的异议；显然站不住脚、不攻自破的异议；不是三言两语可以辩解得了的异议；超过了推销员的议论和能力水平的异议；涉及较深的专业知识，解释后不易为客户马上理解的异议，等等。急于回答客户此类异议是不明智的。经验表明，与其仓促错答十题，不如从容地答对一题。

四、不回答

许多异议不需要回答，如无法回答的奇谈怪论、容易造成争论的话题、可一笑置之的戏言、明知故问的发难，等等。推销员不回答时可采取以下技巧：沉默；装作没听见，按自己的思路说下去；答非所问，悄悄扭转对方的话题；插科打诨幽默一番，最后不了了之。

阅读思考

推销员：不是价格原因，对吧？你看到了我们与别人不相上下，也许还能击败任何对手。

客户：不是价格原因。你的价格可以。

推销员：是不是在系统兼容上有问题？

客户：不，我看没有。

推销员：那么是在配置、服务或保修方面？

客户：不是，这些看来都没有问题。

推销员：那么你觉得我们公司的信誉和可靠性有问题了？

思考题：

案例中的推销员选择怎样的时机来处理异议？你认为这样处理的优势和劣势分别有哪些？

任务4 遵循异议处理的基本步骤

当客户提出异议时，推销员要认真听取，并表现出极大的关心和兴趣，这本身就是赢得客户好感的有效方法，必要时还可以重述客户异议，但要注意不要曲解客户异议的内容。这一方面可以为自己明确异议的内容和根源，寻找有效的解决方法赢得时间；另一方面也会使客户觉得受到了尊重。总之，推销员在进行异议谈判时，既要注意原则性和灵活性，又要注意步骤与章法。

情景训练

异议处理的基本程序练习（扮演推销员）

1. 客户的异议：价格太贵，其他品牌的同类产品要比这低20%。
   您的缓冲句：
   您的探询句：
2. 客户的异议：我一向用海飞丝的洗发露，为什么要换？
   您的缓冲句：
   您的探询句：
3. 客户的异议：不想改用不熟悉的新产品！
   您的缓冲句：
   您的探询句：
4. 客户的异议：目前没有需要，以后有需要再找您。
   您的缓冲句：
   您的探询句：
5. 客户的异议：我用过后效果不理想，很多病人都在抱怨。
   您的缓冲句：
   您的探询句：
6. 客户的异议：看产品又不熟悉，产品的说明又不贴切。
   您的缓冲句：
   您的探询句：

知识链接

在决定购买一种产品时，人们经常会犹豫不决，这可能是源自过去不愉快的消费经验，或是面对未知事物的不安与不确定感。他们总是对你的产品或服务怀有这样或那样的异议，例如：“你真能实现你的诺言吗？”“产品质量是否真像推销员说得那么好？”“你们的服务真如你所讲的那么好吗？”等。

一个优秀的推销员，要能够洞悉客户提出这些异议背后的真实想法，有效地处理客户异议，最终实现推销目的。异议处理的前提是要重视客户的感受，让客户有“你明白并且重视他的异议”的感觉。

以下是七个处理步骤，能有效帮助你解决客户的疑虑。

一、做好充分准备

“不打无准备的仗”，是推销员战胜客户异议应遵循的一个基本原则。有的推销员认为在面对客户异议时只要能及时灵活处理就可以了，根本没有必要针对这个问题专门去准备。其实这样的想法是错误的，因为在和客户接触的过程中，客户提出的疑虑可能是你想都没有想过的，他还有可能向你问一些你根本不知道或不太清楚的问题，此时你若仓促应答，稍有不慎就可能导致一场交易泡汤。因此，推销员在走出公司大门之前就要将客户可能会提出的各种拒绝理由列举出来，然后考虑一个完善的答复。面对客户的异议，如果事前有准备就可以做到心中有数，自然也就可以从容应对。

二、放松情绪，正确对待

听到客户对产品有所异议时，推销员应保持冷静，不可动怒，也不宜立即采取敌对行为，而要继续以笑脸相迎，并了解反对意见的内容或要点及重点。优秀的推销员一般多用下列语句来应对：“我很高兴您能提出意见，您的意见非常合理，您的观察很敏锐。”

三、认真倾听，站在客户的立场

推销员听到客户提出异议后，应表示出对客户所提意见的真诚欢迎，并聚精会神地倾听，千万不可加以干扰。倾听时，要能听出客户对产品提出质疑背后的真正意思，留意关键词（即情绪字眼）是什么。静静地聆听，不要急于回应客户所说的每一句话，否则你来我往，很容易引起争议，引发双方的不愉快。

客户有异议时，推销员要表现出同情心，这意味着你理解他们的心情，并明白他们的观点，但这并不意味着你完全赞同他们的观点，而只是了解了他们考虑事情的方法和对产品的意见。

四、稍事停顿，友善回应

当客户表达完异议时，不要立刻回答，要停顿3—5秒钟，仔细想清楚客户所提的意见，然后有风度地亲切响应。

如果客户刚说完自己的疑虑，推销员马上就有所响应，会让客户觉得他的异议正中你的弱点，所以你才会急于争辩。如此一来，反而会让交谈的气氛变得紧张起来，更不利于达成交易。

五、选择时机，谨慎回答

推销员对客户提出的异议，一定要选择恰当的时机，以沉着、坦白、直爽的态度，将有关事实、数据或证明展示给客户。措辞要恰当，语调要温和，并在和谐友好的气氛下进行沟通，以解决问题。

值得注意的是，在回答客户提出的异议时一定要慎重，如果不慎从自己口中说出了加重客户异议的话，再进行辩解就比较难了，因为毕竟是从自己嘴里说出来的，所以推销员一定要慎重回答客户的异议。还有许多异议不需要回答，例如，无法回答的奇谈怪论、容易造成争论的话题、可一笑置之的戏言、明知故问的发难等，这时可以换个话题转移客户的焦点。

六、避开枝节，机智应对

推销员往往因为一个与推销商品毫无关系的问题而陷入与客户的争吵中，其结果不是收获甚少，就是毁掉一切。对于推销员来说，你只需注意客户对商品的意见就够了，要尽量回避没有多大价值的枝节问题，以节省交流时间，提高成交几率。

七、避免争论，留下后路

争辩是推销的第一大忌。记住，不管客户如何批评你的产品或服务，推销员都不能与客户争辩。一位哲人说过："你无法凭争辩去说服一个人喜欢啤酒。”与客户争辩，吃亏的永远是推销员，因为客户的购买决策既要受客户理智的控制，也要受客户情感的影响。对于推销员来说，只有获得客户的好感，才能赢得客户的订单。因此，永远不要和客户争辩，客户就是上帝。

阅读思考

日本专家曾作过一次调查，结果表明70%的顾客没有什么真正明确的拒绝理由，只是泛泛地反感推销员的打扰，对销售人员本人产生怀疑和恐惧，进而对其带来的商品也产生疑虑。因此，销售人员在推销商品之前，要先推销自己。顾客只有信任你，才会信任你推销的商品。而顾客对你的信任则来自你对于自身、对于产品以及对于公司的知识、客观的态度以及自信。

思考题：

结合体验式营销实训，谈谈自我推销与顾客异议的关系。

项目三　处理技法

不同的客户异议，不同类型的推销对象，处理的技术与方法应当要有区别。在某些情况下，推销员可以直接或间接进行回答，但有时候只能装聋作哑，不予搭理。

任务1　化解客户的价格异议

价格问题是客户异议中一个最值得注意的重点问题。在商谈中，客户最容易以价格为借口提出拒绝，从而无法使商谈顺利进行。

情景训练

推销员：“我们公司的保健器械能够促进血液循环、矫正脊椎，在健身防病方面采用的是国际上最先进的技术。”

客户：“这些我知道，但你们的价格实在太贵了。譬如某某品牌，他们的才4000元，而你们的要12000元，这个差距太大了吧。”

推销员：“他们的产品是仿制我们公司的，恐怕在质量上没有保证。”

客户："可人家的广告却很多呀，你们的广告呢？"

推销员："因为我们采取的销售方式是直销，所以没有广告。"

客户："不跟你啰嗦这么多了，就4000元，你能卖吗？"

推销员："……"

显然，这位推销员到最后显得很被动。假设你是这位推销员，当客户提出价格异议时，你会如何更好地应对？

根据上述情景进行模拟练习。

（[日] 三宅寿雄、王宝玲，《为什么没有业绩——提升销售业绩的48个技巧》，中国纺织出版社2009年版）

知识链接

一、处理价格异议的策略

推销员应当首先分析、确认客户提出价格异议的动机是什么，而后有针对性地采取以下策略。

（一）先谈价值，后谈价格

推销员可以从产品的使用寿命、使用成本、性能、维修、收益等方面进行对比分析，说明产品在价格与性能、价格与价值等方面的优势，让客户充分认识到推销品的价值，认识到购买能带给他的利益和方便。

提出价格问题的最好时机是在会谈的末尾阶段，即在推销员充分说明了推销品的优势，客户已对此产生了浓厚的兴趣和购买欲望之后，再谈及价格问题。除非是客户急切地问到价格问题，不及时回答就会引起客户猜疑，阻碍洽谈顺利进行。一般情况下，推销员不要主动提及价格，也不要急于回答客户较早提到的价格问题，更不要单纯地与客户讨论价格问题，在报价后也不附加评议或征询客户对价格的意见，以免客户把注意力过多地集中到价格上，使洽谈陷入僵局。

（二）让步策略

在推销洽谈中，双方的讨价还价是免不了的。在遇到价格异议时，推销员首先要注意不可动摇对自己的企业及产品的信心，坚持报价，不轻易让步。如果只想以降价消除价格异议，很容易被对方牵着鼻子走，不仅影响推销计划的完成，而且有损企业和产品的形象。但是，在有些情况下，通过适当的让步可以获得大额订单，使客户接受交货期较长的订货。推销员应当掌握的让步原则是：不要做无意义的让步，应体现出己方的原则和立场，在让步的同时提出某些附加条件；作出的让步要恰到好处，一次让步幅度不能过大，让步频率也不宜太快，要让对方感到得到让步不容易，并由此产生满足心理，以免刺激对方得寸进尺提出进一步要求；小问题可考虑主动让步，大问题则力争让对方让步。有时为预防客户杀价可提高报价，以便客户提出降价要求时有较大回旋余地。

（三）心理策略

在向客户介绍产品价格时，可先发制人地首先说明报价是出厂价或最优惠的价格，暗示客户这已经是价格底限，不可能再讨价还价，以抑制客户的杀价念头。推销员还可使用尽可能小的计量单位报价，以减少高额价格对客户的心理冲击，如在可能的情况下，改吨为千克，改千克为克，改千米为米，改米为厘米，改大的包装单位为小包装单位。这样在价格相同的情况下，客户会感觉小计量单位产品的价格较低。

二、处理货源异议的策略

许多货源异议都是由客户的购买经验与购买习惯造成的，推销员在处理这类异议时可采用以下策略。

（一）态度诚实

客户如有比较稳定的供货单位，或有过接受的推销服务不如意甚至受骗上当的经历，通常会对新接触的推销员怀有较强的戒备心，由此而产生货源异议。推销员应不怕冷遇，反复访问，多与客户接触，联络感情，增进相互了解。在相互了解逐渐增多的情况下，推销员也就有了对客户进行具有针对性劝说的机会。在与客户的接洽中，推销员应当注意待人以诚，以礼相待，以诚挚的态度消除客户的心理偏见。

（二）提供证明

在解决货源异议时，推销员为说明推销品是名牌商品、材料优异、制作精良、款式新颖等，可出示企业资质证明、产品技术认证证书、获奖证书以及知名企业的订货合同等资料，以消除客户的顾虑，获得其认可。

（三）分析竞争受益

客户常常会提出已有供货单位，并对现状表示满意，从而拒绝推销。推销员应指出，企业货源单一具有很大的风险性。如果供货单位一时失去供货能力，将会导致企业因货源中断而被迫停工停产。而企业拥有较多货源，采取多渠道进货，会增强采购中的主动性，可以对不同货源的产品质量、价格、服务、交货期等进行多方比较分析，择优选购，并获得竞争利益，当某个供货渠道发生问题时，也不至于因货源中断而被迫停产。

三、处理产品异议的策略

（一）现场示范

其实很多商家采用这种方法来向客户展示自己产品的特色，特别是一些鲜为人知的新产品。一位经营木炭制品生意的老板为了让客户相信他的木炭有净化空气的保健作用，就在店前进行现场示范。这种方法看似老式，但效果却不错。不过推销员在做示范前一定要做好充分的准备，甚至要进行多次演习。

（二）现身说法

很多推销员在推销产品时，采用举证法劝说客户，但最好的办法还是现身说法。如果能够很详细地告诉客户使用的感受，会更有感染力和说服力。

（三） 邀请考察

如果条件允许，推销员可尝试把客户邀请到公司或产品生产线，让他亲眼看到公司生产的产品是放心产品，用“身临其境”的办法让客户“流连忘返”。

（四）鼓励试用

如果推销的产品质量好、效果比较明显，试用的成本并不高，可以鼓励客户试用产品，这比现场示范和现身说法来得更直观。

四、处理购买时间异议的策略

在实践中，客户借故推托的时间异议多于真实的时间异议。处理的策略有如下四种。

（一）货币时间价值法

推销员可以结合产品的具体情况告诉客户，由于供求关系变化，如果拖延购买时间将意味着花费更多的钱来购买同等数量的商品，而且拖延购买不仅浪费金钱，还要劳心费力，耗费时间，不符合现代社会“时间就是金钱，效率就是生命”的观念。

（二）良机激励法

良机激励法是利用对客户有利的机会来激励客户，使其不再犹豫不决，抛弃“等一等”、“看一看”的观望念头，当机立断，拍板成交。

（三）意外受损法

这种方法与“良机刺激法”正好相反，是利用客户意想不到，但又必然会发生的变动因素，如物价上涨、政策变化、市场竞争等情况，刺激客户尽早作出购买决定。

（四）竞争诱导法

这是指推销员向客户指出他的同行竞争对手已经购买了同类产品，如不尽快购买推销品，将会在竞争中处于劣势，以此诱导客户注意竞争态势，从而作出购买决定。

五、处理需求异议的策略

（一）传播产品相关知识

作为推销员应该充分认识到人的需求是相对的，是可以创造的，是可以被引导的。所以，如果客户说不需要某产品时，你第一件要做的事不是去判断这异议是否真实，而是设法去多传播一些商品知识给客户。当然如果太直接或者太急迫，效果会不佳，那你可以很自然地把一些相关资料留下给客户，让他们从文字或图片中寻找自己想要的东西，特别是针对一些文化层次比较高的知识分子，这种沟通的方式会更委婉，因为这些人不喜欢别人去说教自己。

（二）举例说明

推销员还可举证说明，最好的例证是客户身边认识的人，这样他们更方便求证产品的真实使用效果。

六、处理财力异议的策略

（一）针对客户的具体情况推荐合适价位的产品

如果客户认为你现在所推荐产品的价格太高难以接受，在经过尽力洽谈后仍不能达成交易，那你不必再坚持。你可试着推荐其他低价位的产品给客户，并把前后推荐的产品进行对比，然后再让客户自己去权衡。

（二）建议客户采用分期付款或延期付款等方法

贝蒂·哈德曼是亚特兰大的房地产经纪人，哈德曼强调，今天的房地产经纪人必须对贷款有所了解。知道什么样的房地产可以获得什么样的贷款是一件很重要的事，所以，房地产经纪人要随时注意金融市场的变化，才能为客户提供适当的融资建议。

七、处理权力异议的策略

（一）激将法

提醒客户其实他（或她）都是独立的个体，买这样的商品他们完全可以自己做主。例如，一位化妆品的推销员对她的朋友说："你每个月赚的钱与你爱人的不相上下，为什么购买化妆品都要征询他的意见，你可能认为这是尊重他，也许他会认为你是个没主见的女人。我劝你今后购买这种小东西还是自己做主就行了……"

（二）退让法

如果对方确实很为难，那推销员也不能空手而归，要想办法从客户口中了解到这个单位采购这类商品的负责人是谁。

阅读思考

假如你是一位某品牌果汁饮料公司销售部的推销员，打算向物美超市某地区负责饮料进货的负责人推荐该品牌的果汁饮料，当这位负责人提出如下异议时，你应如何妥善回答？

1. 价格太高。例如，"你们的饮料怎么这么贵？"
2. 支付异议。例如，"我们已经没有资金购买了。"
3. 要求请示。例如，"这事须请示领导。"
4. 不明确回答。例如，"我们考虑考虑再定吧。"
5. 供货商。例如，"我们跟其他品牌的供货商是老朋友。"
6. 你们公司太小了。例如，"你们公司小，没实力，我们不放心。"
7. 下次再谈。例如，"今天时间不多了，下次再说吧。"

任务 2 善用技巧，处理异议

推销员不能限制或阻止客户异议，一旦客户提出了真实异议，推销就进入到双向沟通阶段。只要客户提出的不是拒绝性异议和明显的托辞，就表明客户已经开始对产品产生兴趣，推销员要熟悉处理客户异议的常用技巧，并能熟练运用。

情景训练

假设你是推销员，请运用指定的异议处理技巧来应对客户的不同异议。

1. 客户："吃这种花生油容易得癌症。"
   推销员：（运用直接否定法）
2. 客户："不行，你们的培训项目价格太高了。"
   推销员：（运用间接否定法）
3. 客户："你们的培训会有效果么？"
   推销员：（运用证据法）
4. 渠道商："这种产品又涨价了？还是不进货了！"
   推销员：（运用转化法）
5. 客户："这东西包装太次了！"
   推销员：（运用补偿法）
6. 客户："无论你怎么说，我们是不会购买这种产品的。"
   推销员：（运用询问法）
7. 宾馆采购部经理："你们公司的地毯太贵了。"
   推销员：（运用相对价格法）

知识链接

在实际推销过程中，推销员会经常遇到形形色色、各不相同的客户异议。为了进行有效的推销，推销员既要把握原则，又要针对具体的问题，选择适宜的方法，灵活、妥善地处理客户异议。下面介绍几种常用的处理客户异议的方法。

一、直接否定法

直接否定法也叫反驳处理法或针锋相对处理法，是指推销员根据有关事实和理由来直接否定客户异议的方法。

在前面的章节中，我们曾提到在处理客户异议时应尽量避免与客户发生直接的冲突，尽量避免针锋相对的反驳。但是，在一定的条件下，也可以使用直接否定法。有效地使用这种方法，可以增强客户的购买信心，迅速排除异议，直接促成交易。

（一）直接否定法的优点

1. 增强推销洽谈的说服力度。在使用时要摆事实、讲道理，在已定条件下可以增强客户的购买信心。

2. 节省推销时间，提高推销效率。在使用这一方法时，推销员与客户针锋相对，直接否定客户异议，尽量避免推销时间的浪费，尽快促成交易。

（二）需要注意的问题

1. 始终保持十分友好的温和态度。在推销过程中，良好的人际关系有助于营造良好的推销氛围，有利于推销洽谈的顺利进行。但是由于该方法直截了当地否定客户异议，容易伤害客户的感情，可能会给推销洽谈造成更多新的异议。因此，推销员应该保持良好的推销态度，既要关心推销效果，也要关心客户的情感和行为。在反驳客户异议时，应该面带微笑，语气诚恳，态度真挚，既要否定客户异议，又不冒犯客户本人。注意观察客户的行为变化和反应，分析和判断客户心理活动，尊重客户的感情，充分考虑客户的心理底线。在任何情况下，都不要增加客户的心理压力，更不能伤害他们的自信心和自尊心。

2. 要有根据地反驳客户异议。有些客户异议是没有根据的无效异议，其根源在于客户的偏见、误解和无知，直接否定法最适合处理这类无效异议。但在使用该方法时应注意遵守推销洽谈的基本原则，讲究处理策略，针对客户所提出的有关异议，用事实和证据进行反驳，使客户心服口服。

3. 向客户提供更多的推销信息。在推销中，许多客户既不了解市场行情，也不了解产品的知识，从而引起异议。处理客户异议的过程可以认为是进一步沟通信息和进行推销教育的过程。

4. 该方法不适合用于处理各种具有敏感性的客户异议。对于某些比较敏感或少数比较固执的客户，以及当客户一定要坚持自己的观点和意见时，不能使用直接否定法。

二、间接否定法

间接否定法也叫回避处理法或转折处理法，是指推销员根据有关事实和理由来间接否定客户异议的一种方法。在使用这种方法处理客户异议时，首先要表示对客户异议的同情、理解，或者仅仅是简单地重复，使客户心理暂时得到平衡，然后再用转折词，如“但是”、“不过”等，把话锋一转，再用有关的事实和理由否定客户异议。间接否定法较之直接否定法使用得更为广泛。

（一）间接否定法的优点

1. 能够保持良好的人际关系和推销气氛。使用该方法不是直接否定客户，而是先肯定客户的异议，然后再间接否定，满足了客户被尊重的需求，能使客户在心理上获得暂时的平衡。这样可以缓和洽谈的气氛，避免客户产生抵触心理而采取不合作的态度。

2. 有利于推销员继续有效地推销。推销员采用这种方法可以给自己留下一定的余地，认真分析客户异议的根源和性质，制定具体的处理方案和策略，然后再主动进攻，否定客户异议，促成交易。

3. 可以有效地处理客户异议。推销员运用此种方法，先退后进，尊重并承认客户异议，态度委婉，语气诚恳，容易使客户接受。尽管客户的异议被否定了，但他在感情上、思想上是能够接受的。

（二）需注意的问题

使用间接否定法，应该在不同的情况下使用不同的转折语气和不同的转折方式，既要否定客户异议，又不能冒犯客户。尽量做到语气委婉，转折自然，用“但是”、“不过”、“然而”、“可是”之类的转折词，恰当地表达否定的态度，在十分友好的气氛里否定客户所提出的有关异议。

三、转化法

转化法也叫利用处理法，是指推销员利用客户异议来处理有关客户异议的一种方法。客户异议既是成交的障碍又是成交的信号。因此，推销员可以利用客户异议本身所固有的矛盾来处理客户异议，肯定其正确的一面，否定其错误的一面；利用其积极因素，克服消极因素，排除成交障碍，有效地促成交易。

（一）转化法的优点

1. 可以有效转化客户异议。这种方法可以改变客户异议的性质和作用，把客户拒绝购买的理由转化为说服客户购买的理由，把客户异议转化为推销提示，有效地促成交易。

2. 有利于协调与客户的关系。使用这种方法是直接承认、肯定并赞美客户异议，再巧妙地将客户异议中的消极因素转化为积极因素，使得客户在心理上容易接受，有利于造成良好的推销气氛和处理客户异议并促成交易。

（二）需注意的问题

1. 尊重、承认并赞美客户。在使用直接否定法和间接否定法时，推销员都直接或间接地反驳客户，否定有关客户异议。在转化法中，推销员不能否定客户异议，而是应该肯定、承认、赞美、利用并转化客户异议。古人云："敬人者，人恒敬之；爱人者，人恒爱之。"为了避免引起客户的不满，推销员要尊重和赞扬客户。

2. 有针对性地利用客户异议。在使用转化法时，推销员应该认真分析客户所提出的各种异议，找到客户异议中的内在矛盾。利用其正确的一面，转化其错误的一面；利用其积极因素，转化消极因素，利用客户异议为推销员自己服务。

3. 分析推销因素，向客户传递正确的信息。正确分析客户的购买动机与商品推销的各项因素，不向客户传递虚假的或错误的信息，不欺骗客户。

四、补偿法

补偿法也叫抵消处理法或平衡法，是指推销员利用客户异议以外的其他有关优点来补偿或抵消客户异议的一种方法。

任何一种商品或服务都不可能十全十美，总是存在着缺点与不足。运用补偿法处理客户异议，体现了推销员真诚的工作态度和为客户着想的服务精神。例如，一位房产推销员与客户的对话如下。

客户："我听说楼房后面有一家小食品加工厂，会有噪音吧？"

推销员："不瞒您说，是的，这房子美中不足就是离加工厂稍近了些，可能会有些噪音。正是因为这个原因这房子才会这么便宜。您看，这房子坐落的地点，交通便利，周围的配套设施完善，社区又好，有医院、师范附小、中学、超市，而且房子坐北朝南、户型又好，真是又经济又实惠。再说了，您如果怕有噪音，你把窗户安上隔音玻璃，效果不错的。您买到这么便宜的房子，省了好大一笔钱，安装隔音玻璃花不了多少钱，您想想看是不是太合适了。要不我先陪您去看看？"

客户："那也好，我看看再说。"

可见，对于客户针对推销品的某些不足而提出的异议，推销员可以巧妙地运用补偿法来处理。

（一）补偿法的优点

1. 有助于推销员赢得客户。当客户对于商品的某些不足之处提出异议时，推销员坦诚地承认事实，这不仅会使客户从心理上得到被尊重的满足，而且还赢得客户的赞许与信任。

2. 有助于重点推销，促成交易。运用这种方法，推销员不仅坦诚地认同客户异议，而且还适时地、着重地提出推销品的其他优点，并通过说明和解释，让客户既看到推销品的不足，更看到推销品的长处，而且让客户相信其长处大于短处，购买推销品是很合适的。

3. 可以给推销员留有一定的余地。推销员承认推销品的不足，可以为以后的销售服务特别是当客户抱怨时留有一定的回旋余地。因为在此之前你已经跟客户明确地说过了产品的不足，并没有隐瞒或欺骗客户，购买决定是客户自己做的。

（二）需注意的问题

1. 认真分析客户异议，确定客户异议的性质。在推销过程中，客户会提出各种各样的异议，推销员要认真分析，不是什么样的客户异议都可以使用补偿法的。补偿法主要适用于处理各种有效的客户异议。

2. 承认客户异议是有效异议。在实际推销中，既没有无懈可击的客户异议，也没有十全十美的推销品。因此，应该实事求是，正确处理有关的客户异议，肯定购买异议，提示推销建议和推销重点，使客户达到一定程度上的心理平衡。

3. 提示推销品的优点，有效地补偿并抵消客户异议。使用此法的前提是客户得到补偿的利益一定要大于异议涉及问题所造成的损失。否则，会动摇客户的购买决心。

五、询问法

询问法又叫问题引导法或追问法，是指推销员利用客户提出的异议，直接以询问的方式向客户提出问题，引导客户在回答问题过程中不知不觉地回答了自己提出的异议，甚至否定自己，同意推销员观点的处理方法。

在实际推销过程中，许多客户提出的异议只不过是用来拒绝推销员及其推销品的一种借口而已，有时甚至连客户自己也无法说出有关购买异议的真实根源。客户异议根源的不确定性，为推销员分析客户异议，排除购买障碍增加了困难，也为询问法提供了理论依据。下面是客户与推销员的两段对话，可以看出询问方式不同时结果也不同。

对话一

准客户："你们的售后服务怎么样?"

推销员："您放心，我们的售后服务绝对一流。我们公司多次被评为'消费者信得过企业'，我们的售后服务体系通过了ISO9000质量认证，我们公司的服务宗旨是客户至上。"

准客户："是吗？我的意思是，假如出现质量问题等情况怎么办……"

推销员："我知道了，您是担心万一出了问题怎么办。您尽管放心，我们的服务承诺是一天之内无条件退货，一周之内无条件换货，一个月之内无偿保修。”

准客户：“是吗?”

推销员：“那当然，我们可是中国名牌，您放心吧。”

准客户：“那好吧。我知道了，我考虑考虑再说吧。谢谢你，再见。”

对话二

准客户：“你们的售后服务怎么样?”

推销员：“王先生，我很理解您对售后服务的关心，毕竟这可不是一个小的决策。那么，您所指的售后服务是哪些方面呢?”

准客户：“是这样，我以前买过类似的产品，但用了一段时间后就开始漏油，后来拿到厂家去修，修好后过了一个月又漏油，再去修理的时候，对方说要收5000元修理费，我跟他们理论，他们还是不愿意承担这部分的费用，我没办法，只好自认倒霉。不知道你们在这方面是怎么做的?”

推销员：“王先生，您真的很坦诚，除了关心这些还有其他方面吗?”

准客户：“主要就是这个。”

推销员：“好，王先生，我很理解您对这方面问题的关心，也有客户关心过同样的问题。我们公司的产品采用的是意大利AA级标准的加强型油路设计，这种设计具有极好的密封性，即使在正、负温差50℃或者润滑系统失灵20小时的情况下也不会出现油路损坏的情况，所以漏油的概率极低。当然，任何事情都有万一，如果真的出现了漏油的情况，您也不用担心，我们的售后服务承诺是：从您购买之日起1年之内免费保修，同时提供24小时之内的主动上门服务。您觉得怎么样?”

准客户：“好，我放心了。”

成功的推销员总是诱使客户回答他们的异议。客户提出异议，说明在他们的内心深处想有进展，只要引导他们如何进展就行了。第二位推销员就是运用了这条原则。只要你在这方面努力，给客户时间，引导他们，大多数客户会回答他们自己的异议的。这种方法在实际推销过程中常常被推销员所采用，并能取得成效。

（一）询问法的优点

1. 可以得到更多的反馈信息，找出客户异议的真实根源，明确客户异议的性质。

2. 有利于保持良好的人际关系和推销洽谈的气氛。

3. 能帮助推销员有时间进行思考、分析、判断，采取有的放矢的推销策略。

4. 能引导客户自己回答自己提出的各种异议。

（二）需注意的问题

1. 及时追问客户，推销员必须灵活善变，看准有利时机，追问客户，及时处理有关异议。

2. 在直接追问客户时，应直接针对有关的客户异议，而不能询问其他的无关问题，以免无事生非，弄出更多的有关异议或无关异议，直接阻碍成交。

3. 讲究推销礼仪，避免直接冒犯客户。推销员要讲究文明礼貌，讲究提问的姿势、语气、手势，要使客户感受到推销员的真诚，感受到自己是被尊重的，只有诚心诚意地询问客户，客户才愿意说出异议的根源。切记：不可厉声责问客户或故意嘲弄客户；否则，一旦激怒客户，就无法有效地促成交易。

4. 追问客户应适可而止，不能刨根问底。推销员要注意客户的表情与动作，如果客户很为难或根本就说不清楚时，就不要再追问了，推销员这时的任务应是帮助客户认识问题，而不是为了驳倒客户，只要有关异议已经不再阻碍成交，就应该把异议忽略不计。

总之，询问法作为一种基本的处理客户异议的方法，主要适用于处理各种不确定的客户异议。只要该法运用得当，运用得巧妙，其效果是比较理想的。

六、不理睬法

不理睬法也叫拒绝处理法、装聋作哑法、沉默法，是指推销员有意不理睬客户提出的异议，以分散客户注意力，回避矛盾的处理方法。

通常情况下，推销员应该热情地解答客户提出的各种各样的问题，以帮助客户了解、认识推销品。但是，有些时候客户提出的异议，推销员无法回答，如果硬要回答，可能会使得洽谈陷入僵局。另外，对于有些客户所提出的无关异议、故意刁难的异议或微不足道的异议，推销员可以采取不理睬法，故意忽视、回避或转移话题，以保持良好的洽谈气氛，避免与客户发生冲突。

这种方法可以使推销员避免在一些无关、无效的异议上浪费时间和精力，也避免发生节外生枝的争论，从而可以节省时间，提高工作效率。但是，不理睬客户的意见可能会损害客户自尊，因此推销员要注意马上找到应该理睬的问题，避免客户感到受冷落。

总之，作为一种有效的冷处理方法，不理睬法适用于各种无关的客户异议和某些不太重要的客户异议。

七、其他方法

（一）预防处理法

预防处理法是指推销员在推销拜访中，确信客户会提出某种异议，就在客户尚未提出异议时，自己先把问题说出来，继而适当地解释说明，予以回答。

预防处理法的最大好处就是先发制人，有效地阻止客户的异议。但采用这种方法，推销员必须在接近客户之前，将客户有可能提出的各种异议列出来，并详细准备好处理方法，在推销中灵活运用。

（二）拖延法

拖延法是针对客户所提出的异议，不宜马上回答的，可以拖延到合适的时间再予以回答。拖延并不是对客户异议置之不理，而是争取时间进行考虑，仔细回味客户的异议，从其中分辨出客户真实的用意，再给予回答，以避免冲突或产生新的异议。例如：

"先生，您的意见很正确，如果您不介意的话，我们稍后再讨论吧，到时您就会发现更有意义的答案。"

这样一来可以给推销员争取时间考虑最合适的答案或方法；另一方面经过这样的引导，客户就可能意识到其异议的不合理性，这时你再回答客户先前提出的异议，就可以让客户收回成见，并且避免了同客户的直接冲突，洽谈也就能继续进行下去了。

（三）举例说明法

举例说明法是指推销员用列举事例的方法来引导客户同意自己的观点，以解除客户异议的处理方法。一般来说，客户对推销员有种本能的拒绝。他们不相信推销员，只相信自己做出的判断或他们熟悉的人的意见。例如：

"您记得前不久报纸上的一则报道吗？一位小姐正是买了廉价的化妆品，结果造成皮肤过敏，整个脸都肿了，真是的！我们的化妆品是正规厂家生产的，虽然价格贵些，但它是通过国家质量检测的，绝对安全，虽然多花些钱，但可以获得漂亮、安全、健康的保证。您说这钱花得值不值？"

这样才能使客户感到可信，使推销员掌握推销洽谈的主动权。

阅读思考

一位财政金融计算器的推销员向一家公司的经理推销自己的产品。

经理："你们的商品价格太高了。"

推销员："太高？"

经理："你们产品的价格几乎比你们竞争对手的高出 25 美元。"

推销员："这正是您应该买我们产品的原因啊。我们的产品有许多好的品质，每个人都认为其物有所值。没有一种其他的产品能有我们产品独特的时间特征。您只要按一下这个按钮，就会看到时间和日期。"

经理："这很好，但我感兴趣的是我的秘书能用于计算薪水总额、税收以及其他商业申请表的计算器。"

推销员："您所说的仅仅是这种计算器最基本的一些功能。"

经理："是这样的，你们有没有比这种便宜的计算器？"

推销员："我明白您的意思了。但我认为质量也是一个重要的考虑因素，我们的计算器保证可以使用 5 年而不需要维修，这比竞争对手产品的有效使用期要多出 2 年，这就相当于每月的花费仅 2 美元。"

经理："也许你是正确的，但我还需要考虑一下。"

推销员："经理，您付给您的秘书多少工资？"

经理："每小时 10 美元。"

推销员："哦，先前我计算过，用我们的计算器可使你每天节省 2 小时的工作时间，相当于每天节省20美元，一周就是100美元。这些都代表您腰包中的金钱。如果您还下不了决心，这可是一个损失。”

经理：“这么说的话，那我就买吧。”

思考题：

1. 该推销员是采用哪些方法来处理经理提出的异议并说服经理购买推销品的？

2. 如果你遇到这种情况，你会怎么处理？

综合项目训练

结合自己在学生销售公司体验式营销的实例，就某一次产品推销活动中如何有效地处理客户的异议撰写一份分析报告。

情境六 促成交易

学习目标

- 理解影响成交的主要因素；
- 掌握成交的基本策略；
- 把握常见的促成交易的方法；
- 掌握签约的基本事项。

推销过程中，促成交易是一个特殊的阶段，它是整个推销工作的最终目标，也是推销人员梦寐以求的结果，其他阶段只是达到推销目标的手段。事实上，每一个推销人员都希望自己洽谈的每一笔销售业务最终能达成交易。对推销人员来说，能否有效地促成交易直接关系到其销售业绩的好坏，要充分注意顾客的言行，及时捕捉成交信号，灵活运用成交策略与技巧，最终促成交易，达到推销的目标。

有效促成交易是推销人员将潜在客户转变为现实客户的一个重要过程，同时也是推销人员对此前长时间接触客户，与客户沟通谈判之后希望获得的一个结果。

入门导读

王强作为一名销售员在一家大的体育用品商店的帐篷部门工作，这家商店在报纸上做了大量的广告并在公司内设了一个产品展览会。

星期三下午，一个顾客进了展厅，开始仔细查看展出的帐篷，王强认为他是一名产品潜在的顾客。

王强："正如您所见，我们有许多种帐篷，能满足任何购买者的需求。"

顾客："是的，可选的不少，我都看见了。"

王强："这几乎是一个万国展了，请问您喜欢哪种产品？"

顾客："我家有五口人，三个孩子，都在10岁以下，我们想去南方度假，因此打算买个帐篷，而且我们会换几个地方，我希望它能用四五次。"

王强："您想要一种容易安装并拆下的产品。"

顾客："是这样的，但它必须够住下五口人，而且不能太贵，度假花销已经够多了。"

王强："这儿的许多产品都能满足您的需求。例如这种，里面很大，可容纳下像您的家那么大规模的家庭，质地很轻，而且不用担心，它是防水的，右边的窗子可以很容易地打开，接受阳光，地面用强力帆布特制的，耐拉，而且地面也防水，装好它非常容易，放下来也不难，您在使用中不会有任何问题。"

顾客："看上去不错，多少钱？"

王强："价格合理，985元。"

顾客："旁边那个多少钱？"

王强："这个圆顶帐篷是名牌，比前一个小一点，但够用，而且特性与前面一个相差无几，特别容易安装，价钱是915元。"

顾客："好的，现在我已经了解了许多，星期六我带妻子来，那时再决定。"

王强："这是我的名片，如果有问题可以随时找我，我从早上开业到下午6点都在这，星期六我很高兴能与您和您妻子谈谈。"

（根据相关调研资料整理）

项目一　识别成交

成交就是推销人员帮助顾客做出使买卖双方都能接受的交易条件的活动过程。推销人员可以直接请求顾客购买来推动和帮助顾客做出购买决定。实际上，任何一个成功的推销人员都清楚，在推销成交活动中，压根就不存在神奇无比的推销技巧，也没有感染力十分强烈的语言技巧。成交是洽谈所取得的最终成果，是洽谈的延续。如果在洽谈中解决了所有的顾客异议，则达成交易是顺其自然的事，成交只不过是整个推销过程中的一个环节而已。

任务1 识别语言信号

所谓语言信号，是指推销人员在与顾客的交谈中发现顾客某些语言所流露出来的成交信号，从中识别成交的信号。顾客通过询问使用方法、价格、保养方法、使用注意事项、售后服务、交货期等表露出来的成交信号。

情景训练

客户提出并开始议论关于产品的使用、附件、使用方法等内容时，我们销售员可以认为客户在发出购买信号，至少表明客户开始对产品感兴趣。如客户买房子时，询问房屋的细节，这是客户首次发送的购买信号。

如果客户不想购买，是不会浪费时间询问房屋细节的。如果客户接着继续询问该房屋的价格，并讨价还价，如“价格是否能够有一定折扣”、“有什么优惠”这种以种种理由要求降低价格的语言，就是他再次发出了购买信号。此时客户已经将产品的利益与其支付能力在进行比较。

如果客户继续询问房屋的售后服务细节，这是他第三次发出购买的信号。 如果客户继续询问付款的细节，这是客户第四次发出购买信号。客户询问签售期、售后服务等方面的问题时，有可能就是马上签订合同的最好时机。作为一名推销人员，一定要牢记这样一句话：客户提出的问题越多，成功的希望也就相应地越大。客户提出的问题就是购买信号，尤其是客户在听取销售员回答问题时，显示出认真的神情。

请根据案例情境进行角色扮演。

知识链接

在推销的过程中，当与顾客的交流进行到一定程度的时候，若顾客有心购买，从其语言中可以得到判定。例如，当顾客说：“我们最快要多长时间可以拿到产品?”这就是一种有意表现出来的真正感兴趣的迹象，它表示成交时机已到，顾客询问价格并在价格上讨价还价时，说明他兴趣极浓，已产生了强烈的购买意图。

语言信号的种类很多，有表示赞同的，有表示惊奇的，也有表示反对的。

而以上所述的种种信号，都必须具体情况具体分析，只要推销人员有意捕捉和诱发这些语言信号，就可以顺利促成交易。一般而言，下列几种情况可视为促成交易的较好时机。

顾客不断质问；

顾客向推销人员打听交货时间；

顾客向推销人员请教如何保养产品；

顾客主动提出更换面谈场所；

顾客对商品给予一定的肯定或称赞；

顾客征求别人的意见或者看法；

顾客询问交易方式和付款条件；

顾客详细了解商品的具体情况，包括商品的特点、使用方法、价格等；

顾客了解售后服务事项，如安装、维修、退换等；

顾客开始认真地讨价还价；

…………

阅读思考

在进行交易时，把握“时机”具有相当重要的意义，因为在这个关键时刻，意味着顾客将决定是否购买商品。要掌握向顾客促销的最好时机，必须先行观察顾客的言谈举止，独具慧眼，见机行事。一般每当顾客有意购买时，他的言语神情中就会有下列“信号”显现。

信号1：当你将商品的有关细节和付款方法说明之后，如果顾客显示出认真的神情，你就应及时地以和蔼可亲的口吻说：“先生，您要不要先试试看?”然后静静地等待顾客的回答。如果顾客还有什么异议，就应该设法打消他的内心疑虑，这是非常重要的。

信号2：听完有关商品的介绍后，顾客可能会彼此间相互对望，动一动眉毛，或者眼神里传递“你的意见怎么样?”这种表情表示他在征求他人的同意，此时，你就可以说一声：“请试试吧?”这时，他的太太可能会说：“你看呢？我想就按你的意思办吧。”出现这种状况时，你不妨插嘴谈些别的话题，最好的话题是围绕他太太的。“先生，像您两位这样，真是夫妻相敬如宾的典范，现在既然太太已发表过意见了，您就照办吧！”这样说话不但会逗人发笑，还会让做太太的很高兴，重新把太太引到交易中来，这是接待伉俪顾客的一种情形。如果是一群顾客到来时，应牢记的是，决不可冷落其中任何一人，否则交易必然失败。

信号3：有时顾客会倚在沙发上，或是看着太太，显得百无聊赖，或是满脸的困惑。这时，你就应主动上前，走近顾客说："请试用一下吧！"这种接近顾客的方式，可以很快产生"认同感"。在顾客决定购买时，便可能以这种"认同感"为参考依据。因为此时顾客已把自己身旁的推销员，当成好友看待了，有这种"认同感"相助，你的交易岂有不成之理？

(http://www.365u.com.cn/)

思考题：

在进行交易时，推销人员如何把握"时机"最终促成顾客购买商品？

任务2 识别非语言信号

在推销过程中成交时机的到来常常伴随着许多特征性的信号，推销人员应当了解并抓住这些顾客的成交信号。非语言成交信号是指顾客在表情、行为等方面所泄露出来的打算购买推销品的一切暗示或提示。在实际推销工作中，顾客为了保证实现自己所提出的交易条件，取得交易谈判的主动权，一般不会首先提出成交，更不愿主动、明确地提出成交。但是顾客的购买意向总会通过各种方式表现出来，对于推销人员而言，必须善于观察顾客的言行，捕捉各种成交信号，及时促成交易。

情景训练

一位女士在试皮衣，虽然是大热天，她仍在试衣镜前，足足折腾了一刻钟。她走来走去的样子好像是在做时装表演；而当她脱下皮衣时，两手忍不住又去摸皮毛，甚至眼里涌着泪光。从该例我们可看出，这位女士的行为属于强烈的成交信号。

通过顾客的行为我们会发现顾客发出的许多成交信号，因此作为一位推销人员应尽力使顾客成为一位参与者，而不是一位旁观者。通过细心观察，只要及时解决顾客的疑问，成交也就顺理成章了。

请根据案例情景进行角色扮演。

知识链接

在推销过程中成交时机的到来常常伴随着许多特征性的信号，推销人员应当了解并抓住这些顾客的成交信号。非语言成交信号指顾客在表情、行为等方面所泄露出来的打算购买推销品的一切暗示或提示。在实际推销工作中，顾客为了保证实现自己所提出的交易条件，取得交易谈判的主动权，一般不会首先提出成交，更不愿主动、明确地提出成交。但是顾客的购买意向总会通过各种方式表现出来，对于推销人员而言，必须善于观察顾客的言行，捕捉各种成交信号，及时促成交易。

顾客表现出来的非语言信号主要有表情信号和行为信号两种。

一、识别表情信号

表情信号是从顾客的面部表情和体态中所表现出来的一种成交信号，如在洽谈中面带微笑、下意识地点头表示同意你的意见、对产品不足表现出包容和理解的神情、对推销的商品表示兴趣和关注等。

顾客的语言、行为、表情等表明了顾客的想法。推销人员可以据此识别顾客的购买意向，及时地发现、理解、利用顾客所表现出来的成交信号，促成交易。

把握成交时机，要求推销人员具备一定的直觉判断与职业敏感。作为推销人员如何识别这些代表可以成交的表情信号呢？一般而言，下列几种情况可视为促成交易的较好时机：当顾客紧缩的双眉分开上扬；顾客神态轻松，态度友好，自然地微笑；当推销人员对顾客的问题做了解释说明之后，流露出与原来不同的神情；在推销人员向顾客介绍了推销品的主要优点之后；在推销人员恰当地处理顾客异议之后，态度更加友好；顾客对某一推销要点表示赞许之后，眼角舒展，神情放光；在顾客仔细研究产品、产品说明书、报价单、合同等情况下，好像在思考什么问题；当顾客表示对产品非常有兴趣时；目光在产品逗留的时间增长，眼睛发光，神采奕奕；顾客由咬牙沉腮变成表情明朗、放松、活泼、友好；表情由冷漠、怀疑、拒绝变为热情、亲切、轻松、自然。

二、识别行为信号

在推销的过程中，当与顾客的交流进行到一定程度的时候，如果出现一些特定的行为举止，也许这就是一些成交的信号，是最佳的成交时机，由于人的行为习惯，经常会有意无意地从动作行为上透露一些对成交比较有价值的信息，当有以下行为举止信号发生的时候，推销人员要立即抓住良机，勇敢、果断地去试探、引导客户签单。

顾客反复阅读文件和说明书；顾客认真观看有关的视听资料，并点头称是，有时是频频点头；顾客查看、询问合同条款；顾客要求推销人员展示样品，并亲手触摸、试用产品，再次查看说明书；顾客突然沉默或沉思，眼神和表情变得严肃，或表示好感，或笑容满面；顾客主动请出有决定权的负责人，或主动给你介绍其他部门的负责人；顾客突然给推销人员倒开水，变得热情起来等；顾客在洽谈时拒绝见其他人员。

阅读思考

人的面部表情不容易捉摸，人的眼神有时更难猜测，但是销售员仍可以从客户的面部表情中读出购买信号。如眼神的变化，眼睛转动由慢变快，眼睛发光，神采奕奕；腮部放松；由咬牙深思或托腮变为脸部表情明朗轻松、活泼与友好；情感由冷漠、怀疑、深沉变为自然、大方、随和、亲切。

客户总喜欢用肢体语言来表达他们自己对产品的兴趣，这些肢体语言的变化，需要销售员自始至终非常专注。

客户心情非常愉快，客户邀请销售员喝茶等，都是客户发出的购买信号，此时，销售员技巧性与礼貌性地提出成交要求，一般成交率都会很大。如果客户连续 2—3 次发出购买信号，而销售员无动于衷，那么客户便不会再发出购买信号，因为他觉得我们销售员不识趣。销售无难事，只怕有心人。只要有心去识别客户的购买信号，适时进入达成协议阶段，销售的成功率就会很高。

（赵柳村主编，《推销与谈判实务》，暨南人民出版社 2007 年版）

思考题：

为什么很多“话语不多”的销售员业绩很好？

项目二 敦促成交

成交技法是指推销人员敦促顾客决定购买的一种技术。它是促成交易活动的基本战术，适用于各种商品或服务的买卖活动。在推销的世界里，成交的方法多姿多彩，但是，每一种方法的具体应用显然是有条件的，任何一种成交技法，离开一定的条件，不仅行不通，而且有可能危及交易的达成。所以，最终成交的实现，取决于推销人员是否真正掌握并灵活运用成交策略和成交战术。

任务 1 请求成交

请求成交法也叫直接成交法，是推销人员用明确的语言向准顾客直接提出购买的建议。这是最简单因而也是最常见的一种成交方式。当买卖已经"瓜熟蒂落"时，推销人员自然就应说："既然没什么问题，我看我们现在就把合同订了吧。"

情景训练

马里森珠宝店是一家面向中等消费阶层的珠宝专营店，在其业务中，订婚戒指和结婚戒指的销量占有相当的比重。沃丽是该店的推销员，当一位年轻男子进入店里时，她正在整理货柜。年轻人看起来带着犹豫的神情，他环视着四周亮光闪闪的柜台，然后慢慢走到订婚和结婚用柜台前。于是沃丽向他问好。

沃丽："下午好，我叫沃丽，要我帮忙吗?"

年轻人："哦，我想看看订婚戒指。"

沃丽快速打量着这位顾客，他衣着整洁有档次，估计年龄在25岁左右。

沃丽："她是一个幸运的姑娘，让我给你看看今年的流行式样。我可以知道你的名字吗?"

年轻人："我叫汤姆·高尔曼。"

沃丽："高尔曼先生，柜台里的所有戒指都是长缘公司的，你一定知道这个名字，它以质量著称。"

汤姆:“它们很漂亮。它们都是多少钱的?”

沃丽:“价格大不相同,你看上面这两排是订婚和结婚的配套戒指。”

汤姆:“我知道,不过我结婚还得一段时间呢。”

沃丽:“配套戒指的好处是有彼此相配的感受。”

汤姆:“我懂,如果我要配套戒指,那结婚戒指可以留待日后来买吗?”

沃丽:“可以,公司可以提供记账和保存服务。”

汤姆:“那么这对配套戒指多少钱?”

沃丽:“你的确好眼力,这一副 21000 美元,新郎的是 19900 美元。”

汤姆:“可真不低。”

沃丽:“这可是你的终身性投资,在这个意义上说价钱并不是最重要的。而且许多顾客都称赞物有所值呢!”

作为推销员,沃丽下一步该怎么做?

知识链接

一、使用请求成交法的时机

1. 推销人员了解老客户的需要,而老客户也曾接受过推销的产品,因此老客户一般不会反感推销人员的直接请求。

2. 若顾客对推销的产品有好感,也流露出购买的意向,发出购买信号,可又一时拿不定主意,或不愿主动提出成交的要求,推销人员就可以用请求成交法来促成客户购买。

3. 有时候客户对推销的产品表示兴趣,但思想上还没有意识到成交的问题,这时推销人员在回答了客户的提问,或详细地介绍产品之后,就可以提出请求,让客户意识到该考虑购买的问题了。

4. 顾客提不出新的异议时,想买又不便主动开口时。推销员可利用直接请求法,以节约时间,结束推销过程。

二、使用请求成交法的优点

1. 快速地促成交易。在推销过程中，会经常出现一些成交机会，但不能指望顾客会主动提出成交，只能由推销员通过观察，寻找顾客要求成交的信号，由推销员主动提出成交要求，向顾客实施一定的成交压力，迫使顾客立即作出购买反应，达成交易。

2. 充分地利用各种成交机会。在推销中，顾客会通过各种方式表达出自己的成交意向，推销员一旦发现成交信号，应主动提出成交要求，及时促成交易，以免错过有利的成交时机。

3. 节省销售的时间，提高工作效率。

4. 体现一个推销人员灵活、机动、主动进取的销售精神。但请求成交法也存在着缺陷。若推销人员不能把握恰当的成交机会，盲目要求成交很容易给顾客造成一种压力，从而产生一种抵制情绪，破坏本来很友好的成交气氛。此外，若推销人员急于成交，就会使顾客以为推销人员有求于自己，从而使推销人员丧失成交的主动权，使顾客获得心理上的优势。还有可能使顾客对先前达成的条件产生怀疑，从而增加成交的困难，降低成交的效率。正如谈判专家约翰·温克勒所警告的那样:“要轻轻地压迫感情的脉管，因为你手下是灾难的开关。”

阅读思考

俞小姐是从事天然食品推销工作的。一天在给一位老夫人做上门推销时，她已把这种食品的功能和效用清楚地讲完了，而对方反应冷漠。临出门之前，她忽然看到窗台上有一盆美丽的盆栽，上面种的是红色的植物，俞小姐就对老太太说:“好漂亮的盆栽啊！平常似乎很少见到。”“确实罕见。这种植物叫嘉德里亚，属于兰花的一种。”老太太马上话多起来，开始有些情绪激动。

见此情况，俞小姐马上接着问:“的确很美，会不会很贵呢?”

“很昂贵，这盆盆栽就要 800 元。”

俞小姐想：我的天然食品也是 800 元，于是慢慢把话题转入重点:“每天都要浇水吗?”

"是的，每天都得细心养育。"

"那么，这盆花也算是家中的一分子喽?"

这一句话果然发挥了效用，立刻让对方觉得俞小姐真是有心人，于是开始倾囊传授所有关于兰花的学问，而俞小姐也聚精会神地听，中途告一段落时，俞小姐就把刚才心里所想的事情说出来了："太太，您今天买我们的天然食品，就当做买了一盆兰花吧。"结果那位太太竟爽快地答应下来。她一边打开钱包，一边说道："即使我女儿或我丈夫，也不愿听我嘀嘀咕咕讲这么多，而你却愿意听我说，甚至能够理解我这番话。希望改天再来听我谈兰花，好吗?"

（冯华亚编著，《推销技巧与实战》，清华大学出版社 2008 年版）

思考题：

如果你是俞小姐，如何让这位太太成为顾客?

任务 2 假设成交

假设成交法是推销人员假定顾客已决定购买商品了，又称"假定成交法"，是推销人员展开推销努力的一种成交法。譬如推销人员可做如下陈述："我稍后就打电话为您落实一下是否有存货。"如果准顾客对此不表示任何异议，则可认为顾客已经默许成交。

情景训练

小张："您希望我们的工程师什么时候给您上门安装?"

小张："您觉得什么样的价格合理呢? 您出个价。"

小张："请问您买几件?"

小张："童女士，我们把这次公开课安排在下个星期五和星期六两天，您那里可以派几个人过来呢?"

假设你是小张，请运用角色扮演模拟小张向顾客推销的场景。

知识链接

假设成交法是一种推动力。例如，你已将一部汽车开出去给顾客看过了，而感到完成这笔交易的时机已经成熟，这时你就可以进一步地解决这个问题——推动顾客真正地签下订单。你可以这样对他说："杨先生，现在你只要花几分钟功夫就可以将换取牌照与过户的手续办妥，再有半个钟头，你就可以把这部新车开走了。如果你现在要去办公事，那么就把这一切交给我们吧，我们一定可以在最短时间内把它办好。"经你这样一说，如果顾客根本没有决定要买，他自然会向你说明；但如果他觉得换取牌照与过户手续相当麻烦而仍有所犹豫的话，那么你的这番话该可使他放心了，说明手续不成什么问题。

假设成交法，特别适用于对老顾客的推销。例如，一个化妆品推销人员对一个正在比较各种口红颜色的顾客说："你手上的这支很适合你的年龄和肤色。来，我替你装好。"

假设成交法要求推销人员要正确地把握时机，盲目假定顾客已有了成交意向而直接明示成交，很容易给顾客造成过高的心理压力，导致可能成功的交易走向失败。这种方法若使用不当，还会使顾客产生种种疑虑，使推销人员陷于被动，增加成交的困难。

假设成交法的优点：

1. 它将会谈直接带入实质性阶段；

2. 通过逐步深入的提问，提高顾客的思维效率；

3. 和直接请求成交法相同，它使顾客不得不作出反应。

假设成交法的关键：

1. 必须善于分析顾客，对于那些依赖性强、性格比较随和的顾客，以及一些老顾客可以采用这种方法；

2. 必须发现成交信号，确信顾客有购买意向，才能使用这种方法；

3. 尽量使用自然、温和的语言，创造一个轻松的推销气氛。

阅读思考

在一次推销洽谈中，顾客（一位商店女经理张女士）向推销人员暗示了她对产品的毛利率、交货时间及付款条件感兴趣。以下是他们之间的对话。

推销人员："张女士，您说过对我们较高的毛利率、快捷的交货时间及付款方式特别偏爱，对吧？"

张女士："我想是的。"

推销人员："随着我们公司营销计划的实施，光顾你们商店的顾客就会增加，该商品的销售必将推动全商店的销售额超过平常的营业额，我建议您购买（陈述产品和数量）。下两个月内足够大的市场需求量，必将给您提供预期的利润，下周初我们就可交货（等待顾客的回应）。"

（吴必达编著，《第一次推销》，企业管理出版社 2003 年版）

思考题：

作为推销人员，下一步怎么做才能促成交易？

任务 3　从众成交

从众成交法是推销人员利用人们的从众心理来促成准顾客购买推销品的成交方法，也是促使顾客立即购买推销产品的一种成交方法。从众心理是人类固有的心理现象，长期的社会规范、有形或无形的团体压力以及人类自身的成长要求，都是形成从众心理的主要原因。比如，一位服装店的推销人员在销售服装时说："您看这件衣服式样新颖美观，是今年最流行的款式，颜色也合适，您穿上一定很漂亮，我们昨天刚进了四套，今天就剩下两套了。"

情景训练

有这样一个小故事，值得推销人员琢磨。

在街头，排起了长长的一队。后面来的人看到如此，也不知不觉地排了上去。

突然，一个人问他前面的人："排这么长的队，究竟是做什么？"

前面的人回答说："不知道！"

于是，前面的人又同样问自己前面的人，得到的答案同样是“不知道”。

这样，排队的人便一个一个往前面问。第一个人正在聚精会神地看蚂蚁搬家，被打扰后对身后的人说：“我在看蚂蚁搬家呢！你干吗在后面打扰我？”此时，大家才知道排队是为了什么。这就是生活中的从众现象。在销售过程中，推销人员也可以运用客户的从众心理，促使客户下定决心购买产品，从而获得订单。

请问从这一个小故事中你受到什么样的启发呢？

知识链接

采用从众成交法，可以用一部分顾客去吸引另一部分顾客，从而有利于推销人员提高销售的效率。在日常生活中，人们或多或少都有一定的从众心理，顾客在购买商品时，不仅要依据自身的需求、爱好、价值观选购商品，而且也要考虑全社会的行为规范和审美观念，甚至在某些时候不得不屈从于社会的压力而放弃自身的爱好，以符合大多数人的消费行为。由于产品已取得了一些顾客的认同，使推销人员的说辞更加有说服力，有利于顾客消除怀疑，增强购买信心。

从众成交法就是利用顾客的这种从众心理。通过顾客之间的影响力，给顾客施加无形的社会心理压力，进而促成交易。使用从众成交法时出示的有关文件、数据必须真实可信，采用的各种方式必须以事实为依据，不能凭空捏造、欺骗顾客。否则，不但不能促成成交工作，反而会影响信誉，破坏全盘推销工作。

阅读思考

小王是某病毒防火墙 X 公司的销售经理。公司今年分配的销售任务都比去年有大幅增加，小王感到压力非常大。去年，小王在政府行业中了几个标，今年，政府行业的单子应该问题不大，但是，要完成任务，还必须开拓新的市场。对此，小王决定开拓教育行业的市场。

不久，小王从一个代理商那里得知某知名高校准备进行网络升级和改造，病毒防火墙就是其中的一项。小王认为打入教育行业市场的机会到来了，便直接去找代理商老李。

但是，了解到具体情况后，小王才发现事情并没那么简单。老李说，这个用户对产品的质量和性能要求都十分高，而且目前已经有几家国外知名病毒防火墙厂商介入了这个单子，竞争十分激烈。小王虽然对自己公司的产品十分有信心，但是考虑到本公司产品在教育行业的市场上还没有成功的案例，在竞争中很难取得用户的信任。果然，在与用户方的负责人面谈时，用户方就对小王公司产品在教育行业市场上成功的案例太少提出了质疑。无论小王如何努力争取，用户方就是不信任其产品。为了此事，小王想了很久，也没有找出说服用户的办法。正在他苦恼时，某位使用 X 公司软件的客户给小王打来电话反馈使用信息。小王见客户的反馈情况良好，便灵机一动，想出了一个办法。小王请示老总后，便将公司的软件送给 A 大学试用，并附带给了以前客户的联系方式。

开始，A 大学婉言谢绝试用。但是，经过一番努力和其他一些老客户的介绍后，A 大学最终同意了试用 X 公司的产品。过了不久，一些学校的电脑系统感染了震荡波病毒，而 A 大学的电脑却安然无恙。实践证明 X 公司的电脑软件无论是在产品质量和服务方面都是非常可靠的。A 大学决定一次性购买一大批 X 公司的软件。小王由此获得了一张价值不菲的大订单。

由于小王给 A 大学提供了优质的服务，X 公司产品表现出色，A 大学的相关负责人不仅非常信任 X 公司，而且还在一次教育行业的信息化交流会上作为使用者向其他学校大力推荐 X 公司的产品。通过 A 大学这个“证人”的推荐，小王又获得了许多订单。

客户在购买一种新产品，或者是自己不了解的产品时，往往心存疑虑，害怕买错了产品，或者怕被推销人员骗了。此时，无论推销人员怎么介绍和解释，都很难获得他们的信任。而此时，一旦他们听说有人使用过这种产品，而且效果不错的话，他们就会改变对产品的看法，转而信任产品。

某位客户要购买燃油锅炉。一些推销人员闻讯后，都纷纷来向客户介绍自己公司的产品。这让客户感到很为难，自己以前没有与这些公司打过交道，究竟信任谁呢？这时，有一个推销人员在他的产品介绍材料里面夹了一份有关客户联系方式的单子。其中，有一个就是客户的邻居，而且还是为人不错的邻居。于是，客户就拨打了邻居的电话。

结果，邻居说该公司的产品还可以，推销人员也值得信任。于是，客户就信任了这个推销人员，并购买了这家公司的锅炉。这个推销人员凭着一个有力的“证人”赢得了这张订单。

在销售过程中，从众成交法可以减轻顾客对风险的担心，尤其是新顾客，大家都买了，我也买，可以增强顾客的信心。推销人员利用此法促成订单，往往能够较为容易地促成交易。

（冯华亚主编，《推销技巧与实践》，清华大学出版社 2008 年版）

思考题：

小王取得成功的原因是什么？他是怎么做到的？

任务 4　试用成交

在销售领域，客户对某些产品不了解，而产品又可以试用的情况下，推销人员为了争取到订单，不妨先让客户试用一下产品。这样，等客户了解和接受产品后，让客户先试用一段时间看看，也是一种促成交易，获得订单的技巧。这种促成订单的技巧叫做试用成交法，或者小狗成交法，它是一个宠物商在卖狗的过程中无意间发现的。

一天，一个小男孩和他的妈妈来到一个宠物商店。该男孩非常喜欢宠物商店里的一条狗，但是男孩的妈妈却坚决拒绝购买。于是，小孩就开始闹情绪。

眼看成交的生意因孩子妈妈的“固执”而要泡汤，善于销售的店主就给他们出了一个主意，既帮助那位妈妈解了围，又成功地卖出了一条狗。

原来，在小男孩与妈妈闹情绪时，店主向他们建议：不要为了是否买一条狗争吵，先把狗带回家相处几天，再决定是否购买。如果喜欢小狗，觉得有买小狗的必要就买下，如果不喜欢小狗，觉得没有必要买小狗就退回来。

结果，小男孩不再闹情绪了，而是抱着小狗和妈妈一起高高兴兴地回家了。妈妈见孩子不再闹情绪，也同意了先把小狗带回家，然后再作决定是否购买小狗。没过几天，小男孩的妈妈就带着他来到商店付账，因为他们全家已经喜欢上了小狗，大家都一致决定要购买这条小狗了。

在销售过程中，推销人员要想争取到更多的订单，遇到客户因不了解产品或企业而犹豫不决时，就不妨建议客户先试用一下。这样，客户一旦亲身体会到产品带给他的好处后，就可能激起客户的购买欲望，促使客户下定决心购买。

情景训练

在某推销人员向一客户推销甩脂机时，由于客户以前尚未用过这种减肥器械，对其效果和性能没有信心。客户明确表示，她以前减肥采用的是药剂和体育锻炼的方式，但是效果都不是很显著，现在这种甩脂机能否起到良好的减肥效果，她实在没有信心。

面对客户的不信任，推销人员迅速做出反应说："这样吧，您先试用产品一个星期，到时候看看效果就知道产品的品质了。这是使用甩脂机的说明书。还有，我想提醒您使用甩脂机需要注意的几个方面，首先……。好了，这是我的联系电话，在试用产品时有什么效果，或者有什么疑难之处，随时可以拨打我的电话……"

推销人员告辞后，客户就怀着疑虑按照推销人员的要求试用了甩脂机。很快，她被这种新奇的产品吸引住了：甩脂机使用还真方便，不耽误工作和学习，而且效果一天天表现出来了。

等到产品试用到了第三天，客户就给推销人员打了电话，告诉推销人员产品的性能和质量还可以，减肥的效果也不错。

趁此机会，推销人员又约时间与客户见面了。推销人员又给客户补充说明了甩脂机使用的一些技巧和保养方法，然后就把订单推到了客户面前。此时，已经被甩脂机减肥效果征服的客户迅速地签下了单子，买下了一台甩脂机。

很显然，推销人员是销售机械器材的行家。对于甩脂机这种健身器材来说，试用一段时间，既不会损坏产品，又可以使客户在试用中体会到产品的魅力。推销人员让客户试用一段时间，结果就水到渠成地为自己赢得了订单。

推销人员成功谈判的原因在哪里？

知识链接

在销售过程中，有些客户由于没有接触到产品，更没有体验到产品，便会因某种原因理智地抑制自己的购买欲望，但对免费试用，他们一般是不会拒绝的。因此，推销人员要想获得他们的订单，根据产品的性质，能免费试用的就尽量让他们去试用一下，去亲身体验一下产品。

一般而言，在产品适合试用的前提下，以下情况比较适合利用试用成交法促成订单。

1. 双方难以建立信任关系时。客户难以信任自己从未使用过的产品，有购买欲望但又心存疑虑，推销人员采用此法，往往比较容易获得客户的信任，从而获得订单。

2. 当顾客不能清楚地了解自己通过交易获得的利益和满足时。此时，推销人员说一百遍也不如让客户体验一遍，让客户试用一下，往往能够说服客户，获得订单。

3. 当客户难以下定决心购买时。有些客户在购买前犹豫不决，此时，推销人员大胆让客户试用一下产品，也往往容易争取到订单。

4. 当客户提出想通过试用进一步了解产品时。有些客户对产品的购买意向不明显，但是出于好奇想进一步了解产品。此时，推销人员不要忽视这一个信息。客户有此举动已经显示客户有购买的极大可能。只要是能够试用的产品，推销人员应该让客户大胆试用。

当然，推销人员使用试用成交法的目的是让客户更加深刻地了解产品，熟悉产品，让客户在试用中体会他从交易中得到的利益，建立起双方的信任关系，从而成交。因此，推销人员在使用这种技巧时，需要注意如下问题。

1. 产品的质量必须过硬。产品试用是对产品方方面面的严格检验，因此推销人员要保证自己的产品是经得起检验的，否则质量不好的产品被客户试用后，不仅无法成交，还可能会给产品的声誉带来不良影响，得不偿失。

2. 在客户试用过程中，推销人员要及时提供相关的指导和服务，保证客户正确使用产品。这样，不仅可以避免客户试用不当带来的麻烦和误会，让客户体会产品本身的好处，还可以让客户体会到企业优质的服务。

3. 要注意意见的交流和跟踪。在试用过程中，不管是好的还是坏的，客户都会有印象和感觉，并且有评价。客户的评价可能是赞美，也可能是表示不满，也可能是提出建议。而这些不同意见就可能导致最后不同的结果。要想争取到订单，推销人员必须要注意跟踪和及时协调这些意见，以把客户引向成交的方向。

4. 根据产品的特点决定是否使用这种技巧。不同产品有不同的特点，有的产品能够试用，而有的产品不能够试用，推销人员也应该根据商品的特点、交流的情境、顾客是否值得争取、是否有引导价值等做出判断，否则盲目地让客户试用，有时不仅达不到促成订单的目的，还会损坏产品。

总之，试用成交法是充分而贴切地展示产品的一种方法，容易被客户认同和接受，容易让客户对产品加深了解，建立对销售员的好感和信任，同时也有利于销售员收集意见建议、了解客户真实的需求、了解客户对产品的看法和意见等。推销人员要想获得更多订单，在产品适合试用的情况下，不妨采用这种方法促成订单，在正常的情况下，其结果是令人欣喜和满意的。

阅读思考

老王是某 ERP 软件公司华南分公司经理。上任几个月来，市场形势可谓十分不乐观。自华南分公司开业以后，一套软件也没卖出去。在向许多客户推销自己的软件时，他都被对方借口"目前公司的软件系统良好，没有类似的需要"拒绝了。

怎样点燃这些客户的购买欲，让他们心甘情愿地购买自己的软件呢？对此，老王分析了市场行情，认为软件不被接受是客户没有亲身体会到其软件的魅力和好处。于是，他决定先让客户免费体验软件的魅力和好处，点燃客户的购买欲望，再去说服他们购买软件。

在制定了具体的行动方案后，他便在当地最有影响的报刊上登出了一则广告：著名 ERP 软件公司 A 公司推出 ERP 软件大优惠活动，为了支持华南制造业企业信息化的发展，本公司决定将 ERP 软件免费提供给合适的企业试用，试用期为三个月，试用满意后再行购买，如试用不满意，不收取任何费用。

B 公司曾经拒绝过购买他们的 ERP 软件系统。但老王认为，非常有希望争取 B 公司购买，便将目标锁定于 B 公司，对其进行了声势浩大的公关活动。B 公司认为，A 公司的软件可以免费试用，自己公司的软件系统迟早也要升级改造的，不妨先试用一下，再决定购买与否也不迟。在 A 公司的强势公关下，B 公司同意了试用他们的软件系统。

第二天，老王亲自拜访了 B 公司的老总。经过一下午愉快的交谈，老王很快就答应给对方试用 A 公司的 ERP 系统。一个星期后，老王又带领公司的技术实施人员进驻 B 公司，开始了系统的安装、调试、数据导入等工作。一个月之后，系统上线完毕。系统运行良好，B 公司对此也十分满意。

B公司由于用习惯了A公司提供的免费试用的软件系统后，对原有系统的不足特别感到不舒服，于是决定掏钱购买。就这样，老王很快便获得了一笔有分量的订单。

（席波主编，《推销原理与实务》，东北财经大学出版社2007年版）

思考题：

老王成功的原因是什么？

任务5　激将成交

在销售过程中，推销人员往往容易遇到一些客户，虽然有产品需要，但是犹豫不决。面对这些客户，要想获得订单，促使他们下决心签单，推销人员也可以利用他们的好胜心、自尊心，采用激将法使他们做出购买决定，迅速签单。

激将成交法是指推销人员采用一定的语言技巧刺激客户的自尊心，使客户在逆反心理的作用下完成交易行为的成交技巧。在销售过程中，推销人员一旦成功使用了这种技巧，往往能够促使客户迅速下定决心签单。

情景训练

一位保险推销人员在向一客户推销保险时，客户对保险产品的情况了解以后，却迟迟不愿意签单购买保险。

对此，推销人员说："现在，很多负责任的先生都会给自己的妻子和儿女买保险。因为他们觉得关爱自己的妻子和儿女是自己最大的光荣和责任，为妻子和儿女买保险是对他们无限关爱的一种方式。尤其是人身安全保险，它不仅是一种投资，而且体现了一位丈夫对妻子的关爱和呵护，一位父亲对子女的无限挚爱。我遇到了很多先生为他们的妻子和儿女买保险时，都是毫不犹豫地签单。像您这样犹犹豫豫的，我见得比较少……"

客户听了以后，说："还是等一段时间再说吧！"

推销人员说："我想这不是您的真正理由！您是没有把做丈夫和做父亲的责任放到足够高的位置。您要关心他们，就要时刻期望他们平安，而为他们买平安保险是关心他们平安的重要体现。现在，您的妻子和儿女都没有投平安险，实在看不出您对他们的关爱……"

客户一向是一位优秀的丈夫、称职的爸爸，听了推销人员的话，便说："那就买两份保险吧，反正为了他们也不在乎两份保险的钱……"

推销人员说："那是，那是，那就请您代替您的妻子和儿女签下名字吧！"就这样，该推销人员很快就获得了客户的签单。

请分析推销人员是如何打破谈判僵局取得订单的？

知识链接

在销售过程中，还有的客户对产品的各方面都基本满意，而且资金上也支付得起，就是不知什么原因，使他们总觉得往后是否会出什么问题而举棋不定，迟迟不敢做出签单的决定。面对这种客户，推销人员也可以采用激将法促使他们尽快下决心购买。

激将成交法是推销人员促成订单的一种技巧。在销售过程中，推销人员采用这种技巧促成订单，隐含着对客户的"逼迫"。因此，在学习和掌握这种促成订单的技巧时，推销人员还需要注意以下几个问题。

1. 要把准客户的心理。在销售过程中，推销人员要采用激将法，首先要把准客户的心理。只有客户具有较强的自尊心、虚荣心和好胜心，才可能有效地激将。否则，将很难起到激将的效果，甚至还有可能把一桩很有希望的生意逼近死胡同。一般而言，年纪轻的要比年纪大的容易被激将，见识少的要比见识多的容易被激将，越是讲究衣着打扮的、好争高比强的、地位较高、受人尊重的人越怕别人看不起，这样的人也容易被激将。在促成订单时，推销人员可以根据具体的客户对象，采用具体的方法去激将。

2. 不要伤害客户的自尊。在销售过程中，客户拥有成交的最后决定权。推销人员为了促成订单，可以采用激将法"逼迫"客户签单，但是必须以不伤害客户的自尊为前提。在销售过程中，如果推销人员伤害了客户的自尊，往往就容易导致客户不再愿意与推销人员交易，甚至还会因"自尊问题"惹出其他问题。因此，正确使用激将法应该是在不刺激对方自尊的基础上，切中对方的要害进行激将。例如，推销人员推销产品给客户时，不用"你不想买"而用"你是因为没钱，买不起"来激将客户，就把握得非常有分寸。

3. 要注意态度自然。激将法是人们比较了解、接触得比较多的常用计谋。因此，在使用激将法时也容易被对方看穿。在销售过程中，要用激将法促成订单，推销人员一定要注意态度和表情自然。否则，就容易让客户看出来是在“激”他，从而产生逆反心理，最终导致无法成交。

阅读思考

某推销人员在向客户推销产品时，客户对产品挑不出不满意的地方，在经济上也比较富裕，但在决定是否签单时很犹豫。

为了促使这位客户迅速签单购买产品，推销人员巧妙地使用了激将法。

推销人员对客户说：“先生，您的顾虑我很理解。在世界上，很多事情就是这样的。一个人对他愈是感兴趣、愈是喜欢的东西，就愈是不敢勇敢地追求它，愈是不敢积极地去争取拥有它。这是一种很可悲的心态，您说是不是？每一个人活在世上，都有他自己的信仰和人生目标。怎样才能实现自己的人生目标呢？只有凭借自己坚定的信念、不懈的努力和顽强的意志才能最终实现这些。正因为它是人生中最伟大的事业，才会有如此多的有识之士为实现这一目标花费毕生的精力，甚至洒干身上的每一滴血。我们要问，他们的动力源自何处？他们的动力主要是来自他们的信仰，他们心目中崇高的人生目标，可以激励着人们进行永不停息的追求。”

客户听了这些，觉得有一定的道理，就轻轻点了点头。

于是，推销人员就接着说：“是啊，自己认为有价值、有意义的东西，怎能不去努力追求呢？但就是有这种人，我认为他们的生活实在是没多大意义，至少可以说他们是没勇气的。这种人遇到自己喜欢的东西却不努力去争取，机会来临却没有勇气去抓住，使得一生都碌碌无为、平平庸庸，理想依旧是梦中的理想。我经常想，这些人为什么不果断一点呢？为什么不积极去争取和把握机会呢？我想，先生您一定不是这种人吧！”

客户听到这里，不自觉地说：“当然，我当然不是这种人。”

推销人员说：“您当然不是这种人。正因为如此，我们才如此欣赏您。现在，如果您觉得这种产品还行的话，如果您对我们的产品和服务没有什么异议的话，就行动起来吧。在这里签下您的名字就行。”说着，推销人员就把订单递到了客户面前。

（安贺新主编，《推销与谈判技巧》，中国人民大学出版社 2010 年版）

思考题：

该推销人员成功签约的原因是什么？他是怎么做到的？

任务 6　保证成交

保证成交法是推销人员通过向顾客提供某种保证来促成交易的成交方法。保证成交法即是推销人员针对顾客的主要购买动机，向顾客提供一定的成交保证，消除顾客的成交心理障碍，降低顾客的购物风险，从而增强顾客的成交信心，促使尽快成交的方法。保证成交法是一种大点成交法，直接提供成交保证，直至促成交易。

情景训练

一个推销人员在向某公司推销软件系统过程中，与该公司的负责人在商谈时，就巧妙地使用了保证成交法，结果获得了一大笔订单。

S 公司的软件系统时不时出毛病，影响了 S 公司的工作效率。过了一段时间，经过研究，S 公司决定投入大笔资金全面更新公司的软件系统。

一个推销人员获得这个消息后，就前来洽谈这一笔生意。通过各种关系和努力地说服，S 公司的相关负责人对推销人员推销的软件系统终于有了一点意向。但是，鉴于以前买的软件系统质量不高的问题，S 公司的相关负责人迟迟不肯签单，希望能另外找到质量和性能更可靠、价格更优惠的软件系统。

推销人员说："王经理，您放心，贵公司试用了这种软件后，我保证这种软件系统质量和性能令你们满意。这样吧，这星期六我抽时间亲自给你免费送来，免费安装，全程安装都由我亲自监督。等您验收！"

S 公司的负责人说："星期六，行吗？万一装上了你们的系统后，下周一公司上班时，系统出现了问题怎么办？"

推销人员说："王经理，您放心，既然您考虑得这么周到，那么我也保证我们的软件系统装上去后万无一失，因为我们公司有健全的售后服务系统。我们公司向市内的所有客户承诺，在保修期间，全程免费上门修理。我们公司从事软件推广服务工作已经 7 年了。7 年来，很多客户都接受了我们提供的这种服务。王经理考虑得周全，有一点不放心，是一个领导工作精细的表现。不过，由我们公司提供的软件您就可以绝对放心。"

S公司的负责人说："我不是对你不放心，而是怕出现万一。我们以前买软件的时候，也遇到过类似的事情。"

推销人员说："您的担心我理解。我向您保证，我们的软件绝对没问题。"

S公司的负责人看到推销人员的态度如此自信坚定，想了一会儿，就说："好，那就这样！"

于是，推销人员便迅速将订单推到了S公司的负责人面前，让他签下了字。

该推销人员成功签约的原因是什么？他是怎么做到的？

知识链接

保证成交法通过提供保证使顾客没有了后顾之忧，增强了购买信心，从而可以放心购买产品。另外，该方法在说服顾客、处理顾客异议方面也有不同寻常的效果。保证成交法的保证内容一般包括商品质量、价格、交货时间、售后服务等。这种保证直击顾客的成交心理障碍，极大地改善成交气氛，有利于促成交易。使用保证成交法时，一定要做到言而有信。不能为一时的利益而信口承诺，结果又无法实现，必将丧失销售信用，不利于与顾客发展长久的关系。

保证成交法的使用时机：

产品的单价过高，缴纳的金额比较大，风险比较大，客户对此种产品并不是十分了解，对其特性质量也没有把握，产生心理障碍成交犹豫不决时，推销人员应该向顾客提出保证，以增强信心。

保证成交法的优点：

运用保证成交法可以消除客户成交的心理障碍，增强成交信心，同时可以增强说服力以及感染力，有利于推销人员妥善处理有关的成交异议。

保证成交法的注意事项：

应该看准客户的成交心理障碍，针对客户所担心的几个主要问题直接提示有效的成交保证条件，以解除客户的后顾之忧，增强成交的信心，促使进一步成交。根据事实、需要和可能，向客户提供可以实现的成交保证，切实地体恤对方，你既要维护企业的信誉，同时还要不断地去观察客户有没有心理障碍。

阅读思考

有一家毛织品销售公司，地处偏僻，很不起眼。为了尽快打开市场销路，针对市场上普遍存在退换商品难的问题，他们提出了“不让客户吃亏为难”的口号，并积极向客户推销这种毛织品。

一个推销人员在向客户推销毛织品时，客户有些疑虑，认为厂家不出名，质量和信誉方面难以让人放心。

对此，推销人员信心满满地向客户保证，只要质量有问题，包退包换。正因为推销人员在客户面前充满自信，果断地予以保证，结果很快打消了客户的疑虑，推销人员的订单数也日益见涨。

在销售过程中，为了消除客户的疑虑，促成客户尽快签单，推销人员向客户做保证，是一种很好的促成订单的技巧。当然，推销人员要掌握好这种技巧，需要了解哪些是能够给予客户承诺的，哪些是不能信口开河地瞎保证的。

（安贺新主编，《推销与谈判技巧》，中国人民大学出版社 2010 年版）

思考题：

保证成交法适用什么样的情况？要注意哪些问题？

项目三　完成交易

在社会生活中，人与人之间的协作和利益的交换，一般都是通过合同联系起来的。在市场经济中，似乎所有的经济活动也都是通过合同进行的，如购买设备，销售产品，商务代理，国际贸易等。所以说，合同是生活中的交易规则，它与百姓的日常生活息息相关。

合同是市场的交易形式，是市场经济的纽带，通过这个纽带把市场参与者即市场主体紧密联系在一起。所以说，市场经济就是“合同经济”。

在推销的整个过程中，促成交易是每一个推销人员的目标，那么完成签约事项就是交易成功的一个重要标志，具有根本性的意义。

任务 1　订立合同

合同的订立，就是双方当事人在平等基础上经过充分协商达成协议的过程。关于订约程序，几乎所有的教材都说要经过两个步骤，即要约和承诺。《经济合同法》规定："当事人双方依法就经济合同的主要条款经过协商一致，经济合同就成立。"

情景训练

S省某建筑工程公司因施工期紧迫，而事先未能与有关厂家订好供货合同，造成施工过程中水泥短缺，急需100吨水泥。该建筑工程公司同时向A市海天水泥厂和B市丰华水泥厂发函，函件中称："如贵厂有300号矿渍水泥现货（袋装），吨价不超过1500元，请接到信10天内发货100吨。货到付款，运费由供货方自行承担。"

A市海天水泥厂接信当天回信，表示愿以吨价1600元发货100吨，并于第3天发货100吨至S省该建筑工程公司，建筑工程公司于当天验收并接收了货物。

B市丰华水泥厂接到要货的信件后，积极准备货源，于接信后第7天，将100吨袋装300号矿渍水泥装车，直接送至该建筑工程公司，结果遭到某建筑工程公司的拒收。理由是：本建筑工程仅需要100吨水泥，至于给丰华水泥厂发函，只是进行询问协商，不具有法律约束力。丰华水泥厂不服，遂向人民法院提起了诉讼，要求依法处理。

请问：

1. 丰华水泥厂与该建筑工程公司之间是否存在生效的合同关系？
2. 该建筑工程公司拒收丰华水泥厂的100吨水泥是否于法有据？
3. 丰华水泥厂能否请求该建筑工程公司支付违约金？
4. 对海天水泥厂的发货行为如何定性？
5. 海天水泥厂与该建筑工程公司的合同何时成立？合同内容如何确定？

知识链接

一、合同的形式和内容

《合同法》第10条规定："当事人订立合同，有书面形式、口头形式和其他形式。法律、行政法规规定采用书面形式的，应当采用书面形式。当事人约定采用书面形式的，应当采用书面形式。”由此可见，合同形式有以下几种。

（一）书面形式

书面形式包括合同书、信件和数据电文（电报、电传、传真、电子数据交换和电子邮件）。书面形式就是以文字方式表现合同内容的形式。

（二）口头形式

口头形式就是以谈话的方式订立合同，如当面交谈、电话联系等。

《合同法》第 12 条规定：“合同的内容由当事人约定，一般包括以下条款：1.当事人的名称或者姓名和住所，2.标的，3.数量，4.质量，5.价款或者报酬，6.履行期限、地点和方式，7.违约责任，8.解决争议的方法。”

二、合同的订立程序

合同的订立，就是双方当事人在平等基础上经过充分协商达成协议的过程。关于订约程序，一般都要经过两个步骤，即要约和承诺。

（一）要约与要约邀请

1. 要约和要约邀请。要约是希望和他人订立合同的意思表示，也就是一方当事人以订立合同为目的，向对方当事人提出合同条件，希望对方当事人接受。要约又通常被称为发盘（发盘分为实盘和虚盘，实盘为要约，虚盘为要约邀请）、出盘、发价、报价。其中发出要约的一方叫要约人，对方当事人叫要约相对人或者叫受要约人。合同法上的用词是“受要约人”。

要约邀请是希望他人向自己发出要约的意思表示。要约邀请有三个特点。一是其内容不具备合同成立的全部必要因素，一般只有标的，有时候有价格。二是要约邀请对当事人不具有约束力。因为要约邀请只是订立合同的一种预备行为。其本身不发生法律后果，对当事人不具有约束力，要约人并不受其约束。三是要约邀请的相对人一般为不特定的人。

商品价目表、拍卖公告、招标公告、招股说明书、商业广告等均为要约邀请。

2. 要约的生效。要约何时生效，关系到要约人从什么时候起对要约人产生约束力，也涉及承诺期限问题，是要约承诺制度中非常重要的内容。《合同法》采用的是到达主义原则，规定："要约到达受要约人时生效。"

3. 要约的撤销。要约撤销，是指要约人在要约生效后，将该项要约取消，从而使要约的法律效力归于消灭的行为。

要约失效是指要约丧失其法律效力，当事人，尤其是要约人不再受其约束。

《合同法》第 20 条规定："有下列情形之一的，要约失效：(1)拒绝要约的通知到达要约人；(2)要约人依法撤销要约；(3)承诺期限届满，受要约人未作出承诺；(4)受要约人对要约的内容作出实质性变更。"

（二）承诺

1. 承诺的概念及有效条件。承诺是受要约人同意要约的意思表示。承诺需要具备三个条件。

（1）承诺的内容应当与要约的内容一致，即"受要约人同意要约"。

（2）承诺应以通知或行为作出，《合同法》第 22 条规定："承诺应当以通知的方式作出，但根据交易习惯或者要约表明可以通过行为作出的除外。"

（3）从承诺期限看，承诺一般必须在承诺期限内到达要约人，超出承诺期限，一般不能产生承诺的效力，而是新的要约。

2. 承诺的撤回。要约可以撤回，要约撤回是为了保护要约人的利益。那么根据公平原则，承诺也可以撤回，承诺撤回是为了保护受要约人的利益。但在承诺通知到达要约人后，承诺生效，合同成立，不可能撤回，也不能撤销。

三、订约过错责任

《合同法》第 42 条规定："当事人在订立合同过程中有下列情形之一，给对方造成损失的，应当承担损害赔偿责任：1.假借订立合同，恶意进行磋商；2.故意隐瞒与订立合同有关的重要事实或者提供虚假情况；3.有其他违背诚实信用原则的行为。"

所谓缔约过错责任，是指一方当事人在订立合同过程中，因为过错给对方当事人造成损失时，所应承担的责任。

四、合同的成立与合同的生效

首先要弄清合同成立与合同生效的关系。成立与生效关系密切，但却是截然不同的两个概念。

合同成立指合同当事人订立合同的行为完成，要约与承诺的过程已经结束或者双方已经签字盖章。而合同生效是指合同产生法律效力，生效后，当事人必须按照合同履行义务，否则要承担违约责任。合同生效以合同成立为前提，即有合同，合同才能生效，没有合同，合同生效、失效、有效、无效便无从谈起。但合同成立并不意味着合同生效。有时候，合同生效还需要履行批准、登记等手续或者等待条件的成就或期限的届至。合同作为一种民事法律行为，其生效也要具备三个条件：行为人具有相应的民事行为能力，意思表示真实，不违反法律或者社会公共利益。

五、合同生效的时间

根据《合同法》的规定，合同生效的时间有以下几种情况。

1. 依法成立的合同，自成立时起生效（《合同法》第 44 条第 1 款）。即一般情况下，合同依法成立，意味着生效。

2. 办理批准、登记手续后生效。《合同法》第 44 条第 2 款规定："法律、行政法规规定应当办理批准、登记等手续生效的，依照其规定。"

3. 条件成就时生效、失效。第 45 条规定："当事人对合同的效力可以约定附条件。附生效条件的合同，自条件成就时生效。附解除条件的合同，自条件成就时失效。"最高人民法院关于《合同法》的解释第 9 条规定："以批准、登记为生效前提的合同，在一审法庭辩论终结前，当事人办理了批准、登记手续的，应认定合同已生效。规定应当办理登记手续，但未规定登记后生效的，当事人未办理登记手续，不影响合同的效力。"

4. 期限届至时生效，届满时失效。

六、效力待定的合同

效力待定的合同是指这些合同的签订从主体上来看存在着某些瑕疵，不完全符合法律的规定。那么其效力如何确定呢，是一概否认其效力，还是承认其效力？对此，《合同法》作了较为灵活的规定，在某些情况下认定其是有效的，在某些情况下认定其是无效的。所以人们把这种合同叫做效力未定，或者叫待定的合同。

（一）限制民事行为能力人订立的合同

《合同法》第 47 条规定："限制民事行为能力人订立的合同经法定代理人追认后，该合同有效，但纯获利益的合同或者与其年龄、智力、精神健康状况相适应而订立的合同，不必经法定代理人追认。相对人可以催告法定代理人在一个月内予以追认。法定代理人未作表示的视为拒绝追认。合同被追认之前，善意相对人有撤销的权利。撤销应当以通知的方式作出。"

（二）无权代理人签订的合同

《合同法》第 48 条规定："行为人没有代理权、超越代理权或者代理权终止后以被代理人名义订立的合同，未经被代理人追认，对被代理人不发生效力，由行为人承担责任。相对人可以催告被代理人在一个月内追认。被代理人未作表示的视为拒绝追认。合同被追认之前，善意相对人有撤销的权利。撤销应当以通知的方式作出。"

无权代理是指不符合法律规定的代理行为，包括没有代理权、超越代理权和代理权终止后的代理。基于这种无权代理行为签订的合同的效力也可以用三句话来概括。

1. 合同一般无效，基于合同无效所形成的责任由行为人即无权代理人承担。也就是说，"被代理人"对无权代理人的行为不承担任何责任。

2. 经被代理人追认后有效。行为人在进行"代理"行为时没有代理权，但是经过被代理人追认后，无权代理行为变成了有权代理行为，所以代理行为有效，被代理人要承担合同义务。

3. 相对人有催告权和撤销权。即相对人可以催告被代理人在一个月内予以追认。被代理人未作表示的，视为拒绝追认。合同被追认之前，善意相对人有撤销的权利。撤销应当以通知的方式作出。

（三）表见代理合同

表见代理人实际上没有代理权，但是相对人有理由相信其有代理权，法律为保护善意相对人的利益，规定代理行为有效，被代理人要承担责任。

（四）法定代表人、负责人越权订立的合同

《合同法》第 50 条规定："法人或者其他组织的法定代表人、负责人超越权限订立的合同，除相对人知道或者应当知道其超越权限的以外，该代表行为有效。"

法定代表人是指法人组织的，负责人是指非法人组织的领导人。

法定代表人代表法人、负责人代表其组织行使职权是法律和章程的规定，无需特别委托和授权。其在职权范围内所为的行为就是法人或组织的行为，法人或组织必须承担责任。但有时候法定代表人、负责人却超越职权范围订立合同，从事民事行为，其效力如何确定？从其越权看，应认定其无效。

（五）无处分权的人处分他人财产的合同

处分权是财产所有权的四大权能之一，应该由财产所有人和享有处分权的人来行使。如果无处分权的人处分了他人财产则构成侵权，由此签订的合同一般应认定为无效。但也不是一概而论。《合同法》第 51 条规定："无处分权的人处分他人财产，经权力人追认或者无处分权的人订立合同后取得处分权的，该合同有效。"如甲把某物借给乙，乙将该物卖给丙。本来乙无处分权，乙与丙的买卖行为无效。但此后，甲同意把该物卖给乙。则乙属于事后取得处分权，乙与丙的买卖行为有效。

七、合同的无效

合同的无效是指合同已经成立，但是由于违反法定事由而使其不能产生法律约束力。对于这种合同，当事人不仅不能履行，而且要承担法律责任。

关于合同的无效问题，三部合同法及《民法通则》都作出过规定。《合同法》

规定了两种无效。

（一）合同无效

《合同法》第 52 条规定："有下列情形之一的，合同无效：1.一方以欺诈、胁迫的手段订立合同，损害国家利益；2.恶意串通，损害国家、集体或者第三人利益；3.以合法形式掩盖非法目的；4.损害社会公共利益；5.违反法律、行政法规的强制性规定（其实应为禁止性规定）。"《合同法》的规定与通则和三个合同法的规定基本相同。

（二）免责条款无效

《合同法》在规定合同无效的同时，还规定了两项免责条款无效。即第 53 条规定："合同中的下列免责条款无效：1.造成对方人身伤害的，2.因故意或重大过失造成对方财产损失的。"

八、合同的可变更、可撤销

（一）合同可变更、可撤销的情形

《合同法》第 54 条规定："下列合同，当事人一方有权请求人民法院或者仲裁机构变更或者撤销：1.因重大误解订立的，2.在订立合同时显失公平的。一方以欺诈、胁迫的手段或者乘人之危，使对方在违背真实意思的情况下订立的合同，受损害方有权请求人民法院或者仲裁机构变更或撤销。当事人请求变更的，人民法院或者仲裁机构不得撤销。"

（二）撤销权的消灭

《合同法》第 55 条规定："有下列情形之一的，撤销权消灭：1.具有撤销权的当事人自知道或应当知道撤销事由之日起一年内没有行使撤销权的，2.具有撤销权的当事人知道撤销事由后明确表示或者以自己的行为放弃撤销权的。"

九、合同无效和被撤销的法律后果

《合同法》第 56 条规定：“无效的合同或者被撤销的合同自始没有法律约束力。合同部分无效，不影响其他部分效力的，其他部分仍然有效。”该条规定了合同从什么时候无效以及合同可能全部无效，也可能部分无效的问题。

《合同法》第 57 条规定：“合同无效、被撤销或者终止的，不影响合同中独立存在的有关解决争议方法的条款的效力。”

《合同法》第 58 条规定：“合同无效或者被撤销后，因该合同取得的财产，应当予以返还；不能返还或者没有必要返还的，应当折价补偿。有过错的一方应当赔偿对方因此所受到的损失，双方都有过错的，应当各自承担相应的责任。”

《合同法》第 59 条规定：“当事人恶意串通，损害国家、集体或者第三人利益的，因此取得的财产收归国家所有或者返还集体、第三人。”

阅读思考

某甲和某工厂订立一份买卖汽车的合同，约定由工厂在 6 月底将一部行驶 5 万公里的卡车交付给甲，价款 3 万元，甲交付定金 5000 元，交车后 15 日内余款付清。合同还约定，工厂晚交车一天，扣除车款 50 元，甲晚交款一天，应多交车款 50 元；一方有其他违约情形，应向对方支付违约金 6000 元。合同订立后，该卡车因外出运货耽误，未能在 6 月底以前返回。7 月 1 日，卡车在途经山路时，因遇暴雨，被一块落下的石头砸中，车头受损，工厂对卡车进行了修理，于 7 月 10 日交付给甲。10 天后，甲在运货中发现卡车发动机有毛病，经检查，该发动机经过大修理，遂请求退还卡车，并要求工厂双倍返还定金，支付 6000 元违约金，赔偿因其不能履行对第三人的运输合同而造成的经营收入损失 3000 元。另有人向甲提出，甲可以按照《消费者权益保护法》请求双倍赔偿。工厂意识到对自己不利，即提出汽车没有办理过户手续，合同无效，双方只需返还财产。

(http://www.sikao.com/news/2050.html)

思考题：

1. 汽车买卖合同是否有效？

2. 卡车受损，损失应由谁承担？

3. 甲能否要求退车？

4. 甲能否请求工厂支付违约金并双倍返还定金？

5. 甲能否请求工厂赔偿经营损失？为什么？

6. 甲能否同时请求工厂对6000元违约金和支付每天50元的延迟履行违约金？为什么？

任务2 履行合同

合同的履行是《合同法》中一个极为重要关键的问题。当事人之所以要订立合同，完全是为了实现合同的目的。合同权利义务的实现，只有通过履行才能达到。所以合同的订立是前提，合同的履行是关键。《合同法》中关于担保、违约责任的规定都是为了合同的履行。

情景训练

2001年9月2日，广东某市亚星百货商场向江苏某市隆兴服装有限公司订购了一批高档服装，价值200万元。双方约定2001年10月1日前全部交货，交货地点为江苏某市火车站。合同签订后，隆兴服装有限公司即组织生产。2001年9月16日，亚星百货商场遭受雷击而发生火灾，损失惨重，商场几乎被夷为平地。商场立即电话通知隆兴服装有限公司，因商场发生火灾，损失严重，资金周转困难，要求解除合同，同时以电报告知隆兴服装有限公司解除合同。隆兴服装有限公司这时已生产了价值100万元的服装，害怕合同解除对自己造成损失，且合同履行之后利润可观，故不同意亚星商场解除合同的要求，认为合同合法有效，对方提出此要求纯属无理，置之不理，继续组织生产这批服装，并于2001年10月1日前将全部服装送到亚星百货商场所在地广东某市的火车站。亚星百货商场拒不提货，双方发生争议，隆兴服装有限公司遂诉到法院，法院受理了此案。

请问：

1. 在法庭审理过程中，隆兴服装有限公司认为，亚星百货商场不能也无权擅自解除合同，原合同继续有效，亚星百货商场应赔偿隆兴服装有限公司的一切损失。此要求是否合法？请简要说明理由。

2. 亚星百货商场认为，公司因雷击发生火灾，这是不可抗力，要求解除合同，原合同即告终止，合同自始无效，隆兴服装有限公司无权要求索赔。此答辩是否合法？为什么？

3. 法院应如何处理此案？

4. 假设亚星百货商场同意受领货物，则该合同履行地为何地？

知识链接

合同的履行是《合同法》中一个极为重要关键的问题。当事人之所以要订立合同，完全是为了实现合同的目的。合同权利义务的实现，只有通过履行才能达到。所以合同的订立是前提，合同的履行是关键。《合同法》中关于担保、违约责任的规定都是为了合同的履行。

一、合同的履行原则

合同的履行原则是指合同当事人在履行合同过程中所应遵循的基本准则。

（一）全面履行原则

全面履行原则，又称为正确履行原则和适当履行原则，指当事人应当按照合同的各个条款，全面、正确地履行自己的义务。这是履行当事人约定的义务。包括主体、标的、数量、质量、价款、报酬、期限、地点、方式等。任何一个条款都应予以不折不扣地履行，任何一个条款不履行都会使当事人不能实现合同目的。

（二）诚实信用原则

诚实信用原则是指当事人在履行合同义务时，秉承诚实、守信、善意、不滥用权利和规避义务，根据合同的性质、目的和交易习惯履行通知、协助、保密等义务。这是当事人履行法定的义务。

二、合同条款缺陷的解决（补救）

合同内容应当明确具体，这是法律对合同订立的基本要求。根据《合同法》第 61 条、第 62 条的规定，在我国解决合同条款缺陷的方式有三：一是协议补缺，二是规则补缺，三是特殊规则补缺。

（一）协议补缺

即《合同法》第 61 条规定的："合同生效后，当事人就质量、价款或报酬、履行地点等内容没有约定或者约定不明确，可以协议补充。"

（二）规则补缺

规则补缺是指在合同条款没有约定或约定不明确，当事人也无法就此缺陷进行协议补充的情况下，依据一定规则来确定合同的内容（补充合同缺陷），使合同得以履行。这时合同内容的确定不需要当事人同意。

（三）特殊规则补缺

特殊规则补缺就是《合同法》第 62 条规定的："当事人就有关合同内容约定不明确，依照本法第 61 条的规定仍不能确定的，适用下列规定：一是质量要求不明确的，按照国家标准、行业标准履行；没有国家标准、行业业标准的，按照通常标准或者符合合同目的的特定标准履行。二是价款或者报酬不明确的，按照订立合同时履行地的市场价格履行；依法应当执行政府定价或者政府指导价的，按照规定履行。三是履行地点不明确，给付货币的，在接受货币一方履行；交付不动产的，在不动产所在地履行；其他标的，在履行义务一方所在地履行。四是履行期限不明确，债务人可以随时履行，债权人也可以随时要求履行，但应当给对方必要的准备时间。五是履行方式不明确的，按照有利于实现合同目的的方式履行。六是履行费用的负担不明确的，由履行义务的一方负担。"这实际上是规则补缺的特殊情况。

三、价格变动时的履行规则

《合同法》第 63 条规定："执行政府定价或者政府指导价的，在合同约定的交付期限内政府价格调整时，按照交付时的价格计价。逾期交付标的物的，遇价格上涨时，按照原价格执行；价格下降时，按照新价格执行。逾期提取标的物或者逾期付款的，遇价格上涨时，按照新价格执行；价格下降时，按照原价格执行。"

四、合同的代为履行

《合同法》第 64 条规定："当事人约定由债务人向第三人履行债务的，债务人未向第三人履行债务或者履行债务不符合约定的，应当向债权人承担违约责任。"

《合同法》第 65 条规定："当事人约定由第三人向债权人履行债务的，第三人不履行债务或者履行债务不符合约定的，债务人应当向债权人承担违约责任。"

五、合同履行的抗辩

合同履行的抗辩是指合同当事人（债务人）对抗或否认对方当事人（债权人）要求他履行债务的请求权。债务人这种对抗或否认债权人请求权的权利叫抗辩权。抗辩权的功能在于通过这种权利而使对方的请求权消灭或者使其效力延期发生。抗辩权可分为永久抗辩权和一时抗辩权。永久抗辩权导致对方请求权的根本消灭，所以又称为消灭抗辩权，主要是指因时效届满而产生的抗辩权。如因诉讼时效届满而产生的抗辩权；当事人的各种撤销权因时效届满而消灭，还有当事人单方面解除合同的权利因时效届满而消灭，等等。

《合同法》第 66 条规定："当事人互负债务，没有先后履行顺序的，应当同时履行。一方在对方履行之前有权拒绝其履行要求。一方在对方履行债务不符合约定时，有权拒绝其相应的履行要求。"这就是《合同法》对同时履行规则、同时履行抗辩和同时履行抗辩权的规定。

《合同法》第67条规定："当事人互负债务，有先后履行顺序，先履行一方未履行的，后履行一方有权拒绝其履行要求。先履行一方履行债务不符合约定的，后履行一方有权拒绝其相应的履行要求。"这就是《合同法》对顺序履行规则和顺序履行抗辩的规定。

六、债权人的代位权和撤销权

同占有、使用、收益和处分是所有权的权能一样，请求权、受偿权、代位权和撤销权是债权的权能，是法定权能，这种权能的享有无需当事人约定。

代位权是指当债务人怠于行使其对第三人享有的到期债权，从而损害债权人的利益时，债权人为保全自己的债权，可以以自己的名义代位行使债务人对第三人债权的权利。

撤销权是指债权人对于债务人所为的危害债权人利益的行为，请求人民法院予以撤销的权利。

阅读思考

A县的甲公司与B县的乙公司于2001年7月3日签订一份空调购销合同，约定甲公司向乙公司购进100台空调，每台空调单价2000元，乙公司负责在B县代办托运，甲公司于货到后立即付款，同时约定若发生纠纷由合同履行地的法院管辖。乙公司于7月18日在B县的火车站发出了该100台空调。甲公司由于发生资金周转困难，于7月19日传真告知乙公司自己将不能履行合同。乙公司收到传真后，努力寻找新的买家，于7月22日与C县的丙公司签订了该100台空调的购销合同。合同约定：丙公司买下100台托运中的空调，每台单价1900元，丙公司于订立合同时向乙公司支付10000元定金，在收到货物后15天内付清全部货款；在丙公司付清全部货款前，乙公司保留对空调的所有权；如有违约，违约方应承担合同总价款20%的违约金。乙公司同时于当日传真通知甲公司解除与甲公司签订的合同。铁路运输公司在运输过程中于7月21日遇上泥石流，30台托运中的空调毁损。丙公司于7月26日收到70台完好无损的空调后，又与丁公司签订合同准备将这70台空调全部卖与丁公司。同时丙公司以其未能如约收到100台空调为由拒绝向乙公司付款。

思考题：

1. 乙公司在与甲公司的合同履行期届满前解除合同的理由是什么？在此解除合同的情形下，乙公司能否向甲公司主张违约责任？

2. 假设甲公司以乙公司解除合同构成违约为由向法院起诉，请问那个法院有无管辖权？为什么？

3. 遭遇泥石流而毁损的空调的损失应由谁承担？为什么？

4. 乙公司认为丙公司拒绝付款构成违约，决定不返还其定金，还要求其支付36000元的违约金，问其主张能否得到支持？为什么？

5. 丙公司与丁公司所签合同的效力如何？为什么？

综合项目训练

结合自己体验式营销训练的实际，就某一次成功或失败的敦促成交事例撰写一份分析报告。

情境七
跟进工作

学习目标

- 掌握与客户道别的技巧；
- 掌握售后服务的各种方式；
- 能够识别客户抱怨原因，并能够有效处理客户抱怨；
- 能够利用各种方法维系客户。

销售工作进行到促成交易阶段，不外乎有这样两种结局：一种是交易顺利达成，另一种是达不成交易。无论交易达成与否，都有进一步的工作等待推销人员去做，这一阶段我们称为跟进工作阶段。任何一位推销人员都必须意识到，交易达成后仍有许多售后事宜需跟进，以便为以后的重复推销奠定基础；成交失利也并非表示永无成交希望，只要处理得当，给客户留下良好的印象，也会有成交的可能。因而推销活动进行到成交阶段，推销人员的工作并没有结束。

入门导读

乔·吉拉德（Joe Girard），是世界最伟大的销售员，连续12年荣登《世界吉尼斯记录大全》世界销售第一的宝座，他所保持的世界汽车销售纪录——连续12年平均每天销售6辆车，至今无人能突破；他被吉尼斯世界纪录誉为“世界最伟大的销售员”，并且是迄今为止唯一一位荣登汽车名人堂的销售员。

乔·吉拉德创造了5项吉尼斯世界汽车零售纪录：

1. 平均每天销售6辆车；

2. 最多一天销售 18 辆车；

3. 一个月最多销售 174 辆车；

4. 一年最多销售 1420 辆车；

5. 在 15 年的销售生涯中总共销售了 13001 辆车。

乔·吉拉德有句名言："我相信推销活动真正的开始在成交之后，而不是之前。"乔在与顾客成交之后，并不是把他们置于脑后，而是继续关心他们，并恰当地表示出来。他的做法有：

1. 每月一卡：乔每月要给他的 1 万多名顾客寄去一张贺卡，而且每一次均以不同的设计、色彩和形式投递，信封上也不会出现与他的行业相关的名称，如一月份祝贺新年，二月份纪念华盛顿诞辰日，三月份祝贺圣帕特里克日……凡是在乔那里买了汽车的人，都收到了乔的贺卡，也就记住了乔。

2. 站在顾客一边：乔在成交后依然站在顾客的一边，他说："一旦新车子出了严重的问题，顾客找上门来要求修理，有关修理部门的工作人员如果知道这辆车子是我卖的，那么他们就应该马上通知我。我会立刻赶到，设法安抚顾客，让他先消消气，我会告诉他，我一定把修理工作做好，让他对车子的每一个小地方都觉得很满意，这也是我的工作。没有成功的维修服务，推销也就不能成功。如果顾客仍觉得有严重的问题，我的责任就是要和顾客站在一边，确保他的车子能够正常运行。我会帮助顾客要求进一步的维护和修理，我会同他共同争取，一起去对付那些汽车修理技工，一起去对付汽车经销商，一起去对付汽车制造商。无论何时何地，我总是要和我的顾客站在一起，与他们同呼吸、共命运。"

3. 猎犬计划：让顾客帮助你寻找顾客。乔认为，干推销这一行，需要别人的帮助。乔的很多生意都是由"猎犬"（那些会让别人到他那里买东西的顾客）帮助的结果。在生意成交之后，乔总是把一叠名片和猎犬计划的说明书交给顾客。说明书告诉顾客，如果他介绍别人来买车，成交之后，每辆车他会得到 25 美元的酬劳。几天之后，乔会寄给顾客感谢卡和一叠名片，以后顾客每年会收到乔至少一封附有猎犬计划的信件，提醒他乔的承诺仍然有效。如果乔发现顾客是一位领导人物，其他人会听他的话，那么，乔会更加努力促成交易并设法让其成为"猎犬"。实施猎犬计划的关键是守信用——一定要付给顾客 25 美元。乔的原则是：宁可错付 50 个人，也不要漏掉一个该付的人。1976 年，猎犬计划为乔带来了 150 笔生意，约占总交易额的 1/3。乔付出了 1400 美元的猎犬费用，收获了 75000 美元的佣金。乔的一句名言就是“买过我汽车的顾客都会帮我推销”。

正因为乔没有忘记自己的顾客，顾客才不会忘记乔·吉拉德。

（根据相关调研资料整理）

项目一　与客户道别

“天下没有不散的宴席”。推销工作进入到成交阶段，不管交易能否顺利达成，推销人员都应当与客户道别。这种道别是指推销人员向客户告辞的一种方式，它要求推销人员在言辞上有得体的话别，在态度上有诚恳的表示，在行为上有礼貌的举止。从某种意义上讲，与客户道别与其说是一种方式，倒不如说是一种策略，这是因为道别也含有推销的用意。得体的话别、真诚的感谢、贴心的举措，可能会带来意想不到的效果。

就推销活动的结局看，推销人员应该区别对待达成交易与未达成交易这两种情况，采取相应的措施，当然就两种道别的重要程度看是不分高低的。

任务 1　成交时的道别技巧

有的推销人员和客户达成交易后就喜形于色，有的推销人员达成交易后就急匆匆地想要尽快离去，这些做法都没有顾及客户的感受，会给客户留下不好的印象，以至于推销人员前脚出门，客户就后悔签订了订货合同，或认为不该买推销人员的产品，那些勉强做出购买决定的客户更有一种惊恐不安的感觉。作为合格的业务人员，这都是应该避免的。

情景训练

小徐是鸿雁电器杭州地区业务员，经过多次拜访和谈判，最终说服南方五金机电一位客户作为鸿雁开关、面板经销商。该客户原经销 TCL、正泰等品牌开关、面板，年销量近 500 万元，是南方五金机电市场中该类产品销量最大的经销商之一。经近两个月的不懈追踪，该客户基本同意经销鸿雁产品。

今天是客户签合同并首批打款的日子。小徐按照约定时间来到客户处。客户还有所顾虑，对于市场保护、产品销售等方面仍不放心。小徐又耐心地向客户解释公司市场政策，分析市场前景。近一个小时后，客户终于签好合同并拿出早已准备好的3万元现金支票。

（根据相关调研资料整理）

如果你是小徐，拿到签好的合同和支票后，你应如何与客户道别？

请分组进行角色扮演，每组安排一名学生扮演客户，其余轮流扮演推销员小徐。演练结束后，要求：第一，分组讨论每位学生的道别效果如何？第二，总结怎样与客户道别才得体？

知识链接

一、成交时道别技巧

当交易达成后，推销人员与客户道别时可以采用如下技巧。

（一）表示谢意

推销人员在交易达成之后，应对客户表示礼貌性的谢意，但这种表示必须掌握分寸。过分的谢意会让顾客生厌甚至对交易产生怀疑，表示得不够又会让客户感到推销人员太傲慢。因而表示谢意要有一定的限度，既没有必要表现得感恩带涕之状，也不应过于冷淡。

（二）给予赞许

推销人员倘若在成交之后想赞赏一下客户，最适当的方式是赞许客户作出购买的明智之举。从心理学上讲，人们对他人所表示的对其行为加以积极肯定的言语总是乐于接受的。得体的赞美，必定会引起客户内心的喜悦和共鸣，从而对推销人员产生好感。客户的这种心理印象，无论对日后的重复购买或推荐新客户，都有积极的作用。

（三）诚挚解难

推销人员在向客户告别之前，为了表示对成交的负责和客户利益的关心，应主动向客户保证，随时愿意解答客户所提出的疑问，解决客户所提出的困难。可以肯定，推销人员这种诚挚解难的行为，更能使他与客户之间建立长久的良好关系，为日后的追加销售创造良好的条件。

（四）主动告辞

不要等到客户想要你离开的时候，你才起身告辞，此时此刻你会显得很被动、很尴尬。通常推销人员在向客户保证售后的良好服务后，就可以向客户主动辞别，而不应该由于这笔生意的谈成，找碴儿与客户攀谈不休，这样不但会影响客户的正常生活，还有可能言多必失，导致客户出现反复，影响成交。

二、道别中易见的错误

（一）得意忘形

通常推销人员达成一笔生意，的确要付出一番努力，一旦成交，不可能不高兴。但如果因喜不自胜而得意忘形，那么这种过分的喜形于色，往往让客户反感，甚至有可能使客户临时收回成交承诺。由于推销人员这种表现，有时不但会把一笔可以说是已经成功的交易毁于一旦，更严重的是恐怕从此很难再迈进该客户的门槛了。

推销员小王经过一番艰苦的努力终于与客户达成了交易，客户在订单上签了字。小王感到终于可以松一口气了，便同客户拉起了闲话，由于心里高兴，不免吹吹牛皮，谈兴正浓，客户突然又提出了一个问题，认为合同中立即付款的约定不太恰当，要求改为延期付款。小王感到合同都签了，本来已经谈妥的事情怎么可以反悔呢？但客户不依，坚持要改，没有办法，只好同客户再一次讨价还价，洽谈一下子又回到了起点。事后小王对此懊悔不已，觉得自己犯了一个本不该犯的常识性错误。

（二）诚惶诚恐

与上述情况相反，走向另一个极端的错误则是惶惶不安。有些推销人员在成交之后担心客户会随时变卦，神色忧虑，没等礼貌道别就匆忙离开。这种状况，也很容易引起客户的猜疑，客户会认为刚才的生意谈得过于草率，可能会上当受骗，从而反悔并收回成交诺言。

阅读思考

下面是保险业务员与客户道别时常用的话术。

1. 推销员：张经理！那我告辞了，按照公司规定，在收取客户保费三个小时之内，要把保费交到公司，以利于尽快出单，立即生效，那我先走一步了！

2. 推销员：苏科长！前一阵子我公司一个推销员在收到客户的保费以后，太粗心大意了，他违反公司的规定把保费带回家了，结果在上楼时被小偷抢劫了，几千元的保费全部丢失了，真是很遗憾。那我需要先行一步到银行把你的保费给交了，以免节外生枝。

3. 推销员：王科长！现在几点了？什么？4 点了，那我先告辞了，4:30 我和一个客户约好给他送理赔款，他上次有疾病住院花费了 5000 多元，按照保险公司医疗保险合同规定，医疗费可以报销 80%，这次总共报了 4000 多元，现在我要给他送钱去！

4. 推销员：王大姐，我现在要先走了，今天我和一个客户约好，要帮助他办事，他的小孩高中毕业已有两年了，至今找不到工作，正巧我的一个客户在市百货商店家用电器部当经理，上次我和他讲一下，能否帮助我客户的孩子谋一份工作，他同意了，这不上午 10 点钟我要带客户的孩子去面试。王大姐，那我先走一步了。

（中国人寿保险公司培训资料）

思考题：

请分析上述道别话术效果？如果你是保险业务员，你将如何与客户道别？

任务 2　未成交时的道别技巧

在实际推销活动中，达不成交易的情况是很平常的。推销人员面对成交失利，大可不必气馁沮丧。这一次失败，不代表永远失败，经过努力，这次失败也许是下次成功的开始，现在只是机会未到。换句话说，客户现在也许不需要这种产品，但不代表以后也不需要。当客户以后需要此产品时首先能想到某推销人员，就是该推销人员的成功。因此，推销人员在未成交时，更要注意道别的技巧。

情景训练

作为一名新入行的建材产品销售人员，小张的主要工作是开发经销商客户。小张负责的区域是杭城内各大建材市场。经过近一个月的扫街，小张对杭州市区几大建材市场基本有所了解，自己信心满满。

第二阶段的重点拜访开始了。小张按事先制订的客户拜访计划进行拜访，每天都在外面奔波。几个星期后，计划中的重点客户前期接触比较顺利。今天，小张计划拜访最有可能谈下来的客户——省二轻装饰材料市场的方老板，准备签订合同。

到达二轻市场方老板处后，小张与方老板寒暄一段时间，便把话题引到签订经销合同。出乎意料的是，方老板一口回绝："小张，你人不错，我很欣赏。但我今年不会经销你们的产品，前两天刚进了一批'中财'的产品，它们的东西和你们类似，但知名度更高，更好卖。你也知道，我这儿仓库不大，堆了中财的货，就没地方放其他产品了。而且，我也没有多余资金了。"

小张没有思想准备，不知如何处理，只好尴尬地笑笑。谈话气氛顿时冷了下来。一会后，小张匆匆告辞离开。

如果你是销售员小张，在上述情形下，应该如何与客户道别？

请分组进行角色扮演，每组安排一名学生扮演客户，其余轮流扮演推销员小张。演练完毕后，讨论哪位同学的道别效果最好，为什么最好。

知识链接

毋庸置疑，在未能达成交易的情况下，推销人员难免会感到失望、灰心丧气。然而，生意场上有一句至理名言，即"生意不成情义在"。作为推销人员，必须能以积极乐观、豁达明朗的态度，通过得体的道别行为，努力争取可能的成交希望，以及为下一次推销留有回旋余地。只要推销人员在道别行为上给客户留下一个良好的印象，仍会有希望与客户建立起生意上的关系，因此，推销人员即使在未达成交易的情况下，也要注意道别要领。

一、坚定乐观

就是要求推销人员在成交失利的情况下，仍然能保持坚定的信念与乐观的态度。应当认识到，成交失利是很常见的，而且原因也很复杂。有些可能是推销人员主观因素造成的，也有些可能来自推销人员之外的客观因素。对于成交失利，推销人员的自我反省固然必要，但不应由此而自暴自弃，应当有一股永不气馁的自信力量，即坚定的信念与乐观的态度。只有这样，才能在与客户道别时表现出稳健、持重、坦荡的言行举止。

二、塑造形象

对于一些优秀的推销人员来说，尽管处于成交失利的劣势，但善于利用与客户道别的机会，通过合适得体的言语来冲淡成交失利的被动局面，从而为推销人员本人塑造出美好的形象，为以后的跟进回访排除障碍。

三、询问失败的原因

成交失败后，可以向客户询问失败的原因，以及学习竞争对手成功的经验。如果推销人员能诚恳地向客户提出这些问题，而且与该客户之间已建立了良好的人际关系，就可能会获得很多有益的反馈信息。这些反馈信息对以后的成交将是无价之宝。

四、请求推荐

不论交易达成与否，推销人员在与客户道别之前，都可以请求客户推荐其他客户。在顺利成交的情况下，推销人员请客户推荐其他客户的心情多半较轻松，因而应酬、寒暄的用意居多。但是，在未能达成交易的情况下，推销人员的心情往往比较严肃、认真，客户出于歉意也会认真对待。因而通过未成交时的请求推荐，可以弥补推销人员因成交失利而招致的损失，节省寻找可能成交的客户所付出的费用和精力，减少与新客户面谈时可能的障碍或阻力。

阅读思考

邵先生是杭州某公司的老业务员，经验非常丰富。在谈到未成交如何与客户道别时，他说："开发经销商，追踪了几个月，最后还是不能成交的情况非常多。刚开始的时候，我也很窝火，心里暗暗埋怨客户不早点说，浪费自己的时间和精力。但随着经验的丰富，我渐渐地调整了自己的心态，能够持一份平常心对待客户。如果这次生意没能成交，我往往会在客户处多待一会，问问客户我自己哪些地方做得不到位，请他们给我指出来，提些意见，自己好不断改正。大多数情况下，只要你真心实意地问，客户还是愿意给一些建议的，而且这些建议往往是真诚的。这样，一方面可以让自己不断提高，另一方面还会让客户感受到自己和公司'踏实做人、勤恳做事'的理念。现在还有很多我拜访过但没有合作的客户和我联系，咨询市场和产品情况。"

（根据相关调研资料整理）

思考题：

在未成交与客户道别时，应持有何种心态？

项目二 加强售后服务

一位推销专家指出，失败的推销人员常常是从找到新客户来取代老客户的角度考虑问题的，成功的推销人员则是从保持现有客户并且扩充新客户，使客户越来越多，销售业绩越来越好的角度考虑问题的。据统计，发展一位新客户的成本是保持一个老客户的5—10倍，向新客户推销产品的成功率是15%，而向老客户推销产品的成功率是50%。对新客户的销售只是锦上添花，如果没有老客户做稳固的基础，对新客户的销售最多也只能是对所失去的老客户的补偿，总的销售量并不会增加，而推销费用却会居高不下。

保持现有客户的关键在于重视售后服务。成交后，业务人员必须要采取多种方式，提供周到的售后服务，培养忠诚客户。大批忠诚的客户是推销人员最重要的财富！

任务 1　开展售后服务

专家们认为："你要推广，只有两条路，第一条是你的产品特别优异，有许多特点非其他同类产品可比；第二条路，不愿削低价格，以售后服务来争取客户的信心。"很明显，第一条路并不是任何一个企业均可办得到的，然而，加强售后服务则是可以做到的。的确，现代企业之间的竞争，不仅在商品质量、价格方面进行竞争，而且在服务方面也进行着激烈的竞争。在商品质量、价格接近的条件下，谁的服务好，让客户满意，谁就能争得更多的用户，开拓市场，提高竞争力。

情景训练

一位销售人员成功地卖给某邮政局一部价格不菲的全自动邮资机。他协助客户把这台机器安装调试好，并对客户操作人员进行了培训，使他们能够自行操作；该销售员还将客户所需要的一些耗材，如皮带、专用墨水等，在订货时替他们一并购置，客户比较满意。从此以后，该销售员一直没有听到客户再提出过什么意见，他认为这次交易一切都很完满了，真是这样吗？

两个月后，客户用完了所购置的墨水。由于销售员起初没有明确告诉客户部门经理及其手下的工作人员，该邮资机所用的墨水是一种特殊墨水，是公司经过多年研发才生产出来的专用墨水，它不会损害邮资机的打印喷头。但是，客户的一位工作人员不慎将一瓶普通墨水倒入了那台机器中，机器立即停止了工作，于是他打电话给邮资机生产公司的售后服务部门，该部门派去一位训练有素的工程师。经检验，工程师立即发现故障与机器无关，并婉转地向该部门经理作了解释，把整个机器拆开，装上新的专用墨水，洗涤了喷头，然后又给机器加了润滑油。

工程师在该客户的办公室中，忙碌了 4 个小时，收取人工费、材料费合计 500 元。至于客户方面呢？也许耽误了他们 6 个小时的工作（这里面应含有服务人员在途中所需要的时间）。这该是多么大的损失！这损失又应该由谁负担？

所以，当客户拿到维修费用单时，非常生气，质问工程师为什么当初购买的时候没有说清楚墨水问题，并表示对该公司的售后服务很不满意。

（根据相关调研资料整理）

如果你是该销售人员，让我们把时针拨回到机器安装调试完毕那一刻，你会向该客户提供哪些售后服务，以避免出现上述问题？请分组进行讨论并制订该客户的售后服务计划。

知识链接

一、售后服务项目

不同商品售后服务的具体内容各不相同，但通常情况下，企业提供的售后服务包括如下几点。

（一）业务技术咨询服务

这是为了解决客户使用新产品时遇到的种种技术难题而提供的服务项目。提供业务技术咨询服务，在于主动向用户提供必要的技术数据、产品性能以及使用说明。

汽车推销大王乔·吉拉德在把汽车卖给客户数星期后，就从客户登记卡中找出对方的电话号码，开始着手与对方联系："以前买的车子情况如何?"白天打电话，接听的多半是购买者的太太，她大多会回答："车子情况很好。"吉拉德接着说："假使车子振动厉害或有什么其他问题的话，请送回我这儿来修理。"并且请她提醒她的丈夫，在保修期内送来检修是免费的。

（二）质量保证服务

通常对于大件、高档产品，客户购买后特别担心的就是产品的质量问题。应该肯定，我们的客户买一件高档耐用消费品并不容易，因而任何在使用后发生的产品质量问题，如果得不到妥善的解决，都会给客户带来沮丧，甚至抱怨及投诉。提供产品质量保证服务，使客户在产品出现质量问题时，能够及时得到检修或予以退换。这种服务可以弥补由于个别产品的质量问题而造成的不良影响，从而树立企业良好的信誉。

（三）安装调试服务

对于大件生产用设备和技术复杂的高档消费品，企业应负责安装调试，这项服务是技术商品销售的必要前提。

上海机床厂出售给日本东京筱原制作所一台螺丝磨床，由于日方操作人员对机床结构不熟悉，致使传动机构出了故障而不能排除，当该厂收到东京的来电后，马上派有关人员赴日，仅仅花了两个多小时就排除了故障，后来又为筱原制作所培训了操作人员，获得了用户的好评与信任，对方主动提出要加强联系与合作。由于该厂重视售后服务，产品跻身于美国、西欧、加拿大、日本等市场。

（四）零配件供应服务

不少产品结构复杂，零部件也多，在使用中更换某些部件是正常的。有些产品部件为耗材，如打印机需要硒鼓或墨盒等，需要定期更换。针对这些零部件、耗材，推销员应对每一个客户进行详细记录，制订服务计划，预计客户需要更换时，及时与客户联系。此外，由于产品更新换代快，常常因厂家转产而导致用户购买不到零配件。从企业信誉出发，在转产之后，也应该向用户提供老产品零配件的供应服务，以解决客户的后顾之忧。

（五）网点维修服务

网点维修服务是售后服务的一个重要内容。著名的奔驰汽车公司在德国有 89 个分厂，1244 个维修点，共有 5600 名工人从事保养和维修工作。据该厂统计，车子出了故障，不出 25 公里就可以找到一个维修点。如果车子抛锚，只要向就近的维修点打个电话，维修点就会派车来修理或拉到车间随到随修，一般均能当日修好。该公司在国外的 171 个国家和地区，也设有 3800 个维修点，负责销到国外车辆的维修。

（六）技术培训服务

就是为用户培训操作管理技术人员的服务。通过对用户的技术培训，帮助用户增强使用产品的技术力量，同时也可以从用户那里收到具有一定价值的反馈信息。

二、售后服务仅仅是一种手段

应当承认，售后服务本身并非目的，它不过是一种手段而已。通过提供良好的售后服务，企业可以达到提高信誉，扩大产品销售的目的。

从这一意义上讲，不仅要加强售后服务，更重要的是要利用服务资料，迅速反馈给有关部门，作为改进产品的参考。这些服务资料有：

·发生故障的产品及其故障情形；

·何时接到用户通知；

·何时派出技术人员；

·何时完成工作；

·需要修理或更换的是何种零件，损坏情况及原因分析；

·用户对服务的意见；

·用户对产品的意见。

顺便说一句，正因为售后服务本身并不是目的，因而没必要加以大肆宣传。过度宣传往往会令用户生疑，以为产品老是要维修，从而对产品本身产生不必要的担心。推销人员在推销过程中要留意这一点。瑞士一家钟表公司的宣传与众不同，该公司的广告这样写道：“本公司在世界各地的维修人员闲得无聊。”

阅读思考

国际商用机器公司的副总经理B.罗杰斯指出：“得到订货是最容易的，而销售之后的服务才是真格的。”优良服务最终几乎成为国际商用机器公司的象征，该公司的广告非常明确——国际商用机器公司意味着服务。他们有一条过硬的工作项目：保证在24小时内对任何一个客户的意见和要求作出答复。

英国凯特皮公司在它的广告里宣称：“凡是买了我们产品的人，不管在世界上的哪一个地方，需要更换零配件，我们保证在48小时之内送到你们手中，如果送不到，我们的产品就白送给你们。”他们的确说到做到。有时为了把一个价值只有50美元的零件送到边远地区，不惜动用一架直升机，费用竟达1000—2000美元。有时的确无法按时在48小时之内把零件送到用户手里，就真的把产品白送给用户。由于信誉至高，这家公司经历50年仍兴旺发达。

美国门罗计算机公司，制造工人只有300人，设计人员500人，售后服务人员竟达1500人。800人设计制造的产品要1500人专做“善后工作”，似乎是本末倒置。其实恰恰反映了现代销售竞争中售后服务的重要性。

思考题：

你是如何看待上述公司的售后服务的？

任务2　维系客户

与客户保持联系是售后服务的延续。售后保持联系应是推销人员的基础工作，每一个优秀的推销人员都知道，当产品被售出后，客户最希望的是不被推销人员所遗忘。推销人员应充分利用合适的时机，运用合适的方式与客户进行联系，以维系客户。

情景训练

一家公司的业务人员，每年年初都会将石榴的种子拿到客户那里去种，跟他们说明年底时将评选出哪一家公司的石榴长得最茂盛，届时冠军将得到一项大奖。业务人员同时会准备好一个大花盆，在上面写上公司的名字，并将种子种下。接下来在获得客户的允许后，将花盆放在一个引人注目的地方，如楼梯间、走廊或是茶水间。

以此，业务人员定期去拜访客户，一方面观察石榴的生长情况，并给它一些照顾：浇水、施肥等，另一方面也可以顺便利用拜访的时机和客户洽谈生意。一年过后，业务人员会邀请客户参加颁奖活动，以精美的奖品和活泼的颁奖活动增加和客户之间的感情。

分组讨论：

1. 请列出常见的客户联络方法；

2. 请运用头脑风暴法，讨论并找出至少两种非常规的客户联络方法，并说明其效果。

知识链接

一、选择联络时机

推销人员与客户联络首先要有合理的计划，一位优秀推销员必然会坚持有计划地与顾客联系，他会在专门的登记卡上记录下客户有意义的日子，定期保持联系。

推销人员联络客户时，应选择适当的时机。通常而言，客户联络的时机选择应遵循为客户着想、有特色、有创意的基本原则。具体可以选择以下时机：

1. 元旦、春节以及其他传统节日；

2. 客户的特殊日子，如客户生日、客户的子女出生、客户及子女结婚、新店开业等日子；

3. 客户发生意外事故的时候，或客户因病住院的时候；

4. 客户对产品或服务产生新疑问的时候；

5. 销售人员公司的一些重大喜庆日子或企业举行各种优惠活动的时候。如新厂房落成典礼，产品获奖，企业成立周年庆典，举办价格优惠或赠送纪念品活动等，都是很好的机会。

对每个客户而言，要掌握好联络频次，一般每个季度与其联系一次比较合适，时间间隔过长或过短都不合适。

二、客户维系方法

推销人员与客户联络感情的方法通常有以下几种。

（一）书信电话联络

书信、电话都是联络感情的工具，在日常生活、工作中被广泛使用。当有些新资料需要送给客户时，可以附上便笺用邮寄的方式寄给客户；当客户个人、家庭或工作上有喜忧婚丧等变故时，可以致函示意，如邮寄各种贺卡。

通常，客户对收到的函件会感到意外和喜悦。打电话与客户联络也是一种很好的方式，偶尔几句简短的问候会使客户感到高兴，但对于这些友谊性的电话，要注意语言得体、适当，不能显得太陌生，也不能表现得太肉麻、离谱。

（二）赠送纪念品

这是一种常见的操作手法。成功的销售机构和推销人员会为其客户提供包括赠送纪念品在内的各种服务。这种方式至少可以起到两种作用：一是满足人们贪小便宜的心理，二是可以借此作为再次访问及探知情报的手段或窗口。这是成功销售的一种技巧。

（三）更新产品资料

推销人员向客户提供的资料不仅仅局限于企业的产品资料，还包括行业、竞争品牌，甚至宏观经济情况的资料。

1. 产品商情报道资料。有许多产品的销售资料常以报道性的文件形式记载，推销人员把它作为赠送客户、联络感情的工具是最好不过的。譬如卖钢琴的推销人员每月给客户邮寄一份音乐及乐器简讯，这样，一方面可以给客户提供参考资料，同时也可以借此报道商情，这样的做法可以使客户对商品保持持续的好感。而且，通过不断为其提供资料，也能起到间接的宣传效果，往往会引导出更多的客户。

2. 产品本身的资料。产品售出后，客户基于某些理由，常常希望了解产品本身的动态资料。以药品销售为例，推销人员应及时将产品在成分、规格、等级等方面的变动资料提供给药房或药店。

（四）自行设计联系方式

除上述方式外，推销人员还可以自行设计联系方式。但要注意联系客户时，切忌方式不自然，硬“攀亲”。这不仅不会起到好的作用，有时会适得其反。推销人员可以复印一篇有趣的杂志文章，拿一本商业类好书甚至是一则笑话或漫画，最好是与客户有关的信息，像报上发表的文章、照片等提供给客户。可以用邮寄的形式，还要附上一封信，亲笔写上“我想您会需要这份信息”，并在信上签名。相信只要用心，推销人员总会找到让客户欢迎的方式。

三、管理客户档案

加强售后服务，提高客户满意度和忠诚度，推销人员还应学会运用科学的方法进行客户资料管理，加强客户联络。有效联络客户的前提是建立客户档案资料，掌握客户的详细信息，为此，需要针对客户进行“档案管理”，也就是将客户的各项资料加以记录、保存，并分析、整理、应用，借以向每位客户提供针对性的售后服务，巩固客户关系，以提升自己的业绩。

客户档案管理的基础是“客户资料卡”，客户资料卡通常包括基础资料、客户特征、业务状况、交易现状等四个方面的内容，具体内容见表7—1。

表7—1 客户资料

类 别	详 细 内 容
基础资料	客户最基本的原始资料，主要包括客户的名称、地址、电话、所有者、经营管理者、法人代表及他们个人的性格、爱好、家庭、学历、年龄、创业时间，与本公司的起始交易时间、企业组织形式、业种、资产等。
客户特征	主要包括服务区域、销售能力、发展潜力、经营观念、经营方向、经营政策、企业规模、经营特点等。
业务状况	主要包括销售实绩、经营管理者和销售人员的素质、与其他竞争对手之间的关系、与本公司的业务关系及合作态度等。
交易现状	主要包括客户的销售活动现状、存在的问题、保持的优势、未来的对策、企业形象、声誉、信用状况、交易条件以及出现的信用问题等方面。

（根据相关资料整理）

（一）“客户资料卡”填写注意事项

推销人员第一次拜访客户后即开始整理并填写“客户资料卡”，随着时间的推移，推销人员应注意对其进行完善和修订，并做好客户资料卡建档工作。“客户资料卡”应妥善保存，并在开展业务过程中加以充分利用。“客户资料卡”的建档管理应注意下列事项。

1. 是否在访问客户后立即填写此卡？

2. 卡上的各项资料是否填写完整?

3. 是否充分利用客户资料并保持其准确性?

4. 最好在办公室设立专用档案柜放置“客户资料卡”,并委派专人保管。

5. 每次访问客户前,应先查看该客户的资料卡。

6. 应定期分析“客户资料卡”资料,并作为拟订销售计划、售后服务计划的参考。

(二)客户档案管理原则

在利用“客户资料卡”进行客户档案管理时,应注意把握以下原则。

原则一:动态管理。“客户资料卡”建立后不能置之不理,否则就会失去其价值。由于客户的情况总是在不断地发生变化,所以对客户的资料也应随之不断地进行调整。通过调整剔除陈旧的或已经变化的资料,及时补充新的资料,在档案上对客户的变化进行追踪,使客户管理保持动态性。

原则二:突出重点。应从众多的客户资料中找出重点客户。重点客户不仅要包括现有客户,而且要包括未来客户和潜在客户。这样可以为选择大客户、开拓新市场提供资料,为市场的发展创造良机。

原则三:灵活运用。客户资料收集管理的目的是为了在销售过程中加以利用,所以,不能将建立的“客户资料卡”束之高阁,应以灵活的方式及时提供给销售人员及相关人员,使死资料变成活材料,从而提高客户管理效率。

原则四:专人负责。由于许多客户资料是不能外流的,只能供内部使用,所以客户管理应确定具体的规定和办法,由专人负责管理,严格控制客户情报资料的利用和借阅。

推销人员可以建立书面的客户数据库,也可以利用现有的客户关系管理(CRM)系统。CRM 系统是现代信息技术、经营理念和管理思想的结合体,它以信息技术为手段,通过对“以客户为中心”的业务流程的重新组合和设计,形成一个自动化的解决方案,以提高客户的忠诚度,最终实现业务操作效益的提高和利润的增长。CRM 系统的核心是对客户数据的管理,其主要载体是 CRM 软件。目前 CRM 软件已经比较成熟,并且在许多公司得以应用。推销人员可以利用公司 CRM 软件进行客户数据库管理,同时,也可以利用一些免费 CRM 在线软件进行客户数据管理。

阅读思考

SaaS 是最近比较流行的一种软件服务方式。所谓 SaaS 是 Software-as-a-service（软件即服务）的简称，它是一种通过 Internet 提供软件的模式，用户不用再购买软件，而改用向提供商租用基于 Web 的软件，来管理企业经营活动，且无需对软件进行维护，服务提供商会全权管理和维护软件。对于许多小型企业来说，SaaS 是采用先进技术的最好途径，它消除了企业购买、构建和维护基础设施和应用程序的需要。近年来，SaaS 的兴起已经给传统套装软件厂商带来了真实的压力。

目前，许多品牌的 CRM 软件也采取 SaaS 模式，价格实惠，并针对个人用户推出免费试用活动。

（根据相关资料整理）

请上网查找相关在线 CRM 软件，选取一个进行试用，并对其进行评价。

项目三　处理客户抱怨

很多推销人员认为客户的抱怨是一种麻烦，对客户抱怨持有反感、厌恶心态。其实，据统计只有不到 4%的不满意客户会对推销人员或企业抱怨，大多都选择不理不睬。同时，一位不满意的客户会向 9 个人介绍他的“遭遇”。所以那些投诉人所代表、影响的绝不只是他自己！

从另一个角度看，客户抱怨是推销人员最好的销售信息来源，也是推销人员提高客户满意度、培养忠诚度的绝佳机会。据美国学者调查研究，如果推销人员处理客户抱怨及时得当，95%的客户会成为回头客；如果推迟解决但处理得当，54%～70%的客户会成为回头客；但如果客户抱怨得不到解决，近 91%的客户就会流失。由此可见，抱怨处理的好坏直接关系到客户满意度和客户忠诚度。

任务 1　识别抱怨原因

客户抱怨的形式多种多样，内容千差万别。推销人员在听取客户抱怨后，必须冷静地分析事态发生的原因和重点所在，了解客户抱怨背后的真正诉求是什么。经验不丰富的销售人员往往似懂非懂就贸然下结论，甚至说些不必要的话反而使事态恶化，白白导致客户流失。

情景训练

小吴是某品牌油漆的业务员，负责杭州市场。最近一个月来，小吴一直很苦恼，因为他的一个重要客户——李老板经常向他抱怨。尽管小吴解释过多次，并特意向公司申请了一些礼品送给他，但李老板好像并不领情，还是继续抱怨。到底如何才能消除李老板的抱怨呢？

李老板是公司杭州地区一级经销商，与公司合作三年之久，销量稳步增长，2009年年销量接近3000万，是公司重点客户。李老板从事该行业十几年，经验丰富，市场开拓思路清晰。经过他的运作，在杭州地区建立了较完善的销售网络，并把小吴公司的油漆打造成为杭州市场家装内墙漆的高端品牌之一。2010年公司为扩大市场份额，推出了性价比高的一款油漆产品，计划通过低价快速切入市场。该产品在江苏地区销售较好，小吴想在杭州市场也推广该产品，以扩大销量。但却遭到李老板的强烈反对，他抱怨公司盲目推广新产品，不考虑市场实际情况，最后肯定会失败。小吴多次向李老板解释公司发展策略，为他申请了一批礼品，并保证公司会提供新产品市场推广费用支持，但李老板还是不接受。

分组演练并讨论：如果你是小吴，你认为李老板抱怨的真正原因是什么，你应该如何处理李老板的抱怨呢？

知识链接

一、客户抱怨

客户抱怨是指客户对产品或服务的不满和指责。客户抱怨行为是因对产品或服务不满意而引起的，所以抱怨行为是对服务不满意的具体行为的反应。

客户之所以抱怨，一方面是因为对企业所提供的产品或服务没达到期望，或没有满足客户需求；另一方面也是因为客户对企业仍具有期待，希望能改善服务水平。

按照抱怨行为的性质，可以把客户抱怨分为私人行为和社会行为。私人行为包括拒绝重新购买，或排斥该品牌及企业，向周围人诉说企业的种种不是等；社会行为包括向企业、媒体或政府有关机构投诉，要求赔偿。也有人把前者称为客户抱怨，把后者称为客户投诉。

二、客户抱怨的原因

销售过程中客户抱怨的原因是千差万别的，必须结合实际情况加以分析。通常而言，客户抱怨的原因可分为以下三种。

一是由于销售人员说明不够、没履行约定、态度不诚实等原因所引起的。需注意的是，因不履行约定或态度不诚实引起的投诉，很容易扭曲公司形象，使公司遭受连累。

二是由于客户本身的疏忽、误解引起的。

三是由于商品本身的缺陷或企业设备不良导致商品质量问题而引起的抱怨。

应对客户抱怨，首先要做的就是了解客户抱怨背后的期望是什么，然后围绕客户期望采取针对性措施，这才是解决客户抱怨的根本。现实中许多推销人员却仅针对客户表面抱怨进行处理，未做深入分析，头痛医头脚痛医脚，耗费许多人力、物力、财力，仍未处理好客户的问题，最终导致客户流失。

阅读思考

下面是一组客户投诉处理用语。

投诉 1. “刚买的时候态度还不错，现在却连个人影都找不着!”

客户期望分析:

(1) 业务员只有在卖东西的时候最勤快，没信用;

(2) 买了东西后没有服务，担心产品质量。

业务员处理注意点:

(1) 首先道歉，恭敬地表示歉意;

(2) 同时提出向客户提供服务的承诺。

业务员应对例："是太抱歉了！我担心常打扰您会给您造成不便。借着这个机会，我们特意来拜访您，请多多指教！今后，我们会乐于积极地拜访您，帮助您解决问题！"

投诉 2. "刚买不久的车就这么糟！"

客户期望分析：

(1) 花了这么多钱买的，这到底是什么质量的东西；

(2) 这么糟的车子开起来真不安全，想换一部。

业务员处理注意点：

(1) 认真听取具体原因，以便缓和对方情绪；

(2) 判断是否操作有误或车子有什么故障；

(3) 陪客户直接把出现的问题传达给技术人员；

(4) 强调无法换车。

业务员应对例："我们满怀信心地把车子介绍给您，当然也会负起责任的。真是太抱歉了！找个方便的时间到我们的保修厂好好检查一下吧！我陪您一起去，什么时候您方便呢?"

"我非常了解您的心情，但无法换车。车子是由很多零件组合起来的，不理想的应该只是某些部件，不可能所有零件都有问题。我一定负责直到令您乘坐起来满意为止，再一次到修护厂检修看看好吗?"

（根据相关资料整理）

思考题：

上述两例对你处理客户抱怨有什么启发?

任务 2 正确处理抱怨

尽管推销人员已竭尽全力，但客户仍然产生抱怨，这是很正常的事。这或是因为他们对所需的产品或服务要求过高，或是因为他们使用不当，或是因为产品在供货上未能切实履约。推销人员应对客户的抱怨持乐观的态度，以积极的态度来解决。

只要遵循一些基本的处理原则，采取正确的方式方法，客户抱怨不但可以处理好，还可以提高企业美誉度，加强推销人员与客户的密切关系，提高客户的忠诚度，为企业和推销人员带来丰厚的回报。

情景训练

小高是某品牌灯具浙江区业务经理，市场网络开发和维护能力强，销售业绩突出，得到公司的多次表扬。但最近他遇到一件烦心事。由于公司发货失误，导致某一级经销商的一批吸顶灯内节能灯泡漏装，对该客户造成近3000元销售损失。客户非常恼火，要求在全额赔偿货物损失的基础上，再支付货款的50%作为误工费。小高清楚这种情况公司最多只能是全额赔付，误工费根本不会考虑。如果你是小高，你会怎么办?

请分组进行角色扮演，每组安排相对固定的一名学生扮演客户，其余学生轮流扮演业务员小高。演练结束后，要求：第一，分组组织讨论每个学生的抱怨处理效果如何，并总结处理客户抱怨的几点注意事项；第二，选取演练较好的几组进行公开展示，教师组织进行点评。

知识链接

一、欢迎客户的抱怨

在日本被誉为“经营之神”的松下幸之助，认为对于客户的抱怨不但不能厌烦，反而要当成一个好机会，应当好好地利用客户的抱怨。他讲到这样一件事：有一次，某大学的老师寄信给他，说该学校所购买的松下公司的产品有故障。接到此信，松下幸之助立即让生产这个产品的部门最高负责人去学校，经过这个负责人诚心诚意的说服以及适当的处理，使该校老师的怒气顿消，而且进一步为松下公司提供资料——可以卖给其他哪些学校。

抱怨是不满意的表露。客户对购买产品的抱怨，往往产生于需求与满足的矛盾之中。客户的目的没有达到，客户的愿望没能实现，因而通过情绪、言行上的不满，对推销人员与企业进行责怪。在实际生活中，真正会提出抱怨的客户则为数不多，大多数有怨言的客户由于种种原因不会向企业进行投诉。假如推销人员与企业对客户已提出的抱怨置之不理，那么客户的不满将会愈演愈烈，最终造成难以收拾的地步。

客户鲍勃在纽约某饭店预订一个星期的房间，但仅仅住了一个晚上便拂袖而去。临走前他留下一封投诉信：贵店空负盛名，与三年前大相径庭，尤其设备维修与服务态度方面都大大下降。昨夜我房里的抽水马桶整整响了一夜，使我一夜未合眼，今早起来一看粪便翻溢，盥洗室内到处都是，我去服务台叫服务员，可谁也不管，如此状况，应该立即改进……按惯例鲍勃留下了自己的地址。谁知三个月以后，饭店突然回信了，鲍勃拆开那封信，却发现是自己的那封投诉信被退回。不仅如此，投诉信上竟然有饭店经理的批语："把那个该死的家伙的投诉退回去！"可笑的是回信里还附有一张铅印的类似报馆的退单一样的东西："竭诚感谢您的批评指正，我们一定改进，望下次再次惠顾鄙店……"看到这些，鲍勃几乎气晕过去，打那以后，鲍勃逢人便诉说他噩梦般的遭遇。

我们不难想象，上述案例中这家饭店假如长此以往，结果会怎样。前后两件关于客户抱怨的事例，充分说明了这样的道理：对于客户提出的抱怨，不能逃避，更不能厌烦，而应表示竭诚的欢迎，要记住客户的抱怨是最佳的情报资料，即使花代价也值得。

人们常常会听到这样的口号，例如："客户至上"、"客户是上帝"、"客户永远是对的"，把客户突出到这样一个地位，是经济、文化发展的要求，也是企业生存和发展的需要。近年来，这些舶来语也渐渐被我们的商界所津津乐道。在实际生活中，能真正领略到被奉为"上帝"之快感的机遇正在日益增多。然而，"买东西像是讨东西"、"少逛商店少生气"之类的感叹也不时听到。尽管"文明经商，礼貌待客"的公约比比皆是，但是个别营业员对客户服务态度不好的事仍有发生。如果说在过去得罪"上帝"危害不大的话，那么随着时间的推移，现在这种行为的危害性肯定会日益严重。

正确对待并处理客户的抱怨，是现代销售的重要内容。可以说，这是产品销售之后必须考虑的问题，欢迎客户的抱怨是处理客户抱怨的基本态度。国外一位企业家说得好："客户肯上门来投诉，其实对企业而言实在是一次难得的纠正错误的好机会。有许多客户尤其是男性客户，每逢买了次品或碰到不良服务时，因怕麻烦或不好意思而不来投诉，但坏名声坏印象永远留在了他们的心里或口中。因此，对待有抱怨的客户，一定要以礼相待，耐心听取，并尽量使他们满意而归。即使碰到爱挑剔的客户在鸡蛋里挑骨头，也要婉转忍让，至少要在心理上给这样的客户一种如愿以偿的感觉。如果可能，尽量在少受损失的前提下满足他们物质上的要求。如果能使这样的客户也满意而归，那么你将受益无穷。因为他们中有的会给你做义务宣传广告。”

二、站在客户的立场上

有效处理客户抱怨的又一基本原则，就是推销员应站在客户的立场上看待客户的抱怨。不少推销员对客户的抱怨视为小题大做，无理取闹，这是由于推销员仅仅把自己作为一个旁观者来看待。比方说交货期迟了一天，这对客户来说也许会把一个周密安排的计划打乱，而从推销员自己的立场看，也许就不那么严重。假如你当着客户的面，说什么“问题不会那么严重吧”，“有什么可值得大惊小怪的，不就是那么一回事吗”。那样对待客户抱怨的话，一定会火上浇油。因而，站在客户的立场上看待客户的抱怨，才能更好地理解客户抱怨的重要性，才能积极妥善地加以处理。

有一个客户在喝酸牛奶时，从吸管里吸出了一小块碎玻璃，于是怒气冲冲地到牛奶公司去投诉。他边走边打腹稿，并想好了不少尖锐的话语。而且他认为这不仅是为了个人，更是为了全市的消费者，有必要责成牛奶公司承担起社会责任。他还想到，如果该公司不服，那就把此事向报界揭发，或者找消费者协会。他一到公司，当着接待人员的面，毫不客气地批评道：“你们难道就只顾赚钱，把别人的健康置之不顾？你们考虑过这些碎玻璃足以致命没有？”公司接待员听到这里，并没有恼怒于色，以牙还牙，相反非常关切地问他：“那碎玻璃是否伤着你了？舌头、喉咙有没有事？”当得知客户幸未受伤害后，接待员的表情才转忧为喜，并接着说：“那真是不幸中的大幸，要是老人，特别是小孩子，吃到这瓶酸奶，那真是不堪设想啊！”这一席设身处地为客户说的话，使客户的怒气一下子消了下去，气氛也缓和了。客户于是给牛奶公司建议，采取什么样的措施以防止这类事故的再次发生，而且越谈越融洽。这就是你能设身处地对待客户抱怨的收获。

三、为客户的抱怨提供便利条件

前面已述，客户抱怨是最好的情报资料。客户内心有怨言，能够倾吐出来这并不是件坏事。如果有怨言，却得不到发泄，那对推销人员及企业而言是极其危险的，因为客户尽管不向你提出抱怨，但他再也不愿意向你购货。不仅如此，客户会把抱怨到处向别人倾诉。因而，推销人员以及企业最明智的办法就是为客户的抱怨提供便利条件，使有抱怨的客户能够把怨言对你诉说，而避免抱怨四处传播。

任何人，在情绪发泄之后，常常会变得更有理性。帮助客户发泄其内心感受，正是处理客户抱怨的有效方式。一个成熟老练的推销人员，遇到这种事，不仅不阻拦，反而控制住自己，静静地倾听，让客户痛痛快快地发一顿牢骚，直到客户将心中的“余毒”吐净为止。正因为如此，专家认为，最好设专人负责处理客户的投诉，并布置一个专门的接待室，在环境安排上也要尽量给投诉者一种亲切感，并建议这项工作由妇女来负责比较合适，因为女性的微笑容易使暴怒的投诉者趋于平静。

四、处理客户抱怨的建设性建议

以下十八条建议，是由世界著名推销专家戈德曼在不断实践中提炼出来的处理客户抱怨的经验，对推销人员而言具有很大的现实意义。

1. 客户并不总是正确的，但让客户觉得正确往往是必要的，也是值得的。

2. 对客户提出的抱怨采取宽宏大度的态度也是有好处的。这样做，你才能继续得到客户的订单，而且还可以把支付索赔的费用追补回来。

3. 在一定范围内，客户的抱怨是难以避免的。因此，推销人员不应该把客户的抱怨看做是对自己的指责。

4. 为了正确判断客户的抱怨，推销员必须站在客户的立场上看待客户提出的抱怨，而客户抱怨的客观原因肯定是微不足道的。

5. 客户在发怒时，他的感情一般是激动的。而且，客户对推销人员流露出来的不信任或轻率态度特别敏感。

6. 在处理客户为了维护个人声誉或突出自己而提出的抱怨时要格外谨慎小心。

7. 客户不仅会因为产品的质量问题和数量问题提出抱怨，还会因为产品不适合他的需要而提出抱怨。

8. 在你未证实客户说的话不真实之前，不要轻易下结论。不责备客户总比责备好得多。即使客户是错的，他也可能确实认为自己是正确的。就是说，客户不是无理取闹，存心欺骗。

9. 在处理客户的抱怨时，不管他的抱怨是否有道理，你都要保持赤诚合作的态度。这样做并不意味着你接受了客户的抱怨，而是表示下不为例。

10. 有些时候，你对客户的索赔只是进行了部分赔偿，客户就感到满意了。

11. 在决定补充客户的索赔以前，最好先了解一下索赔的金额。通过了解，你就会大吃一惊，赔偿金额通常比想象的小得多。

12. 如果你拒绝接受赔偿的要求，你要婉转地、充分地说明你的理由。要客户接受你的意见就像你向客户推销产品一样，要耐心，不能简单行事。

13. 不要向客户提出一些不能兑现的保证，以免引起纠纷。

14. 你是不可能向一个发怒的客户讲道理的。

15. 任何时候你都应当让客户有这样一种感觉：你认真对待他提出的抱怨，并且对这些抱怨进行事实调查。要尽快把调查结果告诉客户，不要拖延。

16. 不要局限于向客户写信，要同客户进行面对面的接触。

17. 要为客户提供方便。要做到，只要客户有意见，就让他提出来。要善于发现客户没有表示出来的意见。

18. 处理客户提出的合理抱怨，不必遵循任何特殊规定。要尽快处理，并担负由你造成的一切损失。

阅读思考

四名来自欧洲的MBA学员到位于美国亚利桑那州菲尼克斯的RitzCarlton酒店参加服务营销理论研讨会。他们想在即将离开酒店前往机场的那个晚上到酒店的游泳池里轻松地度过几个小时。但是，当他们下午来到游泳池时，被礼貌地告知游泳池已经关闭了，原因是为了准备晚上的一个招待会。这些学员向服务员解释说，晚上他们就将回家，这是他们唯一可以利用的一点时间了。听完他们的解释后，这个服务员让他们稍等一下。过了一会儿，一位管理人员来到他们身旁解释道，为了准备晚上的酒会，游泳池不得不关闭。但他接着说，一辆豪华轿车正在大门外等着接待他们，他们的行李将被运到Biltmore酒店，那里的游泳池正在开放，他们可以到那里游泳。至于轿车费用，全部由本店承担。这四名学员非常高兴。这家酒店给他们留下了深刻印象，也使他们乐于到处传颂这一段服务佳话。

（《销售技能案例训练手册》）

思考题：

对 RitzCarlton 酒店而言，豪华轿车租赁费用是一笔额外支出。你认为酒店这么做，是物有所值还是得不偿失？请尝试多角度分析。

综合项目训练

你作为校内生产性实习基地——杭州卡邦贸易有限公司的业务人员，负责公司代理的一批名优特农副产品的销售推广。经过几个月的市场开发，在杭州下沙区域确定了两家一级经销商。请制订两家经销商的售后跟踪和服务计划。

参考文献

一、书籍

[1] 杨雪青. 商务谈判与推销[M]. 北京:北京交通大学出版社,2009.
[2] 李旭穗. 商务谈判[M]. 北京:清华大学出版社,2009.
[3] 冯华亚. 推销技巧与实战[M]. 北京:清华大学出版社,2008.
[4] 杨群祥. 商务谈判(第二版)[M]. 大连:东北财经大学出版社,2008.
[5] 丁建忠. 商务谈判(第二版)教学案例[M]. 北京:中国人民大学出版社,2007.
[6] 李海琼. 现代推销技术[M]. 杭州:浙江大学出版社,2007.
[7] 周庆. 商务谈判实训教程[M]. 武汉:华中科技大学出版社,2007.
[8] 孙立秋,徐美荣. 商务谈判[M]. 北京:对外经济贸易大学出版社,2007.
[9] 王晓. 现代商务谈判[M]. 北京:高等教育出版社,2007.
[10] 李爽. 商务谈判[M]. 北京:清华大学出版社,2007.
[11] 孙绍年. 商务谈判理论与实务[M]. 北京:清华大学出版社,北京交通大学出版社,2007.
[12] 刘俊,王曙光. 业务员岗位职业技能培训教程[M]. 广州:广东教育出版社,2007.
[13] 于雁翎. 推销实务[M]. 广州:广东高等教育出版社,2006.
[14] 周延波. 商务谈判[M]. 北京:科学出版社,2006.
[15] 方明亮,刘华. 商务谈判与礼仪[M]. 北京:科学出版社,2006.
[16] 李伟. 商务谈判[M]. 北京:科学出版社,2006.
[17] 毛国涛. 商务谈判[M]. 北京:北京理工大学出版社,2006.
[18] 潘肖珏,谢承志. 商务谈判与沟通技巧[M]. 上海:复旦大学出版社,2006.
[19] 万友根. 商务谈判导论[M]. 合肥:合肥工业大学出版社,2006.

[20] 冯华亚. 商务谈判[M]. 北京:清华大学出版社,2006.
[21] 肖华. 商务谈判实训[M]. 北京:中国劳动社会保障出版社,2006.
[22] 郑方华. 销售技能案例训练手册[M]. 北京:机械工业出版社,2006.
[23] 丁建忠. 商务谈判教学案例[M]. 北京:中国人民大学出版社,2005.
[24] 周琼,吴再芳. 商务谈判与推销[M]. 北京:机械工业出版社,2005.
[25] 杨晶. 商务谈判[M]. 北京:清华大学出版社,2005.
[26] 周琼. 商务谈判与推销技术[M]. 北京:机械工业出版社,2005.
[27] 丁建忠. 商业谈判操作[M]. 北京:中国财政经济出版社,2005.
[28] 吕晨钟. 学谈判必读的 95 个中外案例[M]. 北京:北京工业大学出版社,2005.
[29] 龚荒,杨雷. 商务谈判与推销技巧[M]. 北京:清华大学出版社,北京交通大学出版社,2005.
[30] 李红梅. 现代推销实务[M]. 北京:电子工业出版社,2005.
[31] 韩广华. 推销技术[M]. 北京:中国财政经济出版社,2005.
[32] 萧野. 乔·吉拉德的推销思想[M]. 北京:中国纺织出版社,2005.
[33] 麦肯思特营销顾问公司. 顾问式销售——技巧与策略[M]. 北京:经济科学出版社,2005.
[34] 邱少波. 现代推销技能[M]. 上海:立信会计出版社,2005.
[35] 王红. 推销技巧[M]. 武汉:武汉大学出版社,2004.
[36] 法兰克·贝特格. 贝特格无敌推销术[M]. 王龙,译. 北京:世界知识出版社,2004.
[37]马克态. 商务谈判理论与实务[M]. 北京:中国国际广播出版社,2004.
[38] 周晓琛. 商务谈判理论与实践[M]. 北京:知识产权出版社,2004.
[39] 白远. 国际商务谈判[M]. 北京:中国人民大学出版社,2004.
[40] 方其. 商务谈判——理论技巧案例[M]. 北京:中国人民大学出版社,2004.
[41] 刘文广,张晓明. 商务谈判[M]. 北京:高等教育出版社,2004.
[42] 石永恒. 商务谈判精华[M]. 北京:团结出版社,2003.
[43] 陈企华. 最成功的推销实例[M]. 北京:中国纺织出版社,2003.

[44] 曾振华. 谈判心理战[M]. 广州:暨南大学出版社,2002.
[45] 冯德连,管州. 谈判就这几招[M]. 郑州:河南人民出版社,2000.
[46] 孙庆和,张福春. 实用商务谈判大全[M]. 北京:企业管理出版社,2000.
[47] 张永. 推销人员手册[M]. 北京:中国人事出版社,2000.
[48] 王洪耘. 谈判与推销技巧[M]. 北京:中国人民大学出版社,2000.
[49] 张华容. 商务谈判理论与实务[M]. 长沙:湖南人民出版社,2000.
[50] 蒋春堂. 经济谈判案例精选评析[M]. 武汉:武汉测绘科技大学出版社,1998.
[51] 屈云波. 推销员的推销技巧与成功的销售训练[M]. 北京:企业管理出版社,1997.
[52] 郭伟刚. 供销人员必读——销售技术[M]. 杭州:浙江科学技术出版社,1992.
[53] 荷伯·科恩. 实用谈判技术[M]. 许是祥,译. 台北:前程企业管理公司,1984.

二、论文/文章

[1] 蔡利红. 模拟谈判教学法在商务谈判课程中的实践[J]. 科学与财富,2010(5).
[2] 许绘萍. 高职院校工学结合教学模式下商务谈判课程的改革 [J]. 中小企业管理与科技,2010(10).
[3] 王艳. 高职高专课程双语教学研究——以商务礼仪与谈判课程为例[J]. 科技经济市场,2010(2).
[4] 张新. 在课程教学中强化市场营销专业学生的职业素质培养——以现代推销理论与技巧课程为例[J]. 学理论,2010(16).
[5] 崔平. 推销技巧与商务谈判课程建设[J]. 机械职业教育,2010(6).
[6] 宋贤卓. 刍议商务谈判中的相互让步[J]. 市场周刊:新物流,2008(12).
[7] 朱瑛瑛. 商务谈判实践教学的探析[J]. 产业与科技论坛,2008(10).

三、其他

[1] 中国营销传播网(http://www.emkt.com.cn).

[2] 智邦国际(http://www.zbintel.com).

[3] 中国销售培训网(http://www.esalestraining.com.cn).

[4] 21 世纪保险网(http://bbs.2100bx.com).